师者情怀

春华卷

李娟 万平 主编

北京出版集团公司
北京出版社

图书在版编目（CIP）数据

师者情怀. 春华卷 / 李娟，万平主编. — 北京：
北京出版社，2019.3
ISBN 978-7-200-14713-1

Ⅰ. ①师… Ⅱ. ①李… ②万… Ⅲ. ①小学—教学
研究 Ⅳ.①G62

中国版本图书馆CIP数据核字（2019）第024371号

师者情怀　春华卷
SHIZHE QINGHUAI CHUNHUA JUAN
李娟　万平　主编

*

北京出版集团公司
北京出版社　出版

（北京北三环中路6号）
邮政编码：100120

网　　址：www.bph.com.cn
北京出版集团公司总发行
新华书店经销
北京虎彩文化传播有限公司印刷

*

787毫米×1092毫米　16开本　16.75印张　300千字
2019 年 3 月第 1 版　2019 年 3 月第 1 次印刷
ISBN 978-7-200-14713-1
定价：36.00元
如有印装质量问题，由本社负责调换
质量监督电话：010-58572393

"史家教育集团班主任工作系列丛书"

编　委　会

丛书编委会主任

王　欢　　　洪　伟

丛书编委会成员

（按姓氏笔画排序）

万　平	王　晔	乔　红	刘　霞
李　娟	吴　玥	宋　菁	张均帅
张秀娟	陈　燕	杨　京	金　强
赵慧霞	郭文雅	高金芳	崔韧楠
韩巧玲	鲍　虹		

本 书 主 编

李 娟　　万 平

参 与 人 员

（按姓氏笔画排序）

丁笑迎	于　佳	马　岩	马克姗	王　宁	王　华
王　映	王　珈	王　雯	王　滢	王　颖	王　静
王　瑾	王　磊	王大贵	王竹新	王秀军	王连茜
王建云	王香春	王熙嵘	车　雨	化国辉	孔宪梅
孔继英	石　濛	卢明文	史亚楠	史宇佩	史晓娇
田晓洁	冉小伶	付燕琛	白　雪	冯金旭	边晔迪
邢　超	朱芮仪	乔　淅	孙　莹	孙　鸿	孙宇鹤
孙金艳	孙慧瑶	刘　丹	刘　欢	刘　迎	刘　姗
刘　岩	刘　欣	刘　洁	刘　蕊	刘力平	刘立美
刘洪洋	刘玲玲	刘晓珊	刘梦媛	安　然	祁　冰
纪晓凤	许爱华	许觊潘	齐丽嘉	闫仕豪	闫春芳
杜　楠	杜建萍	李　享	李　洋	李　婕	李　静
李东梅	李红卫	李芸芸	李岩辉	李秋敏	李梦裙
李淑红	李焕玲	李惠霞	李超群	杨　扬	杨　奕

杨婧	杨锐	杨晓雅	吴金彦	何光宇	佟爽
谷思艺	迟佳	张伟	张彬	张滢	张颖
张蕊	张璐	张书娟	张艾琼	张京利	张牧梓
张春艳	张婉霞	张斌轩	张鑫然	陈瑾	陈璐
陈玉梅	汪卉	沙焱琦	宋宁宁	英文	林琳
范鹏	范欣楠	范晓丽	罗曦	金晶	金利梅
周舟	周婷	周海燕	郑忠伟	赵苹	赵婧杉
郝晓倩	柯凤文	侯琳	祖学军	姜桐	徐卓
徐虹	徐莹	徐菲	徐艳丽	徐懍祺	秦月
耿芝瑞	贾维琳	陶淑磊	高江丽	郭红	海洋
海琳	曹立新	曹艳昕	崔敏	阎冬	梁彤
彭霏	葛攀	韩莉	韩凯旋	温程	满文莉
满惠京	蔡琳	翟玉红	樊咏	滕玉英	滕学蕾
潘锶	潘璇	黎童	霍维东	魏晓梅	

序

用温暖注解史家人的教育芳华

史家教育集团共有500多名教师，其中有160位班主任。史家班主任们启蒙、陪伴、引领、爱护着孩子们在美丽的校园、灿烂的阳光下健康成长。

我从教近40年，每每想到"班主任"这三个字，内心就升起一种尊敬。上学的时候，班主任是和我们最亲近的人。从早到晚，一日的学习生活，只要班主任在，学生心里就是安定踏实的。

我也曾经担任过班主任，那时候因为年轻，很容易就和孩子们打成一片了，我既是孩子们的老师，也是他们的伙伴。也许因为这个缘故，我觉得孩子的心和班主任很亲很近。可能每个孩子的心中都有一个好老师的映像，在成长的岁月中，好老师在他们向上向善向前的路上带给他们温暖的热度和光芒。

好老师就是好教育！做好教师、办好教育，需要我们扎扎实实地工作。将近40年的工作经历，让我觉得自己的成长就得益于热爱：热爱老师，热爱学生，热爱工作，热爱每一个耕耘的日子。这份热爱，始终不渝，是一份对教育的初心。

《师者情怀》系列丛书汇编于2018年，积累于岁月中。书中满是史家教育集团班主任的故事。上百个故事逐一读来，我感到我对班主任们的了解更加深刻了，那些给老师们带来过困惑的孩子，那些日日夜夜让老师家长操心费神的孩子，似乎也能和我心里的记忆对得上。曲折的故事中，我读到的是每个老师的顽强掘进，随着一个个班级渐入佳境的成长，在那些殊途同归的相似中，我能梳理出班主任队伍共同的美好，那就是每一位教师对学生无私的热爱，真诚的关爱和竭尽全力的努力……

史家小学成立于1939年，最初是一所胡同里的小学校。一代代优秀的教师将党和人民的事业放在心中，化责任为力量，教书育人，以身立范，在平凡岁月中谱写出了砥砺奉献的教育诗篇。

2009年教育部《中小学班主任工作规定》指出"班主任是中小学日常思想道德教育和学生管理工作的主要实施者，是中小学健康成长的引领者，班主任要努力成为中小学生的人生导师"。

愿景永远是宏大的，实现愿景路程的每一步都需要班主任教师们作出扎扎实实的努力：无论是儿童良好习惯的养成，还是儿童学习意志品质的培养，班级建设，家校社协同，学校的课程推进和各项活动等等——在教师笃实工作的分分秒秒中，这一切构建起来，积累起来，逐渐成形，终于合拢……一名教师的教育文化从中酝酿、淳化、凝练、甘醇！

教育之美好和温暖就来自于一个个真实的过程，史家人用教育的温暖注解着教育者的人生芳华。我为我的班主任团队感到欣慰和自豪。

让我们打开《师者情怀》，聆听，感受，思考，收获——与师者同行！

王欢

二〇一九年三月

目 录

花开有声

风雨兼程

拾级而上

花开有声

　　一个呱呱坠地的孩子在诞生的那个瞬间，伴随着母亲阵痛的，还有一个家族幸福的期待；

　　一个蹒跚学步的孩子，当那双扶着她的手可以松开时，凝视她迈出第一步的目光里不仅仅是惊喜；

　　一张从幼稚园里雀跃扑来的笑脸，赶走的不仅是父母一日奔波的辛劳，更是那颗惦念的心终于落下来，踏实了；

　　终于——当他们来到了这里：茂密的大树，葱绿的场地，全新的校舍，背起小书包的伙伴……

　　还有

　　他们的老师……

教 师 心 语

我是一名刚刚入职的90后教师，走出校园，又走进校园。陪伴着孩子们快乐地学习和成长，也在孩子们身上找到了久违的童真。与其说我是孩子们的老师，倒不如说我们是彼此的老师。我教会孩子们如何成为一个快乐的人，孩子们教会我如何成为一名善良的老师。成长从不只是孩子的事儿，亦是作为教师的一种攀登。愿成长是快乐的，幸福的……

李超群

2017年参加工作
班主任任职 1 年

没有伤疤的"脑门儿"

"功成名就不是目的，让自己快乐快乐这才叫作意义，童年的纸飞机现在终于飞回我手里。"

——稻香

走着的路，在脚下延伸。路很漫长，跌倒了，站起身继续往前走。

星期五的下午，放学时间，校门口一如往常地车水马龙。来来往往的家长，行色匆匆的托管班老师，人来车往，好不热闹。我带着蹦跳的孩子们走出教室，向着校门走去。

周末快到了，是不是应该趁着这个周末为即将到来的秋天，添置一件漂亮的外衣呢？我缓步向校门走着，并窃窃地盘算着周末的计划。"老师再见，保安叔叔再见！"随着孩子们已成习惯的离校口号，我猛地从幻想中游离出来。我领着几个虎头虎脑的小男孩儿，向着放学地点走去。孩子们有说有笑，我也暗暗窃喜，一派快乐喜悦的放学场景。

眼看就要到达目的地。突然，我眼前的小路同学，似乎是被什么东西绊到了，身子向前一歪，双脚不听使唤了似的向前弯曲，眼看就要摔倒。我从余光中看到的是小路的粉色书包，一伸手想要拽住孩子的书包。但动作还是慢了一步，随着"咚"的一声，孩子硬生生地摔在了布满尘土的沥青地上。同学们一阵惊呼，家长们也议论纷纷。但此时已顾不上其他的嘈杂，我迅速抱起小路想检查一下她的伤情。伤到哪了，会不会毁容，一会儿怎么去医院，怎么和家长沟通……如一颗颗炸弹在我的脑海里瞬间爆炸一般。

我扶起孩子，心惊肉跳。孩子的额头被凹凸不平的沥青划破，表层的皮肤已然面目全非，渗血的面积足有鸡蛋大小。我不知道该如何安慰受伤的小路，也许是本能的反应，也许此时已经词穷，我支吾地冒出一句："没……没事儿吧？"小路的眼里闪着晶莹的光，好像有什么东西在晃动，她红着脸，从嘴角挤出几个字："李老师，我没事儿。"然后在我的搀扶下，背起书包一瘸一拐地向前走着。

把孩子送到小路妈妈身边，小路只是紧紧地抓住妈妈的手，紧紧地抓住。我紧张地把事情的经过和小路妈妈讲述了一遍，她看了看小路的额头，一边抚摩着小路的头发，一边不紧不慢地对我说："李老师，您去忙吧，我带孩子去医院上点儿药就好啦，没事儿。"于是带着孩子走了。

晚上下班，我心有余悸地坐在沙发上回忆放学时发生的一幕幕。对于小路这样一个艺术女孩，拥有一个美丽的容貌多么重要，她额头的伤会不会成为她永久的伤痕……我不时充满了担忧。忽然我接到了一条来自小路妈妈的微信"李老师，谢谢您扶起了她"。

星期一的早晨，我心情忐忑地来到教室，担心小路的心一直没有放下，直到我见到了小路。她与往常似乎没有什么区别，还是那样不怎么爱说话，略带着几丝腼腆，静静地坐在位子上。唯一不同的是，她换了发型，变成了齐头帘儿。我把目光投向她，分明有几句安慰的话想要说出，却被她抬起头露出牙齿的微笑所止住了。就在这一瞬间，我觉得我被这淡淡的微笑征服了。

一个星期过去了，一次语文课，我悄悄走到小路的面前，撩起她的齐头帘儿，受伤的额头已经结上了厚厚的血痂。"还疼吗？"我低声问道。小路只是摇摇头，再一次昂起她瘦小的头，冲我悠悠地笑着。

一个月后，孩子又换回了原来的发型，再也不见了齐头帘儿。额头上一块儿鸡蛋大小的新肉，格外显眼。她昂着头，在广场上向着太阳傻傻地笑着。我有些担心："路儿，怎么把头帘儿给剪了？"孩子笑呵呵地说："妈妈说，我抬着头晒太阳，我的脑门儿就好了！"我再一次被孩子天真而又充满希望的话语征服了，我学着她的样子，陪她一起抬头晒着太阳。

阳光是暖的，微笑是甜的。这一刻，孩子是灿烂的，天真的，她的微笑抚平了一切伤痕，我相信小路的脑门儿永不会留下伤疤，我想这一定是我见过最可爱的"脑门儿"。

我感谢这位母亲,敬佩微笑的小路,她们给我这个初出茅庐的新教师上了重要一课。在我看来这是一次非常严重的受伤,甚至会影响孩子的未来,但在孩子和母亲眼中,这又算得了什么呢?我们总是想在孩子经历挫折时抚平她的伤痛,却无意间告诉了她伤痛的可怕。也许勇敢与坚强并不是战胜困难的精神力量,微笑与快乐才应是生活的平常。

所谓"教学相长",我想初任班主任的李老师在与孩子、与家长的相处中渐渐体会出其中真正的含义了。此时能够给李老师留下深刻印象的,不仅在于孩子的坚强乐观、家长的理解宽容,更重要的是告诉教师在未来的日子里:一定要精心、全心地对待每一个孩子,这样才能更好地呵护孩子健康快乐成长。教师就是在相互学习中而成长进步。

——李娟

读后感

教师心语

虽然是第一年担任班主任工作，但从教多年的我坚信爱心与责任是基础。只有用一颗爱心和责任心教育和感染每一个学生，用心组织每次班队会活动，才能让每个孩子在活动中有所收获。我知道要改变孩子而不触犯他们或引起反感，就要称赞他们最微小的进步，称赞他们的每个进步。于是，无论何时何地我都努力寻找每个学生的闪光点并加以称赞。在这样的坚持中，班里的孩子们不断成长，越来越优秀！

杨扬

2004年参加工作

班主任任职 1 年

孩子，在表扬中成长吧

班上有一个学生彬彬，出奇的特殊。家长也打电话说他的心理很敏感，做出的事儿也与别人不同。别人得到表扬会很高兴，他却不愿意站起来接受大家的祝贺；他也想得到表扬，但又不能管住自己，总是用不当的方式吸引老师和同学的注意。如果对他提示或批评，他更是变本加厉。

这是一节平常的数学课，彬彬又开始随便说话扰乱课堂了。要在几天前，我一定会立刻制止，并严厉地批评他不应该这样做。可我发现，批评的作用并不大。

于是，这次我变换了方式。我表扬苗苗（坐在彬彬的旁边）："你表现得特别好，能够排除一切干扰专心地学习。真棒！"并向她竖起了大拇指。这时，原本可能侧头与彬彬一起说话的苗苗立刻坐得特别正，而且更加认真地听讲了。随后的提问，她又极少见地举手回答了问题。对此，我再一次大力表扬了苗苗。这两次集中表扬带给课堂的改观是非常明显的。

原本已经扰乱了课堂秩序的彬彬，看到身边经常和自己聊天的苗苗受到了表扬，而且不再理自己了，也就安分地坐好了。这时，我马上向他伸出了大拇指，"彬彬现在的表现真不错，杨老师看到了你的进步。"紧接着，我看到的不只是彬彬脸上的微笑，还看到了他之后在本节课上的良好表现。另外，我对茁茁的表扬，更激励了班上其他不爱发言的同学。贝儿发言了、沐子发言了……这节课上至少有四五位不善言辞的同学，都积极、勇敢地举起了手。我对他们每一个给予了具体的表扬。当然，对那些平日就积极发言的同学更是加以了不小的鼓励。

除了这些，最令我激动的就是，在这些同学的带领下，在老师适时表扬的激励下，班上一位学习垫底儿的同学小心翼翼地举起了手。我在权衡了一下问题的难易后，试着让他回答了。他果然不负众望，声音洪亮，做出了正确回答。此时的表扬更是必不可少，既要表扬他勇于发言，又要表扬他积极思考，更重要的是鼓励他今后一定可以更棒！

从一个简单的表扬开始，随着同学们表现的进步，我提出了更多的表扬。一节数学课就在同学的好表现和老师的积极表扬中结束了。课后的反思中，我深切地感受到表扬的作用。

可是，真正被表扬作用所震撼，是在第二天早读时。还记得那名我最后大力表扬的同学吗？以前他总是班上最后写完作业的，课下给他讲题，他也总是爱搭不理的，听个似懂非懂。而这回，他居然进班后收拾了一下，就拿起数学书，主动来问不会的问题。"老师这道题怎么做？"看似简单的一句话，却深深地感动了我。我为学生的进步而感动，更为表扬的威力而感动。这使我深深地理解了"人类本质中最殷切的需求是渴望被肯定"，只有把学习转化为学生内在的需求，才能达到最佳的教学效果。

作为教师，对学生的表扬如果是真诚的，就会真正地打动他的心，让他体会到老师的关心、期待和鼓励。那是一种心与心的交流，能让学生如沐春风，真正感觉到老师对自己的尊重、信任和理解，能从心底激发学生对生活对学习的热情。如果掌握了表扬这门艺术，就如同一个高明的琴师一般，在琴键上弹奏出优美的乐章！杨老师就在带班中掌握了这门艺术，在细微之处发现学生的优点，在平凡中找出别人的不平凡，让每个人都理解了"人类本质最殷切的需求是渴望被肯定"。

——李娟

读

后

感

虽然班主任工作更多的是一种琐碎，一种默默的付出，是无法用语言去加以描述的，只有自己才能品尝出其中的酸甜苦辣。但作为班主任，我是幸福的，我付出每一份爱，是为了让孩子们健康快乐地成长。我一直相信，每个爱自己也爱别人的孩子的老师，总有会绚丽多彩地绽放出属于他们自己光彩的那一天。

刘梦媛

2016 年参加工作

班主任任职 2 年

学习做一名 "小妈妈"

记得某一部影视作品中，有这样一句台词 "每个孩子都是上帝送给爸爸妈妈的礼物"。年轻的我还未成家，但却已经成为了我班级中 39 个孩子的 "妈妈"，我爱我的每一个孩子，当然我也有我所 "偏爱" 的那一个。

我们班的小涛，便是我 "偏爱" 的那个孩子。为何 "偏爱"，还要从 2017 年夏天下着滂沱大雨的那天说起。

2017 年 6 月的一天早上，我收到了小涛妈妈的微信，说是孩子闹肚子，晚一点儿到校。我一看天下了好大的雨，孩子又不舒服，便和妈妈说让孩子在家休息一天吧，好好养养身体，也和您多待一待。只是没想到的是，第一节还未下课，小涛的妈妈便给我打电话说已经送孩子到学校了，我连忙下楼去接孩子。当我走到教学楼门口的时候，我看到的是小涛紧紧地抱着妈妈，号啕大哭，嘴里喊着："我不上学了！不上学了！我要和妈妈在一起！永远不分开！"

遇到这种情况，开始我也是手足无措，本想试着劝劝孩子，赶紧进班，别耽误妈妈去做事，但孩子始终不放手。没有办法的我，只好一边劝着孩子，一边让妈妈带着孩子往办公室的方向走。我让孩子和妈妈到离办公室很近的会议室坐下。在去会议室的过程中，小涛的手都是紧紧地抱着妈妈，就像一撒手妈妈就会消失了一样。看着孩子这样，我的心里难受极了。但这样下去也不是办法，小涛不能一直和妈妈在会议室待着，于是我便和妈妈询问着孩子的情况。通过和妈妈的交谈，我了解到妈妈不能陪着小涛是因为妈妈这次是偷偷地来见孩子，而且下午还要去医院继续进行抗癌治疗，所以没有办法继续陪孩子了。我和妈妈一边安抚着小涛的心情，一边耐心地给他讲道理，告诉他妈妈并不是不要你了，而是为了你要去医院治病，病好了妈妈就来接你了，请他放开妈妈去班里坐一会儿。没想到当我说完之后，小涛的反应更加强烈了，大声地哭喊着："我不要！上一次也是这么和我说的！距离上一次见到妈妈已经整整28天了！我不要再和妈妈分开！不要了！"说着孩子的手抱得更紧了。在会议室的小涛母子哭得像个泪人，唯独剩下了手足无措的我。组里的老师们也都来帮忙劝孩子，但毫无效果，孩子一直在重复着那句："不要再和妈妈分开！不要了！"总是这么下去，也不是办法，于是我悄悄地和小涛妈妈说："您走吧，孩子交给我，您放心。"于是妈妈掰开小涛的手走了。我在会议室一边紧紧地抱着孩子，不让他追出去，一边说："孩子，别出去，要哭你就抱着刘老师哭吧，有什么话我都听你说。"小涛一边哭喊着叫"妈妈"，一边紧紧地抱着我。我见他不跑了，用手轻轻地拍着他的后背，安抚着他，帮他擦着眼泪，等他心情平静下来。过了好一会儿，孩子才不哭了。我说："去厕所先洗把脸吧。"孩子乖乖地去了，回来之后在我面前坐下。我看着他，他看着我，我们俩什么也没说。不一会儿他过来抱了抱我，拿起书包进教室上课去了。即使在之后，他也从来没有问过我那天为什么要这么做而我也从未向他解释过。

从那天以后，我便更加地"偏爱"他。只要我有时间，我就会找他聊天，比如今天发生了什么开心或不开心的事，还有没有铅笔？如果铅笔断了，我来削铅笔。偶尔，在私下里我们会做小小的约定，比如今天上课回答问题的次数超过5次，那么下课就奖励他一块好用的橡皮或是一把小尺子来鼓励他，帮助他建立自信。当他和同学之间发生矛盾的时候，我不会问他事情的经过，只会和他聊一聊家里是不是发生了什么事情，等他心情平静下来之后，再去解决问题。慢慢地小涛因为我的"偏爱"开始越来越信任我。直到现在，他还总是在课间走到我身边，从兜里悄悄地拿出一个小零食，小声地对我说："刘老师给您，千万别告诉别人！"然后当作什么也没发生一样地回到座位上。现在他和其他同学的交往方式有了改变，他不仅信任我，也更加地信任别人了。

做班主任工作其实和当妈妈是一样的，都是默默地付出，都是从事无巨细的小事做起。作为班主任、作为孩子们的"小妈妈"，我是幸福的，我付出每一份爱，为的是收获孩子们的每一分成长。在班主任的岗位上越久，我越能体会妈妈们的心情。孩子们的每一个变化都让我欣喜若狂。真的，"每个孩子都是上帝送给爸爸妈妈的礼物"，谢谢孩子们让我成为一名"小妈妈"，有机会去爱你们。

都说班主任要公平地对待每一个学生，不能偏心，要公正。而每一个班中都会有"特殊情况"，面对这样的"特殊情况"需要老师给予他们"特殊的爱"。刘老师对小涛的"偏爱"出于公心，源于真诚，为了孩子能够健康快乐地成长，多给他些"偏爱"为何不可呢？为刘老师这位"小妈妈"点赞！

——李娟

读后感

教师心语

我坚信每个孩子都是一幅五彩斑斓的画，要用最纯真、最善良的眼神去看待每一个成长中的孩童，用浸满爱意的手牵引着孩子走好生命的每一步。作为一名班主任，在日常的管理中，我努力做到学生的成长发展需要什么，我就去学习、研究什么，让我的知识和正确的人生观、价值观去引导孩子们在人生的道路上少走一些弯路，多一些开心和温暖。

卢明文

2014 年参加工作

班主任任职 2 年

我爱上围棋课了

课间，我正在准备语文课要用的教具，突然小恩跑到我面前，神神秘秘地对我说："卢老师，我现在不怕上围棋课了。围棋老师说下周五就是我们这学期的最后一节围棋课了，我现在竟然有点儿舍不得了呢！"

看着小恩开心又有点失落的小表情，我知道上周我和她的谈话奏效了，于是故意逗她说："下周就是最后一节课了呀，老师真替你开心，你终于不用再害怕周五啦！"

小恩挥舞着小手一直打着"NO、NO、NO"的手势噘着小嘴说："卢老师，您没听明白我的意思，我是说'我现在不怕上围棋课了，我不害怕围棋老师了，我爱上围棋课了！"

我停下手中的活儿，拉着小恩的手说："为什么突然不害怕上围棋课了啊？"小恩眨着一双天真、纯洁的大眼睛，凑到我的耳边说："因为您告诉我，围棋老师其实是一位特别善良、特别负责的老师！"

看着小恩开心、放松的神情，我开心地伸出右手与她击掌，说："小恩，你真棒，老师恭喜你克服了这一学期的一个大困难，你要记住，以后生活中不管遇到什么样的困难，只要你勇敢地去面对，就一定能克服。"

小恩开心地抱着我说："卢老师，谢谢您！"看着小恩蹦蹦跳跳地回到自己座位上，我的嘴角竟不自觉地上扬了一下，我想：这应该就是做老师独一无二的幸福吧！

小恩个子小小的，瘦瘦的，梳着最传统的小学生发型——学生头。开学的前几周我发现，小恩是一个特别有规矩、自我约束力也特别强的孩子，一节课40分钟，她能一动不动地保持最标准的小学生上课坐姿，眼睛永远目不转睛地看着老师讲课；做练习题时她永远是第一个做完，且正确率近100%。小恩模范遵守课堂纪律，上课积极认真的态度让我欣喜。她是一个特别让老师省心的孩子，也是课堂上被点名表扬最多的几个同学之一。但是，小恩的另一面也引起了我极大的重视，我发现：小恩上课时很少积极主动地回答问题，下了课，除了上厕所、喝水，不跟其他小朋友玩，也不说话，总是自己一个人按最标准的小学生上课的坐姿坐在座位上。我认为小恩的这种表现不利于她的成长，于是，课间我悄悄走到这个瘦瘦小小的女孩儿身边，蹲下身子轻轻地告诉她："小恩，现在是下课时间，不用这么拘谨，一直这样坐着多累啊，赶紧出去跟小朋友们玩吧。"在我的多次鼓励下，小恩上课积极主动回答问题的次数多了，课间的走廊里也能看到她跟小朋友开心、嬉戏的身影了，我由衷地为小恩的进步开心。这才是我最喜欢看到的学生的样子：上课严格要求自己，认真听讲，积极主动地思考，创造性地表达；下课自由放飞，无拘无束地与同学嬉笑、玩乐。

临近新年诵诗会的一个周五，小恩的妈妈来学校帮孩子们排练。排练结束，小恩的妈妈要离开时，小恩突然情绪失控地抱着妈妈大哭起来，任凭妈妈如何安慰，小恩依旧抱着妈妈不让走。我赶紧过去询问缘由。小恩的妈妈告诉我说："她是害怕上围棋课，害怕围棋老师，自从开始上围棋课，孩子每次从周六早上醒了就喊着不想上围棋课，从周一晚上每天睡前都哭着说害怕上围棋课。这种情绪在周四晚上达到峰点，孩子会一晚上因为害怕翻来覆去睡不着觉。"听了小恩妈妈的话，我一下子意识到了问题的严重性，忙对小恩妈妈说："您回去吧，接下来的事情交给我。"

我凑到小恩耳边说："卢老师告诉你一个秘密，你可谁也不要说哦！"小恩啜泣着点点头。我说："下午的围棋课，你去卢老师的办公室怎么样？卢老师告诉围棋老师和其他小朋友，你去老师的办公室补考了。"小恩竟然会心地对我一笑，说："那我现在赶紧吃饭，吃完饭下午第一节课我就去办公室找您！"

下午第一节课上课时，我跟围棋老师进行了简单的沟通，在取得围棋老师的同意后，我把小恩带去了我办公室。小恩第一次去我办公室，看到几位老师都在显然有点儿紧张，为了平复小恩的紧张情绪，我拿出为防止周五中午来不及去食堂吃饭提前准备的小饼干给她吃，又拿出一套练习题给她做。小恩边吃饼干边做题，渐渐放松了下来。小恩做题很快，不到15分钟就把题做完了，我跟小恩一起检查了一遍竟然全对。

我开心地对小恩说："你真棒！"小恩开心地笑了。我把椅子拉过来正对着小恩，拉着她的小手和蔼地说："小恩，你告诉卢老师为什么那么害怕上围棋课啊？"小恩耷拉着小脑袋说："围棋老师上课很凶，我很害怕！"我问："围棋老师上课批评过你吗？"小恩眨巴着小眼睛，思考了一会儿说："没有批评过我，不过批评其他同学的时候我就特别害怕，我总以为是在批评我，我吓得一动不动。"

听了小恩的叙述，我抚摩着小恩的小脑袋跟她讲了围棋老师其实是一位非常爱学生、非常认真负责的老师，但是围棋课是一门需要认真、专注，需要课堂环境安静的课程，否则你的思路很容易就被打断了，那你的这盘棋也就输了。如果围棋老师不严厉一点儿，那就会有同学钻空子、捣乱，课堂就不安静了，那围棋课就没法上了。为了让小恩更形象地理解我的话，我用她最喜欢玩的游戏做了生动的讲解，用小恩玩游戏时不希望被打搅的心情跟围棋老师上课时不希望被扰乱的心情进行了对比，让小恩在形象生动的事物对比中，感受到了围棋老师的认真、负责，理解了围棋老师上课严厉的原因。

小恩的那句"我爱上围棋课了"让我久久不能忘怀，作为一名班主任，在为小恩的点滴成长进步开心的同时，内心更多的是作为一名班主任的幸福感。我正在用我的点滴努力，引导我的孩子们在人生的路上少走一点弯路，多一点开心和温暖。

> 每个孩子在成长中通常都会按照自己的认知理解去处理事情，特别是出现错误认知时，如何帮助孩子转变看法，需要教师发挥智慧。卢老师在取得孩子信任的基础上，用游戏的方式教给孩子换位思考，理解围棋老师的严格要求，最终改变了孩子行为，教会孩子渐渐树立正确的评价观。
>
> ——李娟

读 后 感

潘锶

2016 年参加工作
班主任任职 2 年

教 师 心 语

　　入职 3 年，从事班主任工作 2 年。我一直秉持教育为本的初衷，努力践行学校所倡导的"和谐育人"，积极培养并争做具有"家国情怀"的史家人，努力成为一名充满童心童趣、深受学生们喜爱的班主任。我通过自身的不断思考，凭着一颗对教育的赤诚之心、对孩子的喜爱之情以及在教育过程中的积极求索，逐渐形成了一套自己独特的教育理念，使班集体充满和谐、积极向上的良好氛围，和学生们成为知心、交心的良师益友。

一封沉甸甸的告别信

潘老师：

　　您好，我是可煊。我有太多太多的话想对您说……

　　即使我们只相处了一个月，可是在这一个月中，我在您的身上学到了很多，也让我越来越喜欢您，觉得您越来越好。

　　在 2015 年 11 月 19 日也就是昨天，在您说出那些离别之际的话时，我哭了。因为我一想到每天早上不能再顺手地将记事本、早读作业放在我后面的桌子上；再也看不到一个多月熟悉的"√"与"5"；我又想到在鲍老师旁边的办公桌上那个熟悉的身影不再出现，我再也听不到熟悉的声音了……所有的回忆涌上心头……有快乐的、训斥的、伤心的、喜悦激动的……

　　很想您再陪我们一个月、两个月、三个月……可是已经没有机会了。

　　您说希望我们记住您。潘锶老师，我会永远记住您，永远永远永远！一辈子一辈子一辈子！重要的事情说三遍！我喜欢您！您的名字会伴我一辈子，我是可煊，一定要记住我……

　　每当读到这封告别信，我的眼角总是不自觉地微微湿润。虽然我们早已告别了 2015 年，但那些事情时至今日，我依然清晰地记得。

2015 年 10 月 8 日，是我第一次来史家小学实习。那天的阳光很温暖，而我却很忐忑。直到我踏入六年级 8 班的教室时我才真正意识到，在接下来的八周时间里我要和这些"小大人们"斗智斗勇。当时的班主任鲍老师不仅是年级组长更是我的师傅，每当她进班以后，原本嘈杂的教室立刻被琅琅的读书声替代，原本打闹嬉戏的学生也赶紧收回笑脸，投入到紧张的学习中去。我想孩子们的表现一定和平日里鲍老师的要求和教育密不可分。我很佩服这一点，也立志向师傅学习。

但是孩子们远比我想象得更聪明，他们能轻易地通过我的言行举止推断出我只是一名实习班主任。因此孩子们和我的距离就显得很远。不仅见面很少和我打招呼，就连上课也是如此，经常让我感到孤立无援。刚刚实习就遇到如此棘手的问题，真是给了我当头一棒。痛定思痛，我仔细思考出现这种问题的原因。通过不断地观察、学习相关的理论知识，我转变了教育策略，不再以师生相称，而是和他们做朋友。课间主动融进他们的生活，一起做游戏、一起比赛，为他们加油助威。课上尽量用风趣幽默的语言，把课文的重点知识传授给他们，让课堂的气氛始终是轻松且活跃的。渐渐地，我们越走越近，从陌生人变成了知心朋友。之所以这么做，是因为学生到了高年级，自主意识非常强，他们也逐渐开始抵触别人把自己当成小孩子、当成没有思想的学生。抓住这一点心理，再加上我自身身份的转换，自然拉近了彼此的距离。

我仍旧记得给我写信的这个姑娘，因学校临时安排，我被调到别的校区，时隔半个月再见面时，她冲我飞奔过来，给了我一个大大的拥抱。那种久别重逢的喜悦弥漫在我们之间。她说："潘老师，您终于回来了，我好想您！""好巧，我也是如此地想你，想你们。"我也微笑着说道，更加用力地抱紧了她。

可正如我们都知道的，天下无不散的宴席，我的实习期很快便在指缝中悄悄溜走了。我和 8 班的孩子们也到了不得不说再见的时候。告别的那天，我在台上哭，孩子们在座位上抹着眼泪，一个个争着跟我合影。因为我们都知道，这一别，再见面不知是何年何月、何时何地了。也许他们已经成人走上社会，各展其才；也许我已经人老珠黄，早已离开了讲台；也许有些人出了国，我们这辈子再也见不到了……可这离别教会了我去理解，不求天长地久但求曾经拥有。我们在一起时的那些欢笑、那些快乐是真实的，那些矛盾、那些训斥也是真实的，它们会永远存在于我们的回忆中，不会随着时间消散，反而会历久弥新，因为那些是我们相处的印记，更是我们真心相待的最宝贵的记忆。

是孩子们教会了我应该如何面对这第一次的离别，当 2016 年结束后，我送走了执教生涯的第二批孩子。一年的相处，我们一起创造了那么多美好的回忆。现在回想起来，我的嘴角仍旧止不住地挂着笑意。现在的他们已经是四年级的大哥哥大姐姐了，每每在校园中看到我，便会把我团团围住，兴奋地抱着我，高兴得像个没长大的孩子。是啊，即便我们已经分开了，可那又怎样呢？情感不会因为距离、时间而改变，只要我们教师付出了真心，孩子们一定也会回馈给我们真心。

这一封告别信，至今仍被我视如珍宝，它将成为我未来不断前进的动力。

一封告别信不仅道出了孩子的不舍，更让我们深刻感受到：一位真正受欢迎、受孩子爱戴的好老师，需要的是用心体会孩子，了解他们，试图用他们能够接受的教育方式走进他们心中。融入孩子，问题将会迎刃而解。这也许就是做好老师的真谛吧！未来的日子，希望潘老师始终保有这份教育初心。

——李娟

读后感

教 师 心 语

尊重的态度、换位的思考、平等的交流，便是我作为一名青年教师现阶段对于班主任工作的态度与准则。可能随着教育教学经验的增长，这一准则也会随之变化，可能这样的做法并不会像想象中的简单和顺利。但是，这一切都是值得的，因为，我始终相信，只要能够给予孩子们足够的信任和尊重，就会从孩子那里欣赏到一个个美丽又美好的世界！

英文

2017 年参加工作

班主任任职 2 年

好好学习，"天天"向上

班主任工作本身就是一项很有挑战性的工作，每一个学生都是一个世界。对于一个刚工作半年的班主任来说，一上来就接手一个一年级的班级，更是个不小的挑战。孩子对学校的一切是未知的，老师对工作环境、对这一群小豆包也是未知的……一起探索、携手成长，这样的挑战听起来让人觉得干劲十足，但当它真的来临时，往往比想象中来得更棘手、更困难。

在有了自己的班级之后，我尝试着用之前学习到的一些方法和我班的孩子们交流，但往往事倍功半。这让我意识到了一个很严重的问题，我还没有适应自己的角色。

从实习班主任到正式成为一个班级的大管家，从六年级毕业生口中的大姐姐，到一年级小豆包嘴里喊的"像妈妈……"，角色身份的变化使我不得不以最快的速度充实完善自己。和高年级学生接触养成的说话快、直入主题等习惯，照搬到一年级的德育教学工作中去，只能换来一对对懵懂无知的大眼睛。一次又一次地追问"我讲明白了吗？""你们听懂了吗？"得到的是鸦雀无声的课堂……我突然意识到，对待一年级的孩子与对待六年级的孩子的方式应该是完全不同的，一边是刚刚踏入校门的懵懂顽童，一边是即将毕业的青春期少男少女。所以，无论是说话的语气语调还是遣词造句，都要改变，而且是大变特变！

经过一段时间的磨合和实践，我逐渐总结出了自己与学生交流的方式方法。其中首先要做的也是最重要的一点就是——倾听。

要了解孩子们，和他们成为朋友，要想得到每一个孩子的信任，需要付出很多的心血。十根手指有长有短，一个班级里面不可能每一个孩子都是优秀的，也不可能每一个孩子都乖巧听话，难免会有些学习较差、纪律观念淡漠、生活习惯不好的孩子。这个时候，平等与尊重就显得尤为重要。这些孩子真的做什么都是错的吗？他为什么会这样做？老师在理解孩子的行为时，会不会因为自己的想法和理解而误会了孩子本身的意思呢？

我的班里有一个特别调皮的小男孩儿天天，他很可爱、很阳光，是一个很真实又充满爱的孩子。但是开学没几天，这个小捣蛋鬼就坚持不住了……上课坐不住，课间瞎玩疯跑，鼓励不管用，批评也不行，最关键的是他好像根本听不懂老师的话。上着课，他玩儿铅笔，我走过去提醒他："现在是上课时间，你看看别的同学都在认真听讲呢，你还要继续玩儿吗？"他就会认认真真地看着我的眼睛，诚恳地回答我："我还没玩儿够呢……"面对这样有时实在让我觉得沟通无力的宝贝，我决定选择——听他说。

焦虑的妈妈，焦虑的娃

一段时间的相处下来，我发现这个孩子做事其实是有他的逻辑性的。他很听话，只是有时实在是因为自制力不行以及注意力不集中，或是因为对当时的内容就是不感兴趣，所以才显得十分的散漫。

天天有一个焦虑型的妈妈，因为知道自己的孩子基础不算好，所以在开学初真是提心吊胆、着急上火的。而他又是一个很敏感的孩子，这样一来，自然而然也就变得十分焦虑。孩子所表现出的兴奋透露着紧张与不安，他甚至在一段时间里，因为大人反复督促他学习，而产生了厌学的情绪——你说你的，反正我就是不学。

通过和天天妈妈的沟通，我明白了妈妈的担忧，她很怕天天因为太调皮、学习太差而被老师和同学所"抛弃"，不想自己的孩子成为拖班级后腿的人。所以本就焦虑的妈妈，在发现自家孩子真的在向自己担心的方向发展时，矛盾就爆发了。一做作业就开始吼，一见孩子就有种抵触和厌烦的情绪……敏感的天天曾偷偷这样告诉我："老师，我不想上学了，我觉得上学之后妈妈就不爱我了。"的确，学前的轻松猛然间转换成上学之后的种种压力，孩子、家长都需要进行调整。我们总觉得孩子还小，他们什么都不懂，事实上，孩子的心才是最纯粹的，他们真的能懂，什么都能懂，只是美好而又脆弱。鉴于天天妈妈是位非常明事理且很好沟通的家长，我开始与她进行经常性的沟通和反馈。

天天很爱说，他能把每天在学校发生的事情回家后原原本本地都复述给爸爸妈妈听，甚至是自己做错的事情也毫不掩饰，还往往能自己分析自己当时为什么会这样做。但是因为家庭中焦虑的气氛，天天的妈妈没时间听他的话了，心平气和的沟通也少了，天天开始不那么爱说了。高兴的时候说上一两件有趣的事，大多数是用沉默对待妈妈的催促和嘶吼。在了解天天妈妈担心的事情后，我首先是向她做出了保证，无论孩子会不会成为"差等生"，作为老师，我们都不会抛下孩子不管。而且我们的班级是一个集体，缺一不可，同学们只会一起想办法帮助自己的伙伴进步，绝不会因为成绩差、纪律差这样的问题出现谁瞧不起谁的情况。一旦出现，决不姑息。抚慰了妈妈的担心，接下来就是帮助孩子了。

我和天天妈妈约定，不再因为学习的问题和孩子吵，把焦急的催促变成耐心的陪伴，多和孩子聊聊在学校发生的事情。我在学校也会时常听天天讲一些自己想说的故事，他很善于表达，而且还会把自己置身于故事中，去思考如果是他，他会怎么做。这是多么聪明的一个孩子啊！一段时间之后，天天有了可喜的变化，他更有耐心了，上课听讲认真了，作业更工整了，成绩也在不断地提高，他真的进步了。后来我问他，"你现在开心吗？"他有点儿不好意思了，笑呵呵地说："老师我很喜欢你，妈妈说，她一直不觉得我是个优秀的孩子，担心老师会不喜欢我，是你给她信心，告诉她也告诉我，我很棒！"

"老师，我只要'学习之星'的奖状"

学习上、纪律上的进步远不足以让天天完全跟上大部队的脚步，天天依旧是个"吊车尾"的小朋友。这么说吧，到了第二学期，班里有些孩子已经是二年级水平，有些孩子能够按部就班地跟着一年级下学期的进度生活学习，而天天，大概正处于刚刚结束幼小衔接的那个阶段吧……

头疼……我该怎么做才能让这只"小蜗牛"跟上大部队呢？

通过一次又一次和天天妈妈的交流，我们不断地更新改变教育方法。一点一点地，我们开始从这个小豆包身上发现了很多可喜的变化。天天从写家庭作业能磨到九十点钟都完不成的一个孩子，变成了班中最早上交早读作业的孩子。每到课堂上，不管是读书还是回答问题，都多了一只积极的小手恨不得举到我的眼前，告诉我，"老师，我可以！"

天天妈妈这样和我说："我发现，他这学期变了。之前回到家，只要是让读让背的作业，他都觉得不是作业，可是这学期老师一说有读书的作业，老师要求读两遍，他都要读五遍以上。而且之前要求每天读拼音读本，简直比杀了他还难受，可是这学期他开始自己要求读书了，读不通，他就再读第二遍，反复地读，直到这一段话都能读通顺了为止。有时候看他读得真的挺费劲的，想帮帮他，但是他都拦住我说，'妈妈你别管我，让我自己读……'"

是这样的，这个小豆包开始对自己有要求了，上进了。每次考试，我都会奖励得 100 分的孩子一张"学习之星"的奖状。虽然成绩稳步上升，可是天天到目前为止还没有得过这张奖状。我看得出，他非常想要，可是能力的问题以及上学期稍稍落后的一部分问题，使他一直都没有得偿所愿。每次看到他拿到成绩时有些低落的神情，望着别的同学拿到奖状时羡慕的眼神，我的心里也暗暗为他着急。

终于，我想到了一个办法想鼓励鼓励他。于是，在第三次考试结束之后，我根据三次考试的成绩，找出了三个进步最大的学生，其中就有天天一个，我写了三张"进步奖"的小奖状，在发卷子之前就发给了他们。可是我忽略了一个问题，天天的识字量不多，他根本看不出奖状上写的是什么，还以为这是得 100 分之后的"学习之星"奖状。于是，在拿到试卷后，他发现自己根本就没有得 100 分，就把奖状撕掉了。

我事后问他，你是不是觉得老师在可怜你、心疼你，他点了点头……我又问他看懂了奖状上写的是什么吗？他摇了摇头……"好，那老师告诉你，老师奖励你的是进步奖的奖状，在咱们班中只有三个同学在三次考试中的成绩是不断进步的，你就是其中一个。老师为了奖励和表扬你们，才发了这次的进步奖状。现在你知道了吗？""知道了……""那你还想要这张奖状吗？"他犹豫了一会儿，突然特别坚定地抬起头对我说："我不要进步奖，我只要得 100 分的奖状！"

这一刻，我真的好喜欢这个小豆包。调皮捣蛋又不失率真，学习虽慢却有着一颗上进心，他是那么的真实、坦率。

哦，对了！那天放学的时候，我看到他拿着一张皱巴巴的小纸片给了妈妈，原来是上面写了他名字的奖状碎片。哪个小朋友会不喜欢表扬呢？荣誉谁都喜欢，可这个小朋友的做法真是让我既意外又感动。

我期待着天天取得更大的进步。期待着，好好学习，"天天"向上！

通过这些事，我更加深刻地意识到，爱是教育学生的前提。每个人都需要别人的尊重和信任，孩子更是如此。当他感知到你对他的这份感情时，他会以相同分量的行动来回报你，就会自觉自愿地朝着我们所希望他达到的目标而努力，只有让他感受到来自老师的理解与鼓励，他才会勇往直前。我们要认可孩子在生活中取得的每一个小小的成功，发现他们身上的闪光点。每一个孩子都是优秀的、独一无二的。只有用爱来浇灌每一棵幼苗，才能让这些小苗根植土壤，长成参天大树。

> 爱是教育的基础，没有爱就没有教育。老师爱尖子生容易，但爱后进生却难了。因为后进生在班级中经常出乱子，有时甚至让老师"骑虎难下"，这样的学生实在让老师头疼不已。要想转化他们，就只有用真诚、用尊重、关爱去教育感化他们，才能自觉地抛弃种种简单、生硬、急躁、中断教育过程违反教育规律的做法。英文老师在对待天天的点点滴滴中都包含着爱的情愫，用最真诚的态度、最炙热的心情去对待天天。相信天天在未来的生活中一定会快乐学习，天天向上！
>
> ——李娟

读 后 感

张鑫然

2017 年参加工作

班主任任职 2 年

教 师 心 语

　　教育是有温度的，小学教育更是如此，真心对待每一位学生，做到公正公平，耐心细心，使学生们感受到教师的心意和付出。久而久之，学生也会回报给教师真心。俗话说，要想了解一个人就要走进他的心。而班主任想要了解 38 个孩子，那就要付出 38 倍的真心和用心。短短一个星期，我对于班内的学生能够如数家珍，学生们也愿意分享自己生活中的趣事和苦恼。就这样，学生与老师之间的信赖关系也就形成了。这样人与人、心与心的交流才是最珍贵的。

小睿变形记

　　五年级，在这个传说中提前进入青春期的年级，作为一名新任教师同时也是一名班主任，在我教书的第一个学期经历了太多故事，其中最传奇的便是遇上了一个孩子——小睿。

　　小睿就是传说中那个在年级尽人皆知的孩子。在接手这个班级之前，我就已经通过前班主任以及各位老师的叙说，大致了解了他的情况和"惊天"事迹。作为一名初入岗位的教师，一腔热血和壮志正亟待施展。所以，起初我并没有把这个孩子放在心上，我天真地以为凭借我的教育，可以让他迅速改变，融入学校生活。但是我没想到，2017 年 9 月 1 日开学当天，小睿就闯了大祸。

震惊的第一次见面

　　我早早的进门为的是开学当天的井然有序；我用心的准备为的是给学生们留下好印象；我细心的通知为的是学生尽快适应高年级学习。没想到，一个孩子的出现打破了我美好的幻想和精心的准备。当大多数同学背着书包怀着期待的心情进入班级向我问好时，我注意到一个男生——他身材魁梧，眼神闪烁，进门便霸道地把一张椅子撞翻在地上，而他没有丝毫要扶起椅子的举动也没有向我问好，就走到座位上聊天。不仅声音大，语气不善而且用词不当。在一个井然有序的班级里，他显得那么特殊另类。更令人惊讶的是其他同学对他的表现置之不理，仿佛习以为常，丝毫没有波动。这时，我心里仿佛掀起了千层巨浪，这样一个孩子，如果他的错误举动不被其他人所在意，那他是怎样的存在呀？如果说，他进门的一系列非常规举动我还能归根于习惯不好的话，那他下面的举动我就无法用这个理由说服自己了。

无奈的第二次交锋

在自习的时候，其他同学都在认真地看书，而我在批改作业。这时，突然有一个孩子大声喊道："老师，打架了！"我立即抬头想过去阻止，还没等我起身，只见一个身影撞倒一片桌子冲出了教室。在混乱中，我震惊地发现这个冲出去的孩子正是小睿。下课后，我安抚了小睿的情绪并询问事情的经过。伴随着他激烈的语言，我从他的口中得知了事情的经过，而这个过程是这样的：

"怎么回事？和老师说说发生了什么？"我尽量控制不对他产生偏见，耐心听他的叙述。

"本来我在看书，结果小年过来和我说话，我就说了两句，小年一直在说。结果小天坐在我们前面就态度特别恶劣地批评我说话，我根本没有说话，都是小年在说，但是小天的态度特别差还使劲捅我一下，我就轻轻地打了他一下……"

"你说的都是事实吗？再好好想想。"正如所有人感受到的一样，在我听完他假装气愤说出的一连串逻辑错误的"事实"后，我发现事情好像不是他口中说出的那样。在叙述中，他过于撇清自己而选择别人作为叙述主角，这正是避重就轻，逃避责任的现象。但是我并没有急于指责他，而是又一次用疑问的语气问他，如果他有理解力的话应该会明白的。但是不巧，我碰到了钉子，他又一次肯定。

"就是这样，我没错！"他坚定地说，但眼神中透露出的不屑与不耐烦出卖了他。

我选择把他放回了班，叫来了小年、小天和另一位座位在附近的孩子。事实与小睿叙述的相差甚大，是他先和小年挑起话头，也是他先动手打小天的。临走时孩子们善良地安慰我说："老师，您别太着急，他就那样儿，我们都习惯了，不会和他计较的。"听到孩子们的话，我心里酸极了，几个被欺负的孩子反过来安慰我这个新班主任，这让我哑舌又痛心。虽说孩子们心地善良，不计较，但是作为一个班集体的负责人，作为班主任是万万不能纵容这样的风气的。乖孩子就会被随意欺负？淘气孩子就能为所欲为？这不是正能量的表现，于是我下定决心，要改变小睿，要为孩子们争取良好的学习环境。我再次找小睿谈话。

"小睿，老师发现今天的事情你对老师撒谎了。"我质问他。

"他们都是瞎说的，都欺负我，以前每次都是这样……"他丝毫没有悔过。

"但是你今天课上说话，打人了，对不对？这是错误的举动。"

"老师，我知道错了。"他还没等我说完话，就打断我承认错误。在他看来承认了错误就会放过他吧，哪怕是违心的。

但是我不想就此放过，"你错在哪儿了？"

"说话，打人。"他不假思索地说，语气生硬。

经过半个小时的谈话，我毫无进展，他表面上诚恳认错，但是我知道，他内心是没有意识到错误的。无奈，我放他回教室了。

放学后我独自坐在办公室，脑中回忆起这不同凡响的开学第一天。小睿这样一个特殊学生，从开学第一天就给我留下深刻印象，老师们说：别较劲了，孩子性格是家庭的产物，不好改变啊！家庭？小睿家庭幸福，父母高学历，去年才有二胎，没有理由成为他性格暴戾的因素呀！如果不是家庭因素，那一定是发生了什么事情导致他现在的状态。我决定从了解他入手。

峰回路转的第三次聊天

第二天我再次找来了小睿，"小睿，这次找你来不是来批评你的，我们谈谈心，做好朋友。"

"聊什么？"小睿的眼睛闪过了一丝光芒。

"聊聊你觉得自己是一个怎么样的学生？你给老师介绍一下自己吧！"我的语气充满好奇。

"我……"小睿支支吾吾半天，没有说出来。

我感受到小睿内心的纠结，毕竟一个被所有老师否定，被同学们无视，被家长几乎放弃的孩子，在问到自己对自己的评价时，不知从何说起。于是，我引导他，想要开启他的心："你是不是觉得别人对你的评价不好，所以不好意思说出口。"他轻轻点点头。"不用害怕，张老师是第一次见到你，不了解你从前的表现，也不好奇你那些不好的历史，更不会因为别人的评价来定义你，但是我想听听你自己怎么说。"小睿表情松动了，慢慢开口，从他以前的黑历史，到被老师冤枉，再到被同学忽视，说着说着声泪俱下。我能感受到，他是真的难过，难过他不能得到别人的关注，不能得到别人的认可。说了40分钟，小睿仿佛把堆积了这么多年的委屈不满和困惑疑虑全部说了出来。有人倾听对他来说是多么重要，这意味着有人关注他，关心他。他之前的一切不好行为，原来都是在博关注，求关心。怪不得他一而再再而三地挑战底线。

"说痛快了吗？老师听了你这么多秘密，有没有资格做你的好朋友？"

"太有了，老师你对我真好。"小睿终于露出了真心的笑容。

"既然我们是好朋友了，那有什么事就要和朋友分享，朋友之间也不能说谎话，我们要和睦相处。"我趁机又提出了一点要求，每天放学之前10分钟，小睿会准时和我"聊天"，分享他一天的表现和收获。谈话结束了，我始终没有听到一句礼貌的"谢谢老师"，但是我知道，小睿的变形记开始了。

大胆的第四次机会

从那天起，小睿和我建立了良好的师生关系，他不再顶撞我，不再爱搭不理，不再为所欲为。在得到我的表扬时，他会高兴。在我批评他时，他也会难过。就这样，小睿慢慢在改变，做正确的事情越来越多，在正方向上博得了关注。我趁热打铁，在平时多观察，多询问，想要发现他的优点并且展其所长。我大胆地进行尝试，交给他一项艰巨的任务，在家长课程上制作演示文稿。于是我把小睿偷偷叫到办公室和他说："张老师没有告诉任何人，只把这个任务交给你，因为老师相信你能做好。"

"什么任务呀？张老师。"小睿积极的态度顿时被调动起来。

在我把任务交代给他以后，他陷入了沉思，"我能做好吗？"

"一定能！你平时是电脑高手，脑子又活，老师相信你可以做到。"我拍了拍小睿的肩膀表示肯定。

"我努力试试吧！"从那天起，小睿每天下课放弃了休息时间，不间断地到办公室想点子制作演示文稿，随着他的努力，演示文稿不仅大获成功，而且他也收获了大家的认可。在这样鼓励的氛围下，小睿变得自信而有责任心。自此之后，经常为班级服务，帮助同学。

我对学生的教育不仅是口头的表扬批评，更多是真诚的交流和心灵的沟通。在教学中我发现，每一个孩子无论优秀与否，都是渴望被老师关注的。有些孩子能力强，表现佳，自然能得到广泛的关注。但是有些孩子不善于表达，但不代表他们没有能力。这时，就需要作为老师的我们更多地给予机会，让他们展现自己的魅力。每一个孩子都是一粒种子，你细心关照，时常浇水，在适当的时候帮它将直，我相信最终他们会长成大树，或参天，或葱郁，但至少成长。这就是我的教育理念：不轻易放弃每一位学生。在适当的时候帮他们一把，或许就会有惊喜呢！

读

作为教师要尊重每一个学生的人格，特别是像睿睿这样的大男孩，害怕受到老师的冷落，同学的歧视，只能用"特殊行为"引起老师同学的关注，用强硬的态度来掩盖他的自卑与敏感的内心。其实我们知道，每一个孩子本性都是善良的，内心都渴望得到老师的肯定、同学们的理解和信任。所以，在教育学生过程中，我们应尽量包容孩子的过错，了解问题真正的原因，公平处理，让孩子们在公平公正的教育中形成向善向好的价值观。因此，教师教育孩子过程中努力将斥责转化为尊重，也许会收到不错的效果。

后

——李娟

感

教师心语

我认为在教育工作中，温柔友善的力量永远胜过愤怒和暴力，我们要在孩子心中埋下善良的种子，并且不断地让这颗种子生根发芽、开花结果，最终使学生自觉认识错误进而获得自主发展。"金子般的童年，需要金子般的爱心来浇灌。"在不断前行的教育道路上，我希望用自己微薄的力量让班里的孩子都得到爱的滋润和知识的浇灌，让每一个孩子在知识的沃土中和谐、自主、幸福地成长。

张斌轩

2016 年参加工作
班主任任职 2 年

"阳阳"你真棒

9月份开学初，班上一名带着粉色眼镜的小女孩就吸引了我的注意。在开学的第一天，班上其他的孩子由于是第一次见面都有些拘谨，所以孩子们都安静地坐在相应的座位上静静地等待着第一节课的开始。只有那位小女孩阳阳和其他孩子的行为完全不一样，她一会儿抠抠桌子一会儿摆弄自己的书包，嘴里还不断发出"支支吾吾"的声音。于是我走过去小声地提醒她安静地坐好。但是她不以为然，继续无视我的要求，我只能继续提高音量要求她赶紧坐好。一天下来阳阳给我的感觉就是行为散漫，小动作过多。我在心里暗暗地告诉自己，这位小女孩的行为习惯比较差，看来要在今后多加严格要求她了。但是在第二天的课间操时一个更大的问题随之而来了，在全班同学按体操队形散开站在自己的位置上时，只有阳阳一个人坐在操场上一动也不动，在周围同学用不解的目光看着她时，我迅速走向她，小声对她说："现在是上操时间，请你起立站好，你看看周围的同学都是怎么做的，快站起来。"孩子听完我说的话，用无辜的眼神看着我含糊不清地说："我累，站着我累！"听了孩子这番话我想估计硬碰硬是不行了，于是我将孩子带到了队伍的最后面，跟她说："你现在是一名小学生了，既然大家都能精神地站好你也一定没有问题的，加油！我们先站五分钟试试！老师相信你没有问题的！""不，我累！我累！"阳阳一边拉着长声一边拍打着地面大声跟我说。此时我也是火冒三丈大声对她说："站起来，我就在这看着你！"看着我生气的样子，孩子稍微有所触动，慢慢悠悠地站起来，歪七扭八地站在我面前，我稍微稳定了一下情绪对她说："你看，你不是可以做到吗！加油，再坚持下去。"谁知话音还未落，孩子又坐在了地上。我想这个问题不是一天两天能够解决的，首先要做的就是要找到家长了解一下孩子在幼儿园的情况。于是我拨通了阳阳妈妈的电话，通过与孩子妈妈的沟通我了解到，阳阳从小先天近视。两只眼睛都有700度以上的高度近视，而且在小时候还做过角膜加固的手术，由于先天近视就导致孩子各方面的发育比较迟缓，同时还有一定的感统失调，尤其表现在肢体上极度不协调，运动方面更是存在着很大的问题，另外由于高度近视的原因孩子对人的面部表情非常不敏感，不会察言观色，也不懂得一些提示的语言，所以在与人交往沟通方面也存在很大的问题。在与阳阳的家长沟通后，我意识到了孩子问题的严重性，这并不是单纯的行为习惯不好所导致的，更多的是需要老师和家长采取一些科学的干预手段。

针对阳阳的情况，我与孩子的妈妈制订了一个习惯养成计划。由于孩子问题比较多，在和孩子妈妈讨论后我决定先从孩子肢体协调性和上课听讲这两方面进行干预。首先我向体育老师要来了学校这一学期要学的广播体操内容，然后我和阳阳的妈妈约定每天带着孩子学习其中的一节，第二天由我来进行检查，如果检查成功就给孩子一张积分卡以示鼓励。我还专门为她准备了一本"学校家庭联络本"，我与家长每天均在小本上写几句话。一方面是彼此了解她在校、在家里的表现，更主要是记录下她的点滴进步。

在与阳阳的沟通中不断进行谈心，这是我采用的基本方法。除此以外，在课间碰到她也有意无意地相机谈上几句。让她重新认识自己，让她感到在老师眼里，她是个具有许多优点的孩子。为她重新建立自信、自尊。随着谈心次数的增多，师生感情的加深，我再以"建议"的形式告诉她"如果你这样做会更好"……渐渐地，她能接受我的"建议"，一点点地弥补不足。每当那时，我会对她的表现及时予以肯定和表扬，并帮助她做到持之以恒。

慢慢地孩子从一分钟都站不住已经可以站好五分钟，十分钟，二十分钟，新学期开始我发现孩子一个课间操将近三十分钟的时间都可以站好不动并且可以跟上大多数操的节奏。在对于我的各项要求上也从以前的爱搭不理慢慢变得懂事听话了。现在每当我看到在课上她积极举起小手发言的样子，都会暗自欣慰，这些努力没有白费。

由于阳阳存在发育迟缓的问题，导致她在其他方面也出现了诸多不足，比如：语言表达能力差，对别人的话听而不闻，生活上经常丢三落四甚至忘记老师提出的要求等。针对阳阳的这些问题，我决定给她找一个好同桌来帮助她进步。我安排了一个班里学习不错，品行良好的小女生，这个女生跟阳阳的关系还算和谐，偶尔会一起去玩。阳阳很依赖她。我首先肯定了她平时对阳阳的帮助，并且希望她能继续帮助阳阳，小女孩很爽快地答应了，并跟我保证她一定会和阳阳成为好朋友的。我把这个小女生和阳阳安排成同桌，阳阳上课贪玩或者走神时，她就会用眼神提示她。课下她会带着阳阳，融入其他女生的活动中。慢慢地，班里的学生们不像以前那么排斥阳阳了。私下里，我会和阳阳聊天，从她的话语中我知道，她感觉到了同学们对她的友好。

当我发现阳阳有了点滴进步，我就及时给予表扬，抓住她表现好的行为，突出她的闪光点。我会把阳阳的点滴进一步放大，哪怕是捡起地上的粉笔头，帮我拎东西……班里学生，越来越认同她的表现，并能学习她从小事做起。

阳阳在这样充满友爱的氛围里也慢慢地学会了控制自己的脾气，懂得了真诚相待才能赢得同学的尊重和喜欢。当然，教育成果总是螺旋形上升的，这期间一定会有"反复"的情况，但通过我的引导及同学们的努力，这些都慢慢地化解了。

对待像阳阳一样的特殊学生，我努力营造和谐、友爱、奋发向上的班级环境。让孩子在这个集体中感到温暖、安全。有了这样"爱的氛围"，学生才会为这个集体感到自豪、骄傲，并产生为之争光的愿望。也正是在这样用心的安排下，阳阳开始学会了爱同学、爱老师、爱班级、爱学校，学会了关心体谅他人。

让我欣喜的是，在这个过程中，她有了更多的收获。从以前我催着孩子改生字写生字，到现在孩子成为了班上第一个生字一次过关的孩子，这种种改变都让我肯定了自己的选择。可以说，改变阳阳的这个过程是漫长的，这一个学期的时间，对我来说也是辛苦的，我也想过放弃，可是作为一名教育者，尤其是每次看到阳阳那可爱的脸庞，我就觉得我必须坚持，使她和所有的孩子们一样健康快乐地学习和成长。现在的阳阳，眼睛里再也没有敌意，行为习惯上，也让家长和老师欣慰，与同学的相处也很和谐。每天早上看到孩子脸上洋溢着的笑容，听到孩子清脆的"张老师早上好！"我的心里总是暖暖的。

随着社会的发展，一些有着特殊教育需求的孩子越来越多，在我们身边及以后的教学生涯中，我们会遇到很多个"阳阳"，这样的案例很有代表性及研究意义。家庭环境、周围环境及自身的意志力，对一个孩子的健康成长都是非常重要的。这些只是我尝试的一部分，作为教育工作者，我们应该用心呵护每一枝花朵，让这样的孩子得到更多的关爱，使迷失的他们回归本真。为了这个理想，我一定会一直努力下去。

读　　　　　　　后　　　　　　　感

　　苏联教育家苏霍姆林斯基说过"教育技巧的全部奥秘就在于如何爱护学生"道出了教育的真谛。张老师对阳阳的爱护不仅出自本心，更是持久。随着社会的发展，每一个家长对孩子的教育期待不同，这对老师的要求也越来越高，老师的教育方式不断面临着新的挑战！特别是面对特殊家庭的孩子，面对自身存在生理或心理问题的孩子，教育更需要老师的极大耐心与科学引导。张老师看到了孩子的问题，及时与家长沟通，科学指导家庭教育，达成教育一致，并努力给阳阳营造和谐有爱的班级氛围，让阳阳在充满爱的环境中健康成长！

——李娟

教师心语

人们常把教师比喻为塑造人类灵魂的工程师。的确，教师的肩上承担着民族的期望，教师的双手托起的是明天的太阳。作为一个班主任新手，我利用课余时间学习心理学，了解有关儿童发展的心理学知识与心理辅导方法，用教师的关爱和赞赏，激励每一位学生的发展。我注重培养学生自主自理的能力，为他们创造各种机会，使每一名学生得到锻炼，让学生成为班级真正的小主人。

范欣楠

2014 年参加工作
班主任任职 3 年

不要小瞧我

去年，我又一次成为了一年级的班主任，当学生们第一天走进教室的时候，映着窗外的阳光，他们就像一棵棵向日葵一样充满活力。但是，随着对他们的了解，一个个"淘气包"现身了，乔乔就是其中一个。

开学第一天，我让学生们每人带一本课外书，在其他同学还没有到齐的时候可以自己先看看课外书。当时乔乔来得比较晚，坐在了班里的后排，结果没看一会儿就和同桌的同学发生了小争吵。"老师，他有书，还抢我的书。"同桌举手告诉了我。我走过去一看，果真是这样的，还没等我张口问事情的经过，乔乔就说："老师，我的书看完了，我想和他一起看，才这样的。""那你经过这个同学的同意了吗？""没……有……""那你要先问问同学，可不可以和你一起看，老师相信如果你问了，同学也会很乐意和你一起分享的。"问题确实是按照我想的方式解决的，但是最后乔乔眯着眼睛冲着我"坏坏地"笑了一下，我知道这个孩子"不简单"，开学第一天就用这样的方式让大家记住了他，他自然而然也成了我的重点关注对象。

在后面的学习生活中，乔乔一次又一次地用自己的言行告诉大家"不能小瞧我"。上操的时候，他会趁着老师不注意，抬起手比着枪的样子"biu biu biu……"扫射整个操场的同学。上课的时候，他会故意说一些让同学发笑的回答。课间游戏的时候，也会和同学发生一些肢体上的不愉快。也许起初只是想吸引大家的注意力，但是背后隐藏的是乔乔在与人相处和情绪、行为控制方面的问题。

通过和乔乔妈妈的多次沟通，我了解到乔乔在幼儿园时期也是园中出了名的"淘气包"，甚至当时被同学们贴上了"坏孩子"的标签，即使是别的孩子做错了一些事情，也会被算在乔乔的头上。而乔乔的内心也是想要在小学，在新环境中撕掉这个标签的，可是之前在幼儿园中，孩子并没有建立好一些行为规范，加上乔乔自身也是一个比较倔强的小朋友，单单依靠压制住孩子的情绪和行为，是不能从根本上解决问题的。上学后看到同学们受到表扬，自己也想要引起大家的关注，却又找不到合适的方式，结果越来越糟。

经过和乔乔妈妈的多次沟通，我和乔乔妈妈也基本达成了一致。乔乔是那种精力比较旺盛的孩子，也不会疏解自己的情绪，放学后一定要给孩子适当的时间进行课余活动，把压在自己身体里的小情绪释放出来。在班级同学中为乔乔设定能够赶得上的小榜样，每天沟通孩子在学校和家中的表现，及时鼓励。如果孩子犯了一些小错误，要很明确地和孩子说这样不对，应该怎样去做，并且小男子汉要有担当，为自己做错的事情负责任。经过这样的努力，乔乔在学习习惯上确实有所改变，但似乎也只是平息了之前那个淘气的小精灵，而想让乔乔由内而外地体会到应该如何在课堂上学习，没有亲身体验，就不会有特别真实的感受。

尽管之后，乔乔偶尔还会出现一些不太恰当的行为，有一次竟然因为想要树上的树叶，把校园内的玉兰树晃折了。借着这次事件，我和乔乔的家长

再一次明确地告诉乔乔，当自己认为这件事做得不对的时候，尽管内心再想要去做，也要控制住自己。为了弥补自己的行为对小树造成的伤害，自己要试着当小医生，帮小树把折了的树枝捆好，并且呵护小树的成长。

后来，班级家长课堂请乔乔妈妈为大家讲了一课"书的诞生"，在课堂上作为小助手的乔乔表现得尤为突出，不仅课前和妈妈一起去印刷厂收集材料，而且提前和妈妈把整个课堂环节熟记于心。这些对于一个近一个月几乎在课堂上没有什么参与度的学生来说，是多么不容易啊。这次活动后，不仅同学们对乔乔刮目相看，乔乔也感受到了参与课堂的快乐。活动后，我马上和乔乔进行了沟通，希望他能把这次活动时的表现放到课堂中，这样大家也会越来越喜欢他，孩子在活动后也越来越自信，不仅课堂发言更加积极了，课间还会帮助其他同学学习。

有一次，乔乔帮助同学进行诵读，那个同学却怎么都读不对，弄得他抓耳挠腮的。没想到，后来乔乔跑来和我说："老师，我知道您教大家有多不容易了，我之后肯定好好学习，这样就不用您和同学再帮我讲那么多遍了。"我一把抱住乔乔，感觉他真的长大了。

其实班级管理和对学生的教育，并不能只局限于班主任一人，班级的主体是孩子们，他们自身的内驱力，才是自己学习的动力，行动的指南。教师和家长在给孩子树立正确的价值观时，要通力配合，才能让孩子在"主动"中发展，在"合作"中成长，在"思索"中创新。

作为一名年轻班主任，其实工作中最头疼的就是会碰到班中一两个"小淘气"。用什么方法才能帮助孩子？用沟通与鼓励确实有效，但抓住教育契机对症下药尤为关键。范老师就抓住了"家长课堂""救赎小树"等关键点，帮助孩子建立信心，向善向好，而且用自己所学的心理学教育学方法，指导自己的教育行为，做到家校合力同伴互助，最终转变了乔乔。

——李娟

读

后

感

教 师 心 语

我，一位乐观进取的年轻教师，一个积极拼搏的史家人。短短两年教师生活，我不仅和孩子们共同进步，更因为孩子们而成长，这是我最弥足珍贵的幸福和满足。

在成为一名教师后，我最大的享受就在于自己能够成为孩子所需要的，让孩子感到亲切的人。因此我一直以关爱、尊重、信任、包容对待每位学生，用真诚的情感赢得孩子们的情感认同，从而不断加深加厚师生之间的感情。

未来教育前行路，我会继续以爱之名陪伴孩子从容成长！

贾维琳

2016年参加工作

班主任任职 3 年

以"爱"为名 从"心"出发

当梦想照进现实，就是我加入到史家这个大家庭，正式成为一名普通小学教师的那一天。不过从一个校门迈进另一个校门，从学生到教师角色的突然转变，再加上需要面对的琐碎班主任工作，这些都着实让我无所适从，手足无措。但作为班主任——一个班的主心骨，我知道我必须迎难而上。和这班孩子在一起两年，我始终努力为学生生命成长提供最合适的爱与阳光。

在我当班主任第一年，我遇到了一个让我非常心疼的小女孩，她叫小张。在与前任班主任交接工作的时候，我就了解到这个孩子从上小学一年级起，在学习方面就遇到一些障碍，加上身体原因，使得这个小姑娘在集体中表现得格外内向。不过，其实私下她是一个特别乐于与别人交流的孩子，只不过在人群中她就会不自觉地把自己紧紧地包裹起来。但值得高兴的是在一二年级老师们的耐心教导下，在家长的大力支持下，在和同学的相处交往中，她越来越适应学校生活，更令人欣喜的是脸上越来越多地绽放出笑容。

三年级上学期临近期末的一天清晨，我走在上班路上，手机铃声急促地响了起来，掏出手机一看发现是小张妈妈，我想这个时间打来一定有什么急事，于是连忙接通电话。虽然已有心理准备，但小张妈妈接下来的话还是让我这个"教育新手"心中为之一颤。我了解到是因为小张今天早上突然说不想来上学，妈妈本想自己试着疏导孩子，但情况不理想，于是想和我进行沟通，寻求好的解决方法。

来到学校，处理好手头事情，我第一时间拨通小张妈妈的电话，进行详谈。电话中，我和小张妈妈沟通孩子在家在校的表现，也了解到孩子这种情绪的最主要来源——学习。临近期末，但不同于以往的期末，孩子们升入三年级，即将面临的是区里统一能力检测考试，这对他们来说是第一次。但孩子在学习上能力不足，于是产生这样的畏难和抵触情绪。到现在，我还记得小张妈妈说的话："我们一二年级咬着牙跟上来了，但现在她的这种负面情绪，可怎么办啊？"通过话筒，我能感觉到孩子妈妈的一种无助，我先引导孩子妈妈调整自己的心态，绝不能从家长角度带给孩子超负荷的心理压力和不合理的目标，否则只会导致孩子的负能量越来越多。并且建议小张妈妈可以和孩子在学习和放松之间共同商议出一个平衡点，使学习高效，使成长快乐。

和家长沟通情况后，我单独找到小张，倾听孩子的声音。她对我说："我很喜欢学校、课堂，但有的时候……"孩子没有说下去，但我读懂了她的表情。我轻轻地拍着孩子肩膀，为她加油打气，帮助她认识负面情绪会产生的诸多影响，并和她一起寻找适合自己的学习模式……不知不觉，在我的引导下，我能明显感觉孩子的情绪被调动起来，她的信心也在逐渐恢复，这真是一个好苗头！趁热打铁，我问道："孩子，你愿不愿意和妈妈爸爸，和贾老师一起试一试？"看着孩子坚定地点了点头，我迫不及待想和孩子妈妈分享这个好消息。之后，我和孩子及孩子妈妈一起制定出了一套适合小张目前情况的学习模式，帮助孩子尽快和负面情绪说"BYE BYE"！

在这个过程中，我向学校青苹果中心吴老师学习、请教。在吴老师的帮助下，我更好地和孩子、家长进行进一步沟通。同时，在我征得家长同意后，小张和妈妈分别来到了青苹果中心进行有针对性的情绪疏导与干预。通过沟通，小张妈妈认识到孩子压力比较大，更多来自于妈妈的压力和焦躁，但却不自知。并表示未来会根据老师的建议，改变自己，把积极心态传递给孩子。

一天又一天，我和孩子妈妈通过微信或电话时刻沟通孩子的情况，孩子的情绪变化显著。从"孩子情绪好多了，没有昨天那么难过了"到"爸爸说刚才进学校时挺高兴的"到"孩子今天晚上虽然没有在约定好的时间内完成作业，但是有时间紧迫感了，作业全程精神高度集中，效率大增！"慢慢地，孩子的状态越来越好。读着孩子妈妈发来的信息，我发自内心替他们高兴！

孩子、教师、家长，我们因爱走到一起。在这个过程中，不仅孩子的心和我更近了，家长也和教师关系更紧密了，这正是爱的力量！在未来的日子里，我更愿不断用爱去滋养我的孩子们，让他们能不断汲取爱的养分，逐渐成为一个个健康完整的人！

　　　　一位好老师，特别是班主任，能将班中每一个学生视为己出，做到一个都不放弃，这才是真爱。贾老师面对不愿意上学的小张，能够追根溯源，从孩子自身与家长情绪等方面入手，并通过专业心理疏导，最终转变孩子，让一个家庭幸福起来，这期间，除了有爱，还有教师的智慧。

　　　　　　　　　　　　　　——李娟

读

后

感

和谐的师生关系是教育中最为重要的情感基础。教师要尊重学生，以真诚、平等的心态与学生相处。在孩子们心中，老师不应该仅仅是一位老师，更应该是他们最亲密、最值得信赖的伙伴。孩子们会对老师倾诉烦恼，会与老师分享秘密。老师要走进学生的心灵，倾听他们的心声，在交流中加深情感。生活中，用自己的行动去感染学生，用自己的言语去打动学生，学生只有感受到老师的善良和真诚，才会乐于听从老师的教诲。正所谓"亲其师，信其道"。

石濛

2016 年参加工作

班主任任职 3 年

我想给你爱和温暖

我一直很喜欢孩子，孩子们的眼眸像天使一般清澈无瑕、孩子们的笑容像阳光一样明丽灿烂，我喜欢陪伴他们走向成熟，我喜欢引领他们成为栋梁。一个班级就是一个小家庭，班主任既是一科任课教师，更是这个小家庭的家长，而班里的每个学生都像是自己的孩子。与他们朝夕相处，一起经历每一件小事，见证他们每一次成长，融入他们生活的一点一滴，这个过程中蕴藏了无可比拟的成就感与幸福感。还记得当我第一次走进班级时，孩子们似乎对我有种自然而然的亲昵，他们的热情与关心一下子拉近了我们之间的距离，让我觉得我们一直就是一个整体。孩子们真挚的爱使我在面对烦琐的工作时充满动力，也让我想给他们更多的爱和温暖。

小丁是班级里一个有点儿特别的孩子。和前任班主任交接的过程中，我就注意到这个不爱说话的姑娘。她的学习基础比较弱，家长溺爱，教育又不得法。第一次见时，觉得她白白胖胖，笑起来带着一些腼腆；经过一段时间的观察，我慢慢发现她性格内向，说话声音小，上课时从不会主动回答问题。很长一段时间，我甚至不知道她的声音是什么样的。第一次单元测试公布成绩的时候，班里所有同学都异口同声地说小丁一定是最后一名。听着同学们的吵吵嚷嚷，童言无忌，看着小丁深深垂下的头，我瞬间湿润了眼眶。那一刻，作为她的班主任，我感同身受，不需要任何语言甚至眼神，我听到了也听懂了她的心声。

失去了自信的孩子总是怯弱的，但教育应当让每个孩子变得更强大。阳光下，这个可爱的小女孩儿也应当张开翅膀，尽情地拥抱朝阳。从那以后，每节课我都会给她发言的机会，考虑到她的学习基础，我选择从读课文这个环节开始，这个环节难度不高，可以帮她找回自信，又可以让她更熟悉课文内容，利于进一步地理解掌握。一开始，她读得磕磕绊绊，声音很小，要站到旁边才能听见。我会表扬她有进步，夸她声音好听，应该让其他同学都听到。经过几周，她的声音明显变大了，也更顺畅了，我能感觉到她课下是认真练习过的。我们永远不能预计孩子会创造怎样的惊喜，又过了不长时间，她竟开始主动举手读课文了，每节课都会，公开课也不怯场。我的鼓励和引导也让同学们正视她，接纳她，大家会为她的进步鼓掌，而她每次都是羞涩地一笑。

有一次小丁值日扫地，她做得特别认真而且很有条理，我满心欢喜但装作漫不经心地问她："平时在家里经常干活吗？"她用小小的声音回答我："嗯。"我故意放大音量说："你看你扫得这么干净，一看就是经常帮家长干活的好孩子，真棒！"这时，一起值日的同学都围过来，纷纷称赞她，然后更认真地完成各自的任务。我又看到她脸上羞赧的笑容，看到了孩子们对夸奖的渴望，看到了鼓励教育的显著作用和意义。

小丁渐渐变得开朗，她会和同学们说说笑笑，会和好朋友窃窃私语，像其他花样少年一样。她开始独立完成作业，按时背诵诗词课文，甚至会主动打出提前量。听写词语，她从原来的只能对一两个，变成只错一两个，有时会得到毫无挑剔的满分。经过一学期的努力，她在期末考试取得了很不错的成绩。在窗口，我看见她欢快地跑向家长骄傲地汇报，洋溢着兴奋与自信的脸上挂上了大大的笑，背后是夕阳拉出的狭长的影子和摇摇摆摆的小书包。

我真切地感受到了一名教师的责任与幸福。在一个寒风肆意的冬日，我召开了一节以"我想给你爱和温暖"为名的主题班会。孩子们敞开心扉，和我、和好朋友、和曾经有过磕碰的同学说说心里话。在这个温暖如春的小家庭，爱，在流淌。

"我想给你爱和温暖"——这不仅是石老师想对小丁说的，我相信这更是她对班中每一个孩子所做的。不经意的表扬，默默地鼓励，让小丁从腼腆自卑走向阳光与自信。石老师用行动感染学生，用言语打动学生，渐渐地成为孩子信赖的伙伴，教育即"生命影响生命"，石老师亦是如此。

——李娟

读

后

感

教师心语

31 岁时我转行成为教师，之前学过外交，做过日语翻译、网站文案、政府宣传、图书管理等许多类型的工作。这些经历让我在教育事业中眼界更宽，羽翼更丰满。我可以呈现给孩子们一个真实全面又不乏美好精彩的世界。从教 3 年，举步维艰，但我不择泥土，努力开放，愿用所有，温暖每一个路过我人生的孩子。

史晓娇

2010 年参加工作

班主任任职 3 年

给你"微不足道"的所有

第一年　个性男孩的"下马威"

成为老师这个决定对我来说，只要努力学习和考试就实现了，但这之后的困难却不是全凭努力就能一一克服的。

没有教师的经验，当班主任更是第一次，迎面而来的，是五年级的 24 个孩子。之前的班主任和他们共同学习生活了四年，当得知班主任换成了我之后，家长和学生们都会有不安、有猜疑，当然，也有比较。我没有做教师的经验，也没有什么处理问题的窍门，撑起这个大家庭，依靠的就是我对这个职业和对孩子们的爱与真心。

我的性格比较随和，天生没有那种很威严的气场，成为 15 班的班主任之后，我凡事都和孩子们商量，力图营造一种民主自由的氛围。因为采取了与之前老师不同的相处方式，这段过渡的时期给我上了很好的一课。

班里有个男孩小明，个性顽皮张扬，在学生中十分有威信，带着大家玩玩闹闹，同学们也愿意追随他。他与之前的老师有很深的感情，我明显能够感受到来自他的那种排斥和这种感情在同学中的扩散。全心全意地付出，却一开始就面临这样的状况，我没少掉眼泪。面对小明同学带来的负面情绪，我没有直接和他讨论此事，但我一直想找个机会，和他好好聊聊。一次带领同学们去国博的路上，我在大巴车上找到了机会。我们从他平时玩的网游、爱吃的零食，一直聊到了父母、学习和生活中各种趣事。他打开了话匣子，快乐地分享了好多自己的想法。我也给他讲了很多自己之前的事情，加深彼此的了解。我们没有谈及之前的不愉快，仿佛那些都是很久远的事情了。之后的生活还在继续，但当我们四目相对时，他总会报以微笑。后来，在读他的周记时，我看到了那次谈心带给他的快乐，再后来，我收到了他妈妈长长的微信，告诉我小明同学用认真地做语文作业的方式表达了对我的接受和爱。

在带 15 班的日子里，我与小明同学之后有过无数的小故事，随着他青春期的来临，我也一直在帮助他处理无数的小麻烦。但之后的所有事情，我们都可以坐在一起谈了，我也收到了他的画，他的拥抱和他的信任。在五年级的最后一天上学日，我们还坐在教室门口的平台上，通过交谈，让他与争吵的同学握手言和了。

从一开始的不认可、不相信、公然作对，到最后的毫无保留、温暖拥抱，我们走过了一段很长的路。其中所有的事情在生活中都可以说是微不足道的，但却汇聚成了巨大的力量，将原本陌生的我们联结在一起。从前的我们，和现在的我们之间的距离，都是我给你们的爱。

第二年　具体的爱才有意义

工作的第二年，我来到了实验校区，开始担任一年级 2 班的班主任。新的工作环境、新的同事、新的孩子，我又开始了新的征程。但因为怀抱着去年一整年的努力和温暖，我变得更勇敢，也更坚定了。

对于刚刚进入小学的孩子们来说，除了立规矩和学会学习外，更应该让孩子爱上这里。当然，六岁的孩子们说起感受时不会是空洞的、宽泛的，而是那些实在微不足道的小事。比如问到对于我的感受，孩子们通常的回答都是他们和我之间发生过的小事：帮助他（她）系过鞋带，解开过围巾，插过酸奶的吸管，送给我过自己画的画，一起讨论过有趣的事等等。这些事情在一年级的孩子中几乎时刻都在发生，也许只是短短一瞬间，但却让孩子感受到了学校的温暖和可爱。

班里有个小女孩，个子小小的，说话声音小小的，胆子也是小小的。创意表达轮到她的时候，她只要一站到前面就开始哭，家长为此也带孩子在家多次练习，软硬兼施，让她完成创意表达的任务，但是几次都以失败告终。为了让她能够战胜自己，我课后多次和她聊天了解情况，并召开微班会，让有相似经历的小朋友们讲讲自己克服困难的小妙招儿。孩子们还亲手制作了鼓励卡片,有的还带来了糖果作为加油的礼物。帮助同学的行动让刚刚熟悉小学生活的孩子们团结在一起,也给了小女孩无穷的力量。后来,当小女孩成功做完创意表达时,全班响起了久久不停的掌声。以后的发言,女孩声音越来越大了,性格也更加开朗了。也许多年以后,小女孩会站在更大的舞台上,但她一定不会忘记一年级那次战胜自己的突破和朋友们带给她的温暖。

我的教育经历很短,每天的情景都历历在目,每件小事在我的心中都很有分量,让我格外珍惜。我能够有幸享受教育的快乐都是因为有充满教育情怀的老教师们无私的帮助和关心,史家这个温暖的大家庭让我快速成长,不畏艰难。我会一直做着这些微不足道的小事,为了身边的这些孩子们。希望将来能够听到路过我人生的孩子们这样描述:史老师拥有的并不多,但把最好的,都给了我……

史老师虽然走上教师岗位较晚,但之前的经历给她教师之路积淀了宝贵的财富。也让她更加珍惜教育最本真的东西——把最好的更多的爱给予孩子们。相信在未来的教育教学之路上,史老师会不停地探索,给孩子一个精彩的未来。

——李娟

读后感

教师心语

生命中的一切都是缘分，很享受和孩子们在一起的感觉。记录学生的成长轨迹，目睹学生一点一点的长大，这着实是一种幸福。体会过焦急的不知所措的气恼，感受过批评完学生后的心疼，经历着孩子们成长过程中的感动与惊喜。短短几年来的教师生涯，让我真切地感受到，当老师真正地蹲下来倾听学生的声音时，当真正地把自己放到学生中间去时，才会让教育焕发本来的生机。关注孩子的成长，不仅要关注学生的学业成绩，着力学生当前状况，更要关注学生的全面发展。教育不单单是知识的传授，更是品格的塑造与能力的培养。正面的、多元的、动态的评价标准，会让孩子的眼睛绽放光芒。

王竹新

2015 年参加工作
班主任任职 3 年

作业本上的对话

"王老师，您快去看看吧！小峰又和同学发生矛盾了！"

听到学生们的告状，我的气愤一下子涌了上来！这个孩子真的无药可救了吗？天天谈话怎么就不走心呢？

和以往一样，解决完小峰和同学的问题，我坐在办公室里久久地不想动弹，出了问题生气、惩罚都只是一时之计，最关键的问题到底出在了哪儿呢？我冷静地认真思考着。

纪律不好、成绩一般……我只是从这些小峰做的不好的方面去评价这个孩子，关注这个孩子，甚至每次跟他的长长短短的对话也离不开"你今天又……"，只关注孩子做的不好的地方，却没有想过为什么？是不是因为我把对他的评价陷入了一定消极的定式，只有他惹了麻烦后才会吸引到老师们、同学们的目光呢？

我没有直接找他谈话，而是先与他的作业对起了话。我教的数学学科，小峰的作业正确率较高，但是书写歪歪扭扭，总是缺少了规范与美观，每一页练习的侧面都会有"老师对我说"这个栏目，之前作业的这个位置我总是给他写两个冷冰冰的"书写"二字，但是收效并不大。"书写"二字只是放在那里的摆设，并没有走到孩子心里去。我尝试着，在"老师对我说"这里这样写道："作业正确率真高！如果书写能够再规范一些，那就太完美了！加油！"第二天，我看到他的作业有了一点点的改变，修改痕迹擦干净了，书写还算不上规范，但至少能看出是一笔一画认真去做的。我继续在他的作业上写道："真欣喜看到你的改变！还有进步空间，期待着……"作业本一抱进班里，他就抢先发本儿，赶快打开自己的作业看我留给他的几句话，我居然看到他不好意思地摸摸头，就那样弯起嘴角笑着，一双眼睛似是眯在了一起。第三天，我再次翻开他的作业本，书写不是最好的，但是和他自己比却有了明显的进步，一笔一画、方方正正。惊奇的是他也在作业本上写下了他要对我说的话："今天的作业写得比平时慢，但是我很认真地改正了每一个字。"那一瞬间，我的心被触到了，作业中寥寥数语的文字交流，竟然让这个孩子有如此显著的进步，点亮了孩子眼中的一点点光，更打开了我与小峰交流的一扇窗。

就这样交流了两周之后，我又一次把小峰请进办公室想与他面对面地聊一聊。他坐在我旁边，在他脑海中似乎又是和以往一样的情景，犯了错误，请进办公室，带给他的又是一顿应接不暇的批评，他自己似乎也习惯了这种场面，脸上没有一点儿表情，眼睛看着脚底下，手指头来回绕圈。我这样拉开我们交流的序幕"王老师觉得你真好，好几次我见到你的做法我都觉得特别感动"，他一脸茫然地望着我，不知道王老师葫芦里卖的什么药。"王老师觉得你是一个不怕脏不怕累的孩子，昨天的饭车推出班级之后，地面上有几处菜和菜汤，你没有一点儿嫌弃，直接就给处理了，还有每次你发作业都特别积极，班里的大多数作业都是你发的……"随着我的话，小峰低着的头抬了起来，一直一直地看着我，脸上的表情变得柔和，白白的脸蛋上出现了一些红晕。"王老师，这些都是优点啊？我还以为我没有优点呢。""当然了，你的优点还不止这些呢，你的体育特别好，跑得特别快，接力赛里没你可不行！可是你知道你还在哪儿需要改善吗？"小伙子的头微微一偏，不好意思地说："知道，我太急躁了，不能着急，还有我上课要认真听讲，不能老玩儿。"我使劲地点了点头，是在告诉小峰说得没错，老师期待你的改变！也是在告诉我自己，曾经那么多次和小峰的交流都是在一种冷冰冰的感觉下进行的，直接就是批评，但是我却忽略了一个孩子原本好的地方，放大了他的不足。

之后的几个月，我给予了小峰更多的关爱，课间总会找他说一说他今天的进步，以及需要改进的地方。同时，我还在班会课上，点名表扬进步大的同学，让同学们来评价一下他们的进步，这其中就包括小峰。同学们说："我觉得最近小峰的进步特别大，他之前做错了事情都不说对不起，但是现在他会道歉还会处理问题"，"小峰以前总是特别着急，什么都往前冲，不管不顾的，但是他现在改变了好多"，"他以前数学成绩不是特别好，书写也不好，但是昨天的作业还是他给我讲的题，我要向他学习"，"其实小峰挺好的，就是有时候不知道自己做错了事应该道歉"……听完同学们的评价，我也让小峰站起来说说心里话："我以前觉得我什么都做不好，同学们和老师都不喜欢我，但是我听了同学们跟我说的之后，我觉得以后我会更加努力的，我也会改正我身上的小问题，多为集体服务！"说完这段话，孩子们自发地鼓起了掌，我也一起鼓了起来，小峰又不好意思地笑了，但他眼睛里坚定而认真的光，我看得清清楚楚。

此后的小峰，我和其他同学们真真切切地感受到了他的变化。我跟他说话时他不再左耳进右耳出，而是能听得进去做得到了；数学课前3分钟的展示，他准备的充分、有趣的知识与良好的表达为他赢得了喝彩；每周的个人表现中，学习、纪律、卫生、集体等方面都进步一大截，为他自己赢得了小书签。看到孩子的这些改变，我的内心充满了感动与感慨。期末评语中我这样给他写道："这学期，你是跟我接触最多的孩子了，其实王老师发现了你很多的优点：你是一个负责的孩子，虽然只是几周的课代表，但你做得如此认真；你是一个严格遵守要求的孩子，自己带了小扫把小簸箕打扫自己周围环境；你是一个心中有爱有班级的孩子，班里同学需要帮助你总是积极伸出援手。但是，王老师也发现了你的一些问题，有时你的冲动不管不顾真让王老师担心。孩子，不要着急，慢一点儿，再多一些耐心，好吗？"

的确，小峰有很多问题，不像我们老师眼中"最标准的好孩子"，但我也看到国博课程中他历史知识的丰富；看到数学课上他越发完善的思考；看到他课间抢着发本儿、抢着擦黑板的举动；看到他默默把班级垃圾倒掉，为绿植浇水的场景；看到不善言辞的他安慰失落的朋友……当然，纪律的问题还要解决，生硬的批评于事无补，每次小峰没控制住又发脾气时，我总会平静地跟他分析哪里错了并且提供给他解决问题的方法。现在，小峰发脾气"闯祸"的次数越来越少，这是多么大的进步啊！

曾几何时，我们都使用同一把固定的标尺去衡量、评价每一个学生，一个个充满生机的种子因为我们的评价而掉落了长出了的幼芽，孩子在学校里渐渐失去了应有的色彩。作业本上的对话开始打开了我们交流的一扇窗，让小峰知道了老师对他的关注与期待，让他努力地成长、变化着，同时也让我意识到和小峰的交流方式，也让我成长着改变着。作业本上的对话，让我们共同走进对方的心里，让我真正地了解孩子，思考孩子，让教育焕发原有的生机与色彩。

"当老师真正蹲下身子倾听学生心声，把自己真正放到学生中间去时，才会让教育焕发本来的生机。"这不仅是王老师对教育的感悟，她也是这样做到。当教育学生未达到教师预期，当评价选择一把标尺，作为教师的我们是否反思过"拔苗助长"后会事与愿违？太过急功近利反而收效甚微。我们更应该静下心来，从尊重孩子成长规律出发，关注孩子成长的过程，让鼓励与表扬成为助力孩子成长的加速器。王老师从作业本上的对话开始，开启了她与孩子之间从了解到信任的过程，也让王老师的教育焕发了生机与色彩。

——李娟

读

后

感

徐愫祺

2011 年参加工作

班主任任职 3 年

教 师 心 语

美好的品格有许多，"自律"是每一个孩子进入社会最为重要的品格之一。为人师表者，口中说教的一百句话，不如弯腰捡起地上的一片纸屑。作为低年级班主任，教师不仅要对学生提出明确的日常行为规范要求，更需在学校时时刻刻严格要求自己。每天来到办公室，为同事们打水，整理好个人物品，办公桌上永远洁净整齐，与人交流时从容有理。这些看似与班级管理无关的行为，却至关重要，每天用饱满平和的心态面对工作、生活，这样的情绪会影响身边的每个人，特别是敏感的孩子们。

充满魔力的日记对话

每每到了课间，正是孩子们七嘴八舌表达自我的最佳时机。但短短十分钟的课间时光总是显得热闹又短暂。在只言片语中我看透了一些孩子的喜怒哀乐，可是作为教育工作者，想要了解一个孩子，仅凭着课间的几分钟与孩子几句简单的对话，我想是远远不够的。教育即生活，生活即教育。为了更好地了解每一个孩子，从二年级开始我结合自己任教的数学学科启发孩子们写数学日记。

经过一年时间与孩子们进行日记交流，我感觉自己更贴近班中的每一位孩子，更了解他们心中所想。特别是面对班中比较内向的孩子，日记中的对话似乎充满魔力，通过文字的力量，搭建起了一座师生之间沟通的桥梁，让我有机会倾听花开的声音。

班中有一位祖籍湖南的男生小莫，在班里各方面都表现平平，最为"独特"的便是他浓厚的乡音。也是由于有口音，孩子在班中极少开口讲话，有时和同学发生摩擦他也不爱解释，时常用"武力"解决问题，当然面对老师的谈话时，孩子也总是选择保持沉默，不愿意把自己的想法说出来。还记得第一次他交上来的数学日记写得极短：

美国是世界超级大国，有 11 艘航空母舰，中国只有 2 艘，两国之间相差 11－2＝9 艘，中国要加油！

面对这样的数学日记，我的第一感觉是，这个孩子应该是在糊弄事，随便写一写完成任务吧。为了验证数据的严谨性，我上网查证。令我意外的是，航母的数量十分准确，而且都是现在真正在役的航母数量！看来小莫是个军事迷，最后一句中国要加油，仔细品读，那种发自内心的期待国家强盛的心愿越发强烈！

思考再三，在这篇日记下面我留下了这样的话：关心家国大事的你让老师刮目相看！看到中国与美国航母数量上的差距，老师不禁也要借用你日记中的一句话，中国要加油！咱们都要加油！

数学日记发下去后，小莫看到自己日记之下的留言，露出了平时少有的笑容。我想，这一句加油鼓励的话语正逐步搭建起我与孩子之间沟通的桥梁。在随后的日记中，小莫记录了全家人一起吃饺子的情况：

今天家里吃水饺，妈妈吃一袋扁豆馅的水饺 18 元，爸爸吃一袋虾仁馅的水饺 20 元，我吃的儿童水饺 26 元，请问我家里人吃一顿水饺一共花费多少钱？

18＋20＋26＝64（元）

这篇日记相对于之前关于航母的日记，明显从计算量来看有了提升，为了让孩子能更贴近生活实际，我找准日记中所提到的数据向孩子提出疑问：老师很好奇，你吃的水饺怎么比爸爸妈妈的水饺都贵？

两天后，小莫在课间时悄悄凑到我身边，以一口浓厚的南方口音小声对

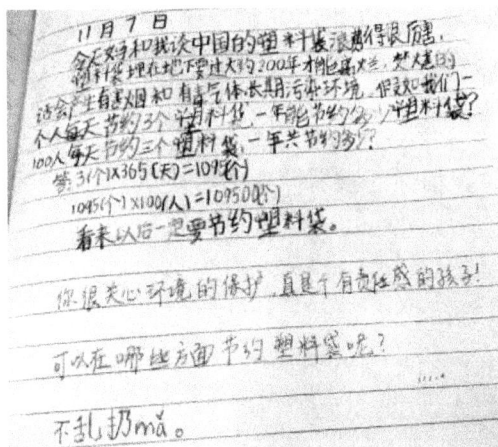

我说："老师，我的儿童水饺是妈妈在进口超市给我买的，所以比他们的贵一些。""原来如此！"在我恍然大悟的表情之后，小莫腼腆地笑了，这是他上学以来第一次主动找我聊天说话，看着孩子笑眯眯的眼睛，我摸了摸他的头，也向他笑了。

就这样，小莫在日记中越来越多地记录生活中有关数学的问题，在与他的一篇篇日记对话中，我更了解他平时的所思所想，我们之间开始有了一点默契，课上提到的一些知识点是小莫数学日记中写过的，我会着重用眼神给予他肯定，在课间小莫也时常跑到我身边来，有时是聊一聊日记中的内容，有时则是听一听其他同学说话。内向的小莫通过日记中与老师的对话，渐渐找到了自信，努力融入班级生活。

一次，小莫在日记中写到了关于环境污染的问题，我在留言中向他抛出疑问"我们可以在哪些方面节约塑料袋呢？"起初孩子只是简单在日记中与我留言"不乱扔"。但面对这样一篇通过数据令人震惊的垃圾袋污染问题，我想可以分享给全班同学。在经过小莫的同意后，我把日记在全班展示，并在班会课上让孩子们共同分享自己关于环境保护的想法。令人惊喜的是，这样的讨论直到下课还没有结束，很多孩子主动围到小莫身边与他探讨关于环境污染的话题。小莫愉快的表情，绽放出与他人沟通的快乐！在随后学校的"服务学习"中，小莫更是一鼓作气，与班级同学组成小队，调查了学校关于"生活厨余垃圾"分类回收的情况，并提出了自己的改进方案！

对于一个内向、有口音的男孩儿，在与他家长的交流中我多次提出希望孩子可以更加自信、乐观地与同学沟通，可收效甚微。没想到一本数学日记，却给孩子的心中搭建起一座通往外界的桥梁。在桥的另一头，是耐心倾听的老师，是充满鼓励的话语，是展示自我的平台。

我们常说，儿童教育者，首先要学会的就是蹲下来倾听孩子的内心，只有心与心之间拉近了距离，教育才能真正发挥作用。那么这个蹲下的动作，不仅仅停留在外在的动作，也在教育者的眼中，在只言片语的感情中，在字里行间的交流中。在数学日记中给孩子们一个表达自我的机会，也给教师一块沉静阅读的空间，这一来一往的日记对话仿佛拥有魔力，变化出儿童与教师之间一架无形的桥梁，悄然连接着两头的心灵。

读

后

感

　　一本小小的数学日记成为了小徐老师和孩子之间无障碍沟通的桥梁。这本日记真的像施了魔法一般，赋予了老师无限的教育力量与智慧，激发了学生无穷的潜力与动力，更寄予了家长无尽的期许与欣慰。让教育者体会到了用心做教育的意义与幸福，愿小徐老师永远坚守初心，师者情怀。

　　　　　　　　　　　　　　　　——李娟

小康的彩笔

在工作的第二年，我从史家校区来到了史家实验校区担任二年级班主任，对于工作第二年的大男孩来说，二年级的孩子们显得那么稚嫩，让我有点措手不及，听着他们咿咿呀呀地说话，有时候连想要表达的意思都无法清晰地表述出来，我知道我的挑战又一次到来了。

二年级的孩子们有一个特点，他们经常听不见老师说话。他们的注意力很容易就会被其他的事物所吸引，小康就是这样的一个孩子。

记得那天是周五，我们校区在上午开展学校自主课程。同学们会带着自己选择的课程学具来到学校，小康就把自己漂亮的彩笔带到了学校。但由于孩子天性使然，注意力经常在自己的彩笔上面。在中午听广播的时候，几次提醒无效的我，走上前去，把他的彩笔拿了过来。小康立刻就红了眼眶，哭着说："闫老师，今天妈妈会收我的彩笔的，我得拿回家去。"看到孩子哭了，我也有些心软，但是我知道并不能退缩，我说："好，闫老师不要你的彩笔，但也不能现在就还给你，下午还有两节课呢，不能再让它影响你的注意力，老师答应你，放学之前把它交到你的手上，但是你得答应我，把问题和妈妈说清楚，为什么彩笔会被我拿走，我晚上等着妈妈联系我。"孩子答应了我，在放学之前，我也还给了他，并且再次提示他，"看，闫老师遵守信用，把彩笔还给你了，你答应我的事也一定要做到"。孩子犹豫了一下，还是答应了下来。

当天晚上，我一直在等着消息，时间渐渐过去，晚上8点了，还是没有消息，我想，孩子可能还是没有勇气告诉妈妈，也就没有再多想。直到晚上9点半，我的手机突然亮了起来（图1）。

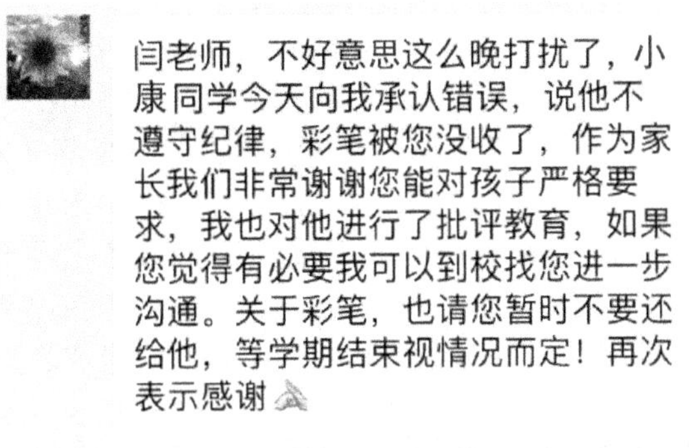

闫老师，不好意思这么晚打扰了，小康同学今天向我承认错误，说他不遵守纪律，彩笔被您没收了，作为家长我们非常谢谢您能对孩子严格要求，我也对他进行了批评教育，如果您觉得有必要我可以到校找您进一步沟通。关于彩笔，也请您暂时不要还给他，等学期结束视情况而定！再次表示感谢

图 1

我心情莫名地激动，那是信任与被信任的感觉，那是我与孩子建立起默契的感觉，我知道，这个孩子转变的时刻到来了。

我当即表示，第一，表扬孩子，遵守了与我的约定，无论如何，诚实是需要立刻进行鼓励的。第二，我也没有客气，立刻约谈了家长，就孩子最近发生的问题进行面谈。

孩子家长在第二天放学后，与我在校内进行了谈话。

看到家长后，我立刻就说："周五晚上您表扬孩子了吗？"小康妈妈笑着说："听您的，表扬了，孩子晚上睡得也很踏实。"我听后也笑了起来："这就是诚实带来的好处，一定鼓励，让孩子无论发生什么，都愿意与家长交流，与老师交流，这样咱就可以第一时间发现问题，解决问题，不能让孩子有不敢说、害怕说的情绪，这对孩子的成长威胁太大了。"家长听后频频点头称是，我接着又说："孩子最近在学校注意力有些不集中，作业完成的质量也有明显的下滑，是家里有什么问题，需要我来帮助的吗？"家长这时也有些不好意思："是，最近我和他爸爸工作有些忙，忽略了对孩子的关注，确实是我们的问题，一定多注意。"我当即表示理解，帮助开导他们："首先，我特别理解家长们，您白天上班，满脑子的事情，下了班还要接孩子照顾他，确实是辛苦，收拾完了，就想歇一会儿，真的特别理解。但是您一定要做到的是，让孩子知道您在关注他，我举个例子，咱孩子是个小男孩儿，有着特别明显的男孩儿特点——懒惰。如果您有一点没有关注到，孩子就可能去钻老师和

家长的空子。您看孩子最近的作业，生字生词明显有糊弄的情况，笔画不认真。这事儿其实特别简单，只要您在他写完作业的时候看上一眼，点评一下，让他把写的不好看的字擦掉一两个，让他知道'我作为妈妈，一直在关注你的作业，不能有松懈'，孩子自然就会多多注意，其实这对于您来说不需要太多的时间，只是一个小动作，就能让孩子明白，妈妈在持续关注着我，不能偷懒。"

家长听了深以为是，"但是孩子最近注意力难集中的问题怎么解决，您有好的办法吗？"我听了后笑着说："这事儿啊，还得落实在写字上。您看，语文啊是特别锻炼性子的事儿。您可以让他通过练字来集中注意力。我再举个例子，如果您平时关注孩子作业就不难发现，孩子是写会儿玩会儿，这样作业的效率特别低，而且质量还差。您可以这样，把字帖划分一下，两行字一组，写的时候平心静气，注意力集中，笔画一气呵成，写两行就休息一会儿，目的就是让他在写这两行字的时候，做到精神完全地集中，一丝不苟，孩子慢慢地一定会享受这样的感觉，当你注意力集中的时候，笔画不会出错，而且会很好看，越好看，孩子就越爱写，这就形成了良性循环，一定会越来越好的。写完之后，明天一定让孩子带到学校来，我再帮孩子看看，这样您也不用特别辛苦。"家长听了当即就同意了，并且第二天，孩子还真的写好，带来了。我也如约帮孩子看了，先鼓励了孩子，再指出了问题，孩子明显有些不服气，我立刻表示："没关系，今天咱再来，看看你明天写得怎么样，咱还是不多，就两行，就一个要求，踏实认真，能不能做到！""能！"孩子底气十足地答应了我。到了第二天，我假装看不到孩子没写好的字，鼓励他说："这是你写的字？这么工整，进步太大了！我都没认出来，看来是真

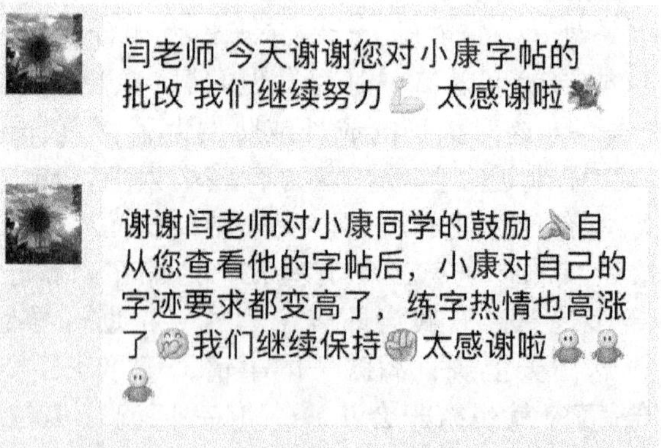

闰老师 今天谢谢您对小康字帖的批改 我们继续努力 太感谢啦

谢谢闰老师对小康同学的鼓励 自从您查看他的字帖后，小康对自己的字迹要求都变高了，练字热情也高涨了 我们继续保持 太感谢啦

图 2

下功夫了，真好，明天老师还想看你写的字，好吗？""好！"孩子眼角的笑意挡也挡不住。

就这样，我和小康的"私下约定"就这样开始了，孩子也由刚开始的一次只写两行，到后来一次写两行，每天写两组，再到后来的一次写三行，每天写两组。孩子注意力逐步地提升，字也越来越漂亮，涂改的次数越来越少，孩子妈妈也特别地高兴，再次给我发来了消息，这次再也没有了焦虑，为了孩子的进步而倍感高兴，我也体会到了当老师的快乐。（图2）

作为老师，不能仅仅有爱孩子的心，更得有过硬的教育技能，能够抓住教育契机，进行对孩子的转变。

> 闫老师虽然入职才两年，但教育学生的方式以及和家长沟通的言语还是巧妙适当可行的！特别是能够抓住适当的契机，顺势跟进约谈家长，通过真诚的沟通和有效的指导，最终与家长达到教育共识，是家校合作转变了小康，让小康表现越来越好！这也告诉我们：一个好老师，不仅要了解、尊重、鼓励孩子，更重要的是要取得家长的信任，家校合作，一定会提升教育效果。
>
> ——李娟

读后感

想要成为一名称职、负责的班主任老师，就要有一双善于发现的眼睛。不仅仅是观察孩子的一言一行，更要从孩子身上发现那些自己不曾注意的真善美的东西。总说老师的职责是传道、受业、解惑，我想我从孩子们身上也学到了许多的知识和道理。师与生的关系其实就是相互扶持、共同成长。带着这样的信念，学生就成为了我内心中最柔软的那一部分。

杨晓雅

2015 年参加工作

班主任任职 3 年

令人心疼的"难以言说"

我的班主任生涯是从带一年级的小豆包们开始的。面对低年级的孩子们，我希望自己能成为他们的知心姐姐，在学校要是什么事情和委屈都能跟我说说，我就能更好地帮助他们。实际上低年级的孩子也特别愿意和老师说话。课余时分，我的桌子周围总会有一群可爱的孩子叽叽喳喳地说个不停。在日常的学习生活中，学生之间难免会有各种事情发生，我通过与学生各种方式的沟通、聊天都能将问题顺利地解决。我一直相信，沟通是班级管理中最重要也是最有效的一种方法。

一、他和他那"不愿说出口"的倔强

但凡事总有例外。在一年级第二学期时，我的"沟通聊天法"第一次在一位孩子身上失去了作用。班里有一位男孩子小阳，起初他的表现不活跃也不调皮，在我心目中是很踏实的孩子，而他的问题却在第二学期时爆发了。一次又一次，我被任课老师叫到班中处理他的课堂纪律问题，无论我温柔或严厉地与他交谈，回应我的永远都是他的沉默不语，我不懂他到底在想什么。最后我只能无奈地联系他的父母去反映情况。这时的我有一种深深的挫败感，为什么这个孩子在面对我时什么都不愿说呢？直到有一次，小阳的父母亲口告诉我小阳近半年确诊抽动症的事情，当孩子内心激动或者被外界刺激时，面部五官会表现出明显的症状，比如快速眨眼睛、舔嘴唇等。小阳的爸妈非常着急也非常无奈，他们工作繁忙，孩子小的时候照顾不到，等孩子上学了，他们回家又会因作业、练钢琴等小事与孩子有争吵，然后孩子在争吵后只会把自己关在屋子里默默地哭，而第二天到学校时他的表现就会越发严重。从他父母的表述中我意识到，无论是不是病症的影响，小阳也是个自尊心很强的男孩子，性格又很倔强。他不说，却在心里暗暗地跟自己较劲儿，被老师或爸妈批评也会跟自己生气，他的种种行为其实是想要引起别人对自己的关注。了解实际情况后，我发现这样的小阳让我很心疼，还未长大的孩子却有着与他年龄不符的倔强，让他容易跟别人过不去，也容易跟自己过不去，进而在心理上出现了不好的转变。可我并不想去影响或改变小阳的性格，倔强并不是坏事，只要适当地去引导，没准儿会有好的变化。我很感谢小阳的父母愿意告诉我孩子的情况，这样我才能有的放矢地去帮助他。之后我先跟小阳的爸妈建议，在家里大人首先不能着急，要心平气和地与孩子交流，不能因为工作繁忙而忽略了对孩子的关心以及孩子的感受。而在学校，我也不会再针对某一件事一味地跟小阳刨根问底，而是换成很平常的一句提醒或鼓励的话，这时，他的眼睛也会快速地转动，但我能读懂这是他接受了意见或很高兴的表现，只是不会像其他孩子一样表达出来。

渐渐地，我发现，在学校还是会出现各种情况的小阳，其实很听老师的话，我讲过的所有要求他都认真地完成，虽然他从来不说、不给你反馈。当班里需要同学做值日时，其他同学都争先恐后地跟我报告说要做什么，只有他快速地拿起扫帚在一旁默默地扫着地、扫得很认真，别人抢他的扫帚就不行；当作业需要改错时，他总是最先改完，悄悄地把作业本放到我的面前，站在旁边等着我批改合格；当他测验得了满分接受老师表扬时，他也会用一脸不太在意的表情低头做其他事情。或许这就是他倔强的表现，一种"不愿说出口"的倔强。我和小阳之间并不像其他孩子一样有深入的交流，但我用我的行动代替语言去鼓励他、去引导教育他。而他也在用自己的实际行动表现自己各方面的能力。

如今一年过去了，小阳在我和他爸妈的配合下已经有了一些改变，其他任课老师也跟我说小阳的进步很大。他也会主动地来跟我说话，哪怕是告状。即使他依然不太想把自己的喜悦或想法说出来，但从他的行动中，我能感受到他自己也在努力地表现自己。或许将来的某一天，我也能听到小阳的一句：杨老师，其实我想跟您说……

二、最流利的一句话

班里还有一位孩子浩浩，他特别喜欢学校的老师们，也特别愿意跟老师说话，但对于他来说这种"交流"需要费很大的劲儿。一年级开学初的家访时，我就记住了这位浩浩，因为他说话口吃，想说一句完整的话需要很长的时间。开学以后，也因为表达能力的问题，学习很难跟上，课文中一句话读很多遍也记不住。之前，也因为口吃的原因，他无法顺利地融于同学们当中。并且想急于表达又表达不出来，也会一着急就"动手不动口"与同学产生矛盾。渐渐地，他的学习和行为纪律都出现了一些问题，有时我也会批评他，他自己非常明白，心里也不好受，但有时就是控制不住也表达不出来。每次他跟我说话，我都能感受到他想要表达的急迫，有时着急地都快哭了。

我担心这样下去会越来越糟，于是和他"约法三章"。只要有一周上课认真听讲不被其他老师批评，也不跟同学起冲突，我就会单独给他小奖励。同时我也在想办法帮助他表达。平时课下，我会找他来跟我说说话，哪怕再慢我也会告诉他"你慢慢说，老师会听你说完的"，这样他也会放松不少。在课上，我也会多用一些时间让他读一些词语、读一句课文。如果总是不练习，口吃的问题就总也解决不了。学校则是一个很好的练习平台，我尽量找机会让他不再害怕说话。

有一次放学排队时，他站在队伍里突然转头问了我一句："杨老师，您看我今天有进步吗？"这令我感到意外，因为这句话他说得非常流利。或许他的课文还读不流利；或许他的词语或生字还记不住；或许他跟同学说话还很慢，但是这一句话是他发自内心的，他想得到我的表扬、想得到我单独给他的小奖励。我告诉他，你今天表现还不错，明天要是能继续保持就一定能得到小奖励。没想到的是，这一句"杨老师，您看我今天有进步吗？"他之后的每一天都会问我一次，而这也是他说得最流利的一句话。看着他期盼的眼神，我觉得这样的孩子让人心疼，那么想进步、那么想得到别人的肯定，我觉得我会尽我的力量让他能流利地说更多的话。

两年的班主任经历让我有了许多深切的体会。对于那些不善表达的孩子，我们教师要有一种异于常人的耐心，不能一味地往前走却不停下脚步等这些孩子，他们有可爱的地方，也有令人心疼的地方。或许现在他们无法像其他孩子一样说得那般顺利，但未来的路不是还很长吗？教育，本身就是一种慢慢的等待，一个人的成长也是一种慢慢的绽放。我希望在他们成长的道路上，我能用自己的力量去帮助他们，让这些"难以言说"的痛苦变得不再"难"。

在班中，善于表达的、乐于交往的、学习能力强的、关心热爱集体的孩子常常会被老师和同学所关注，师生沟通的方式和渠道也自然而然的会多一些。然而，那些不善表达、不会交往、默默不语的孩子，要不就会被老师和同学忽略，要不就会想尽"办法"得到老师和同学的关注。其实，这样的孩子最需要的就是与之耐心的沟通，这种沟通方式不一定非得是语言，一个眼神、一个动作、一段文字……孩子是最敏感的，他们有一种天然的特性，内心知道老师是否真心对他好，当他们渐渐信任老师的时候，改变也会随之而来！杨老师是这样做的，更是用极大的耐心等待孩子的成长！

——李娟

读

后

感

在工作中，班主任有着众多的角色：老师、妈妈、朋友……在这些角色中，我最喜欢当孩子们的朋友，因为我和孩子间是平等的，我们一起学习，一起成长，一起经历着生活中的酸甜苦辣。在每天的朝夕相处中，因为有了彼此的陪伴，我们都变成了更加美好、更加温暖的自己。

于佳

2014 年参加工作
班主任任职 3 年

我想和你成为真正的朋友

我们班的轩轩，从一年级入学以来，一直是个乖巧懂事的男孩。他留给我的第一印象，便是有着与同龄孩子不同的成熟与稳重，小小年纪的他，一入学就成为了我身边的小助手。进入二年级，轩轩还被同学们评选为班中的学习委员，看来孩子们和我一样，都很喜欢这位踏实认真的小同学。但这学期开始，轩轩发生了很大的变化，他好像被同学们孤立了，为什么课间我常常看到他一个人在走廊里走来走去？他身边的那些小伙伴呢？他好像不爱笑了，一张小脸总是愁容满面，课堂上也看不到他那双认真追随着老师的眼睛了，甚至有两次，作为学习委员的他，居然没有完成语文作业。他还变得沉默了，那个每天帮助同学，总喜欢忙着为班里做这做那的他不见了。也就是在这时，我从轩轩妈妈口中，得到了一个让我震惊的消息。

周二一早，我还在上班的路上，手机一连收到了多条微信，这一声声提示音告诉我，一定是有重要的事情发生了！出于习惯我知道，家长们一早的微信，一般都是有紧急的情况！我赶快拿出手机，嚯！15 条！原来都是轩轩妈妈发来的，而且每一条都是长达 20 秒的语音，就在我打开的同时，还陆续传来了很多条消息。我点开第一条，一个很气愤的声音传来：我的孩子在你们学校受到了校园欺凌！这一声控诉，让我的心一下子揪到了一起！这可不是个小事情！我的第一反应除了震惊，就是难以置信！虽然我是个新手班主任，这也是我当班主任以来接的第一个班，但从入学到现在，我很了解我的孩子们，我相信我的班级，绝不会出现这样的事情！于是我赶快让自己先冷静下来，仔细听她接下来的每一条语音。

轩轩妈妈说，孩子昨天到家后就开始哭闹，不想上学，说在学校受到了多名同学的欺负。经过她的询问，孩子说是班里的小宁（我们班的中队长，也是平时和轩轩玩得最好的同学）带领几个男生，每天威胁恐吓轩轩，比如说让全班同学再也不评选他当三好生，不让他在操场活动，不让他参与课间的游戏等等。最严重的是，轩轩说小宁每天课间，都会伙同一群男生，把轩轩逼到男厕所，让他去闻排泄物！轩轩的妈妈说到这里，情绪已经非常激动了。我的心里也开始疑惑，真的有这样的事情发生？二年级的孩子会做出这么过分的事情？怎么在学校，我一点也没有听说？但容不得我多想，轩轩妈妈的语音，还在一条一条地传来，我继续听下去。轩轩妈妈接着说，孩子每天在学校被上百名同学追着打，他实在很害怕，他不想上学了！听到这里，我更加怀疑事情的真实性了，尤其是当轩轩妈妈开始用成人的话语指责班中的小宁时，我感受到了家长带着自己主观色彩的态度。最奇怪的是轩轩妈妈最后说，孩子特别强调，不许和于老师说，她让我在学校也不要找孩子了解情况，不要给孩子心理压力。

来到学校，我仔细回忆了孩子们近期的状态，除了轩轩，其他的小朋友都很正常，不去找孩子问问，怎么了解真实的情况呢？这样的事情不处理，我的心里怎么能过得去！而且，以我对小宁的了解，他是个特别热情开朗的孩子，也是班中孩子们最崇拜的中队长，他怎么可能是这个校园欺凌的始作俑者呢？想来想去，我还是先问问班中的其他孩子吧。于是，我先从轩轩平时关系最亲密的几个小伙伴单独问起，我怕孩子们有心理负担，一开始只是问了问他们课间做什么游戏？都怎么玩？平时都和谁玩？最近有没有和轩轩闹别扭？接着我还询问了班里的所有中队干部和每天在楼道里护理的老师，并且特别留意了班里每个孩子课间的活动，但都没有发生轩轩描述的情况。尤其是当我问到小宁时，他很疑惑。但他告诉我，近期他们是和轩轩闹了点小别扭，因为一次游戏中他们的意见不统一，轩轩生气了，这几天就再也没有和他们玩耍。怕给孩子们带来太大的压力，我并没有过于强调这件事。看来，只能找轩轩这个当事人问一问了。

　　我单独叫来了轩轩，和他一起坐在大槐树下，拉着他的小手，轻声询问他："轩轩，你最近好像都不太开心，可以告诉我发生什么事情了吗？"我得到的是孩子的沉默，过了好半天，他才很小声地回答我："没有。""可是，我看你的状态不太好，你是我喜欢的孩子，看到你这样，我很担心。"轩轩依旧沉默着，不看我，也不搭话。"那你想想，最近有没有发生什么让你不舒服的事情，没关系，我就是你的朋友，我一定会帮你！"轩轩还是不说话，回答我的，只有长久的沉默，不过，他的头越来越低了。"我只是想知道你的情况，你可以相信我。"我再一次试着询问。过了很久，轩轩才开口："老师，我和妈妈说了谎……"他开始说话了，通过他的叙述，我了解到，原来那些都不是真实发生的事情，只是他为了引起家长重视而说的谎话。尤其是闻排泄物那件事，是有次他们一起去厕所，小宁看到门后的排泄物，怕轩轩不小心碰到，才特意提醒他很臭，不要进去。我的心里轻轻松了口气，不是校园欺凌！但随之我又开始担心起轩轩，为什么孩子小小年纪，会有这样的想法？会这样说？"轩轩，小宁不是你最好的朋友吗？你？"轩轩好像下了很大决心似的，回答我："于老师，我觉得小宁样样都比我优秀！我……我也想像他那样！可是很多时候，我都比不过他……"他没有再说下去，我却懂了孩子的心思。"轩轩，在我心里，你们同样优秀，我很高兴看到你们能成为最好的朋友，因为在我看来，你们各有优点，他活泼开朗，非常热情，喜欢组织大家开展活动。你稳重踏实，把任务交给你去完成，我最放心了。尤其是你们两个一起负责班里的活动，总是能出色完成任务！我们每个人都有自己的优点，当然也有不足，我自己也是这样的。你用自己的不足去和他人的优点比较，这怎么行呢？你看，你认真踏实，老师和同学们都特别喜欢你，你还总帮班里值日，让你来管理这些事务，我总是特别放心。我知道，你也想像小宁那样去演讲，在大家面前展现自己，这是你对自己严格要求的表现。你想让自己变得更加优秀，我很为你开心，证明你是个要强的好孩子。你可以多问问小宁啊，让他给你支支招儿。其实，你没有问题的，只是缺乏一些勇气而已！你们两个是好朋友啊，互相学习各自的优点才能都变得更优秀。"说完，我认真地看着轩轩。轩轩看着我，点了点头，我知道，有些早熟的他，一定听进了我的话，我接着说："轩轩，你和妈妈那样说，妈妈和我都很担心你，我们怕你在学校遇到不开心的事情，很替你着急呢，下一次，你心里想什么，就原原本本地说出来，好不好？"轩轩懂事地点点头，我想，给孩子一些时间，让他调整调整吧！现在更重要的，是我要找到轩轩妈妈，多了解下孩子近期的情况，为什么他要通过说谎的方式，得到妈妈的重视呢？

通过和轩轩妈妈的沟通我知道，孩子的爸爸这学期长期出差，家中以前是爷爷奶奶帮着照顾孩子，老人比较惯孩子，这学期老人也回老家了，孩子很不习惯，常常在家中和妈妈发脾气。她工作又忙，常常加班。轩轩放学后，近期都是同事或邻居先接到家里，轩轩自己做作业，轩轩妈妈有时要将近九点钟才能接走孩子。轩轩常常要习惯陌生、孤独的环境，造成了安全感的严重缺乏。每天睡觉前，要自己亲自关两遍门窗才肯睡觉，不敢一个人洗澡，每天睡前和妈妈说的，都是在学校里不开心的事情。孩子的妈妈很少陪孩子玩，周末也是把他送到别的小朋友家里，玩一天后再接回来。母子两人，都少有独处的时光。听到这里，我很心疼孩子，也理解了孩子今天为什么要这么说，这只是孩子想通过这样的方式得到妈妈的关注啊！

我开始和轩轩妈妈交流，让她学会做孩子的朋友，多陪伴她，像朋友一样和孩子做游戏，了解孩子真实的想法，多给予孩子关心和爱护。让她每天睡前陪轩轩聊天，多引导孩子回忆在学校开心的事情，给孩子传递一种积极乐观的生活态度。我还找到了小宁，让他带着班里的孩子们课间多陪轩轩一起做游戏。我每天也和轩轩聊天，一起成为轩轩的好朋友，让他无论在哪里，都能得到朋友的支持和陪伴。

在一段时间的努力下，轩轩又变得和以前一样了，而且更加开朗了。课堂上的他积极发言，课下的他总在为班级服务，操场上有了他发自内心的笑容，学校和班级开展的各项活动，轩轩也开始自信地参与其中了。就连轩轩妈妈，都变得更加积极阳光了。最让我感动的是，一次语文写作，内容为"夸夸你最喜欢的朋友"。轩轩和小宁都不约而同写了彼此，他们发自内心地夸赞了对方，并将对方视为自己最好的朋友。我想，这样的友谊，是值得他们一辈子好好珍惜的吧。

因为有彼此，我们都成为了更好的自己。一次班级事务的处理，让我这个班主任也成长了不少。和孩子成为真正的朋友，与他们一起快乐、幸福成长！

读

　　现在老师听到"校园欺凌"四个字都胆战心惊，在处理这类事情的过程中可以用"如履薄冰"来形容，因为不知哪一句说错了，哪一个环节疏漏了，哪一个细节没有关注到都会让教育适得其反，家校矛盾也会随之而来。别看于佳老师年轻，但是面对家长反应欺凌问题后能做到处事不惊，特别是她平时在教育工作中关注到了班中每一个孩子的性格特点，对孩子们的行为较为了解，所以能够在事情出来后先做出基本的判断，然后去各方了解情况，再真心和每个孩子沟通，最终与家长达成教育共识将误解解除，并有效引导孩子之间的良性竞争与友好交往，为于老师点赞！

后

　　　　　　　　　　　　　　　　——李娟

感

教师心语

张蕊
2016年参加工作
班主任任职 3 年

每一个步入小学的孩子，都是一朵含苞待放的花骨朵儿。他们对世界充满好奇，对小学生活充满期待。一年级的教师，更是背负着使命感，我希望让孩子在步入小学的第一年，就爱上上学、爱上学校。但作为年轻教师，遇到孩子的问题，也会担心在帮助他们解决问题的过程中处理不当。然而，很庆幸我在史家班主任的集体中，遇到了非常多优秀、有经验又热心的伙伴，在日常的工作中为我出谋划策、排忧解难。我也更坚定了要尽快提升自己教育教学能力的决心，用学识、耐心、爱心教育每一个孩子，让他们茁壮成长、灿烂绽放……

小小日记本

第一年当班主任，最害怕的就是解决学生问题，因为教学管理经验不足，遇到特殊的学生时常让我困扰。因此我也时刻提醒自己，要在日常的教学生活中多关注、留意学生的每一个行为习惯、心理变化。一个班级有 40 个孩子，总会有孩子出现一些问题，而好的教育方法就是帮助他认识"自我"，让他认识到自己的不足，帮助他纠正"心理自我"意识中骄傲自大的倾向，同时又能使他积极上进。

开学几周下来，班里个子最高的男生小付引起了我的注意。班里总有同学在课间向我告状，说小付同学在操场上游戏的时候总是追跑打闹。有一次还因为个子大、力气大把同学推倒了。得知这件事之后，我立即把小付叫来询问情况。小付低头坦白了他的错误行为，并向我保证以后再也不会发生。可惜好景不长，过了两天，在课间收拾书包的过程中，小付又与同学发生了矛盾。这一次，我让小付站起来说明情况，小付满脸的不情愿。

因为已经不是第一次发生此类情况，我下意识认为小付一定是又犯错了。"你为什么要推同学？"我严肃地问他。小付低头不出声，旁边有同学要插嘴，被我制止了。我又追问他："是因为犯了错误，不好意思承认吗？"小付听后抬头看着我，紧咬着嘴唇，眼睛红红的，依旧不出声。见状，我只好让那名被他推的同学交代事情的来龙去脉。那名同学说完后，我转身问小付："他说的是真的吗？是因为别人不小心碰了你一下，你就把他推倒了吗？"小付的情绪突然激动："他刚才还说了我！我才推他的，他给我起外号。"我质问那名同学是否属实，那个孩子害怕地点点头。事情总算搞清楚了。随后，那个孩子主动赔礼道歉："对不起，小付，我不应该说你。"我对小付说："他已经知道错误了，也主动跟你道歉，那你知道，你推同学的行为对吗？你是不是也应该道歉？"没想到这时，小付一下推倒了前面的桌子。当时的我被他的举动吓了一跳，班里的孩子也纷纷议论起来。此时已经上课，为了不耽误同学们上课，我把小付单独带到了办公室。他的举动，让我意识到这个孩子的性格确实有点暴躁，在与同学相处中也有问题。在办公室，我安抚了他的情绪，并对他进行了教育疏导。

为了进一步了解他的情况，更好地解决问题，放学后，我找到了他的母亲，和家长详细地谈了白天的情况。孩子母亲得知后，跟我反映他在家里也经常这样发脾气，之前在幼儿园也有这样推倒同学的行为发生。在与母亲详细地沟通过后，我了解到孩子的个性确实很强，也需要我进一步引导和教育。可是从哪里下手呢？我想先和他谈谈心试试。

第二天一早，正当我准备找小付谈心的时候，他突然递给我一个本，并对我说："张老师，这是我写的日记，给您。"我拿起日记，十分惊喜，并开心地对他说："里面一定有你的秘密，张老师一定会认真看的，好吗？"小付听后抿抿嘴，不好意思地笑了。回到办公室，我翻开了小付的日记，他歪歪扭扭的字写了一大篇，承认了他之前做的错事，表示下次再也不会了。虽然有不少错别字，但是一年级的小付能够写出满满一大篇的字，还是让我惊喜不已。我拿起笔，心想，这不就是让他敞开心扉的突破口吗？"你能意识到自己的错误老师真为你开心……""老师相信你下次一定能做得更好……""老师看到了你的进步，加油！"……

渐渐地，我和小付之间成了无话不说的好朋友，他在日记本上的记录越来越多，分享的快乐也越来越多。他不仅没有再和同学有过冲突，也开始热心帮助同学，学习态度也更踏实认真了。小付的转变，让我更加坚定了做好班主任工作的信心，我意识到，只有让孩子敞开心扉，主动去分享他的感受，才能真正走近孩子，帮助他成长……

一年级老师在小学阶段尤为重要，孩子是否喜欢上学，喜欢老师，喜欢学习就要看班主任的教育引领，而启蒙陪伴的过程是需要格外用心的。爱是教育好孩子的前提。每个人都需要得到别人的尊重和信任，孩子更是如此，当他感知到你对他是真的用心时，他一定会以加倍的行动来回报你。张老师找准了与小付的沟通方式，小小日记本成了他们之间沟通的桥梁，促使孩子逐渐走上学习之路的正轨。

——李娟

读

后

感

教 师 心 语

"爱心、童心、乐学、乐教"是我的教育理念。每天和学生在一起学习、生活，我总是充满爱心，把自己的爱给予他们，希望每一个孩子都可以学会成为一个温暖的人。四年的工作时光中陪伴着可爱的孩子们一同成长，不断地学习知识，在教育的过程中寻找乐趣。每一天耳边都会环绕着学生遇到的各种问题，我发现只要我耐心地倾听，细心地帮忙开导，孩子们就会平静下来，事情自然就会迎刃而解。我愿在工作中精心培育小花朵，陪伴他们的成长。

韩凯旋

2015 年参加工作

班主任任职 4 年

不说话的"独行侠"

一年级新生刚入学，一个坐在教室靠窗边的小小身影引起了我的注意，他一直低着头，安静地坐在位子上，一句话也不说，像是在思考着什么。在做自我介绍的时候，他也一句话没有说，同学们也对他十分好奇，其他老师也都觉得他与众不同。我尝试和他聊天，观察他对什么比较感兴趣，可是我说什么，他总是低着头，眼睛也不看我。他总是自己一个人在角落里待着，不和任何人沟通交流。很长一段时间内，我都不知道该怎么办。

记得一天早上 7 点 40 分我接到德育主任的电话，"喂，韩老师，您班的一名学生在学校门口哭着不肯进校门，您可以来看一下吗？"我放下电话立即跑到校门口，只见一个瘦小的身影正坐在地上哭泣着。我立即过去抱住他，准备带着他先回到办公室里，然后再联系家长，可他有些抵触，不肯和我进学校。当时能感受到他的身体在抖动，我想这时的他一定缺乏安全感。"好好好，老师答应你我们先不进去，好不好？你不要害怕，我会在这里陪着你。"我十分肯定地对他说，话音刚落，只见他的身体不再抖动，情绪渐渐平静下来。"孩子，我们先到我的办公室，给妈妈打个电话，好吗？"我小心地询问，他点点头，还是没有说话，但我心里开心极了，他终于给我回应了。这时我看着他，轻轻地拍了拍他的肩膀。

在和妈妈的通话中，我了解到，原来早上妈妈送孩子上学在门口待了好半天，因为今天穿的一双鞋不是他喜欢的，孩子就是不肯进学校，妈妈生气了，实在是没有办法了，就把孩子留到门口，自己先走了。我没有立即询问孩子当时的情况，而是等他停止哭泣，心情平静之后，我轻轻拍拍他的后背，亲切地说："今天你穿的鞋真好看，一定是你精心挑选的。妈妈告诉我你不喜欢它，但是我觉得你穿上它也很好看呀！每个人都会有自己最喜欢的东西和不太喜欢的东西，但要试着去接受它，说不定慢慢地你就喜欢上这个东西了。"他看了看鞋，又看看我，没有作声。我依旧轻声细语，"你看，操场上同学们在上体育课，多快乐啊！同学们都在等着你一起做游戏呢！"他轻轻抬起头，眼神里充满期待。这时，一名同学走进来，我便让学生带着他去上体育课，我跟着在后面偷偷地观察，发现他在一旁看着，不和任何人交流，依旧没有语言，但是也会在同学充满笑声的时候自己捂着嘴笑。这时，他仿佛已经忘记了早上发生的事情。见他一个人站在一旁的孤独背影，我很是着急。

之后我每一天早上，都会关注他进校门的情况。经过多次和孩子的父母交流，这个问题基本解决。可是，他不和人进行交流的问题一直困扰着我。我利用课余时间与他交流，告诉他我对他的看法，也鼓励他多与人交谈。一开始，他只是听着我说，基本上不和我交流。但我坚持每天都和他单独说说话，他开始用点头或摇头来回应我，慢慢地，我发现他可以说简单的几个词语来与我交流，我也经常在同学和老师面前表扬他。就这样，我坚持了四年，现在孩子基本可以和我进行语言交流，我感到十分欣慰。

后来我观察到他只和我进行交流，面对其他的同学和老师他还是不理睬，这让我感到有些困惑，但我相信他一定可以克服这样的困难。于是，我开始寻求办法，在班里我总是看着他的一举一动。有一天，我发现他周围刘同学在课间玩儿魔方的时候，他也在旁边看着，好像很感兴趣的样子。于是，我找到刘同学说："你愿意和他聊聊魔方的事情吗？他特别感兴趣。"他说："老师，我试试看，因为他不爱讲话，我不知道他也喜欢玩儿这个。"没想到这个发现真的有效果，他真的和同学进行交流了。

我相信慢慢地他还会有更大的进步。只要我一直坚持下去，相信他、鼓励他、陪伴他，有一天，他会彻底告别过去，不再是那个不说话的"独行侠"了！

班主任面对比较特殊的儿童时，需要具有极强的耐心与恒心，而这份坚守的动力则是爱。韩老师用陪伴启迪孩子的心智，用智慧唤醒孩子的信心，让孩子逐渐学会交往，更用时间见证了孩子的成长与进步。

——李娟

读后感

李秋敏

2015 年参加工作
班主任任职 4 年

教师心语

我在工作中充分结合我的心理学背景，在面对学生出现的问题时，多方面分析学生的行为动机，结合不同年龄孩子的心理特点，和学生一起面对问题解决问题，呵护学生的成长。身处史家教育集团这个优秀的集体，我以身边优秀的教师为榜样不断学习班级管理的用心，家长沟通的用情，提高自身业务的终身学习观念，三年时间，我在学校领导、成长工作坊导师和师父的指导下不断积累经验，立志成为一名优秀的班主任。

"尿裤子"的小青青

初次见面，你是躲在爸爸身后的小姑娘。

三年前，暑气未消的八月末炙热而新鲜，炙热的是天气，新鲜的是我第一次走上自己的工作岗位，孩子们作为一年级新生返校第一天的一幕幕，时至今日依然可以清楚地映现在我脑中，因为那是我工作的第一天，作为一位班主任站在 42 个学生和家长面前的我满怀欣喜和干劲儿。按例我安排孩子们进行自我介绍，每个孩子的自我介绍都不一样，或阳光，或腼腆，我通过他们的表情想象每一个人未来要和我一起相处的日子是多么的美好。轮到小青青，即使大家给了她热烈的掌声和殷切的目光，她依旧躲在爸爸身后没有说话，目光躲闪不安。最终，我和同学们也没有听到她的自我介绍。小青青的不一样从开学第一天就开始了。

开学后的日子像一辆小马车不停奔跑，其他人在学拼音，学握笔，学跳绳，学广播体操，而她好像这个班级的旁观者，不说话，不交作业，不看书，拒绝一切体育活动。课间操，全校学生蹲下练习蹲姿，只有她一个人孤零零地站在原地一动不动，她看似面无表情，却在我试图教她动作的时候全身紧绷僵硬，拒绝任何动作，我看着她在同学起立后，表现出和大家一样姿势后的如释重负。束手无策的我联系了孩子妈妈，孩子妈妈说她在家和在学校有着截然不同的表现，我亲眼看见走出校园的她热情开朗和爸爸交谈，不仅有说有笑还可以和爸爸妈妈讲述学校里发生的事。我咨询了学校的心理老师，为了从多个角度分析她的问题，学校还为她联系了心理医生，结合对她和她的原生家庭环境综合分析她的行为动机，有心理学第二学位背景的我也在第一时间联系了我毕业论文的指导老师咨询她的情况，我也几乎每天都要和她的爸爸妈妈打电话沟通她在校和在家的表现。

"老师，小青青又尿裤子了！"

开学两周，学生们基本上已经适应了小学的生活，而小青青连续一周已经有三次尿裤子了，我问她："想上厕所为什么不跟老师说？什么时候尿的裤子？……"所有问题都石沉大海，没有回应。我困惑地开始观察她，课上，她按照老师的要求坐得端端正正，老师表扬她的坐姿，她微微一笑，没有像其他孩子一样表现出应有的激动和开心。课下，她依旧像士兵一样坐在自己的椅子上一动不动，不和同学交流，偶尔扭头看看别人，但是只一秒，立马又恢复标准坐姿！一节课这样，两节课这样，三节课这样……一天过去了，依旧是相同的表现，我明白了，几乎一动不动的孩子根本没有时间去厕所！我带她去厕所，她紧张的手都在抖，我让其他孩子带她上厕所，她固执地从半路"逃"回班。

想知道原因就得让孩子开口说话，既然孩子可以在家和爸爸妈妈交流，那家庭一定是孩子觉得安全的地方，我鼓励妈妈和孩子多聊天，在孩子放松的情况下寻求答案，还鼓励妈妈请班级里的同学到自己家玩，在校外先和同学交朋友，减少学校环境给孩子带来的压力。

在这个过程中，孩子开始不抗拒我带她上厕所了，"小青青，我们一起去厕所看看好吗？"这次我和她交的新朋友一起邀请她去看一看厕所，孩子的小手软软的身体也不再紧绷了，眼神中的紧张也少了很多，我和同学一人拉着她的左手一人拉着她的右手，来到厕所，我给她讲这是"冲水器""蹲坑"……孩子虽然表情僵硬但是能感觉到她在认真地听，突然"这个厕所和家里的不一样……"清脆的声音传入我的耳朵，我激动得眼圈泛红，这是孩子上学以来和我说的第一句话，她的声音可真好听。虽然，就是这一句话，可以看出来孩子对我的信任，我也知道了她一直拒绝在校上厕所的原因。

思维的一些固化，让她适应起新环境来特别地慢，每天放学后，我开始请妈妈来学校教她上厕所，连续教了两周，虽然，孩子还没有在学校上厕所，但是，课间时间，她开始和新朋友走下座位在楼道里走动了，我心里如释重负。

既然家人能给她安全感，我就请她妈妈参与班级事务，我努力增加她对校园生活的熟悉感和适应度，她开始能和妈妈一起布置壁报，我请她把自己的作品贴到墙上时她害羞的表情，是她对我为数不多回应中最让我印象深刻的一次。每天和妈妈爸爸分享她在学校的小进步，我从不觉得是增加了工作负担，因为从妈妈的嘴里我知道了她喜欢上学，喜欢我，我特别开心。不知道过了多久，我走过她身边拍拍她的肩，她再也不是全身僵硬地紧绷着肌肉，而是会慢慢地放松下来，偶尔会"唉……"的叹一口气，是她在努力和我交流。

我也加入了学校的园艺心理项目中，学习如何利用种植打开孩子们的心灵，我拉着她的手和她一起发豆芽、一起种豆苗，让同学们和她去给小豆芽浇水，我不知道她怎么想的，但是我能感觉到她的轻松和释然。后来，虽然她还是不说话，但是我可以感觉到她的情绪变化，我想这就是植物给我们增强的联结吧，我们一起感受植物的生长，我也感受到她的喜怒哀乐。

和她的相处就像是一场单恋，一腔热情的我很少感受到她的回应，她害怕和同学们不一样，害怕批评甚至害怕老师表扬，给她的关注还需要我自己拿捏分寸，不能不鼓励也尽量减少她成为焦点的局促感。但是我知道她很努力，从乐考考场上紧张发抖，到二年级下学期期末学业综合展示她自己背诵了一首古诗，从一言不发到偶尔的只言片语；从考场从不写试卷到可以在试卷上写学校、姓名、班级、学号；从每天站在班级教室门口不能进教室到自己走进教室站在自己的椅子旁；从每次离校都需要同学送出门到可以拿着出门条自己走到传达室，每次她的进步都能让我的鼻子酸酸的，她就像那盆教室窗台上的小青萝，在学校的每一天都是我陪伴你走过的漫长岁月。

我亲爱的孩子，只要你努力长大，慢一点真的没关系。

"亲爱的孩子，只要你努力长大，慢一点真的没关系！"读到李老师故事的结尾我竟然热泪盈眶。都说"教育是静待花开"，也说"教育是70％的等待，30％的唤醒"。两年来，李老师对孩子的陪伴或许占据了她工作生活的一半，也或许未必能看到"花开的那天"，但教育初心未曾让她改变，那份对小青青的爱也未曾因时间而减少，这就是史家的老师！愿李老师始终保有这份"初心"。

——李娟

读后感

教师心语

在我眼中，教育是用一个生命潜移默化地影响另一个生命的过程，是一个以爱育爱，从心灵出发，达到心灵深处的过程。而这个过程必然是以情感的连接为基础的，所以在工作中，我始终要求自己关注学生的情感，在育人的过程中放慢脚步，聆听学生的心声，给予学生温情的理解，真挚的同情，诚意的鼓励和恰当的提醒，帮助他们点燃生活的希望之光，解决他们的各种问题，完善他们的品格，弥补家庭、社会等原因给他们健康成长带来的缺憾，用智慧和艺术的方式让他们体验爱与成功。

沙焱琦

2014 年参加工作
班主任任职 4 年

他终于管住了"淘气的小手"

上个学期，总有学生跟我反映丢了文具，次数多了，我意识到这可能是班级里出现了一双"淘气的小手"。可是这个人究竟是谁，我却毫无头绪。

起初我向孩子们详细询问了当时的情况，初步锁定了几个目标，可究竟是其中的哪一个我不敢妄下结论，更不敢擅自找这些同学谈话，一是怕打草惊蛇，更重要的是万一冤枉了哪个孩子，这对他们幼小的心灵会造成不可磨灭的伤害。于是我决定通过班会的形式对孩子们进行教育，同时也想看看孩子们的反应，以此来验证我的推断。

班会很顺利，一个《偷针男孩》的故事让孩子们认识到了"小时偷针，长大偷金"的严重性。学生们还讨论如果身边的人未经同意偷偷拿了你的东西你会怎么想？你又希望他怎么做呢？大家你一言，我一语，总的来说就是丢了东西会着急、伤心，希望别人赶快还回来。善良宽容的孩子们还表示：如果偷东西的同学能改正错误，大家都愿意原谅他。更有细心的孩子说也许犯错误的人不愿让别人知道，那他可以趁没人注意的时候悄悄把东西还回去。同学们讨论得热火朝天，但是一个小男孩儿却异常沉默，平时的讨论中他总是滔滔不绝，精彩的发言不禁让人啧啧称赞，那天的班会课上，他却把头埋得深深的，一言不发。我知道，那双"淘气的小手"已经浮出水面了。

下课后，我单独把这个孩子叫了出来，问他怎么了。他说："老师，我没事。"我知道这是他在故作镇定，我猜想此时他的心里一定紧张极了。当我知道班里频繁发生的失窃事件的始作俑者的时候，我并没有破案的快感，反之是焦心和忧虑。我在想：如果不能借助这个机会帮他改正，那这样的行为可能会伴随他的一生。

我问他："刚才看你的状态不好，你是不是遇到了什么麻烦，愿意跟我说说吗？"

孩子此时还是戒备的状态，他佯装镇定地说："老师，我没事，我真的没事。"

"那好吧，但是老师希望你明白，老师一定是知道了一些情况想要帮帮你，所以才跟你交流。每个人都会犯错误，犯错误并不可怕，如果你愿意告诉我，我会和你一起面对，一起想办法去解决。但如果你不说、不去面对，这样的错误也许会像小影子一样一直追着你，你愿意吗？"

孩子埋下头，眼神飘忽不定，过了一会儿又缓缓开口："老师，咱们班同学的东西是我不小心拿的。"

"你为什么要拿这些东西呢？"

"就是我觉得他们的东西特别好玩，我特别喜欢，所以我就拿过来了。"

"喜欢为什么不让爸爸妈妈买呢？"

"因为爸爸妈妈觉得我的东西够多了，他们不给我买。"说到这时，孩子的眼泪已如断了线的珠子。孩子还告诉我在很小的时候他就用这样的方式得到自己想要的东西。我明确告诉他这样的行为是不对的，但是我愿意和他一起弥补。

事后，我和孩子的母亲进行了沟通，原来爸爸妈妈经常发现孩子的书包里出现一些不属于他的东西，每当这时，他们就会责骂、恐吓甚至痛打孩子，却从来没有告诉孩子当你想要某样东西的时候你该怎么办，也从来没有告诉孩子如何正确处理偷来的东西，去修正自己犯下的错误。可想而知，这样的管教方式下孩子感受到的只有无尽的压力、羞愧和恐惧，却从不知如何改变。

沟通的过程中，我开导妈妈：孩子的"偷"和成年人的"偷"不是同一个概念，而且这个孩子在成长过程中所有玩具都是由父母支配的，所以孩子从未体验过物权被尊重的感觉，他自然不懂得去尊重他人的物权，这也是他心安理得地把他人的东西占为己有的原因。

我还引导妈妈换位思考：站在孩子的角度想一想他现在心里是什么感受呢？可能害怕小伙伴知道会讨厌自己，怕学校知道因此受到处分，担心又要遭受父母的一顿毒打？孩子的内心经受这样的煎熬您不心疼吗？……在这样的交流中，妈妈也明白了：当孩子因做错了事内心已经无比自责的时候，身为父母要做的是帮助孩子，教给他改正的方法，而不是一味指责。

沟通之后，这位妈妈和孩子耐心地长谈了一番，事后妈妈告诉我："孩子难得向我吐露心声。"接着，在我的建议下由妈妈陪着，孩子拿出自己的零花钱给班里每一个小朋友买了一支笔作为小礼物，高高兴兴地发给了大家。礼物虽小，但意义非凡，这是孩子弥补之前错误的行动，是释放内心压力的一种有效行为，事后，孩子小声告诉我："老师，我把以前拿的东西都悄悄还了，我觉得现在真轻松。"我趁热打铁："你喜欢这种轻松的感觉吗？"孩子睁大眼睛看着我，重重地点了点头，我知道，改变从这一刻开始了。果然，从那以后班里再也没有出现"淘气的小手"了。

读后感

其实作为班主任，面对班中淘气的孩子，我们可以想方设法投其所好改变孩子，面对班中沉默寡言的孩子，我们可以多陪伴试图走进孩子内心……然而最令班主任头疼的事情，莫过于班中出现一两个"淘气的小手"了。解决这样的事情，特别考验老师。如何拿捏一个度，既保护孩子，又能让其改正问题？沙老师在处理这个事件时给了我们很好的方法。召开班会、晓之以理、动之以情，走进孩子、指导家长……其实老师的真诚与爱，还有智慧是解决问题的关键！特别感谢沙老师自始至终都没有把这双"淘气的小手"定位为"偷"，必须为沙老师点赞！

——李娟

滕学蕾

2009年参加工作

班主任任职 4 年

教师心语

从教十年，处身于和谐的教育氛围中，我深知，与学生的相遇是难得的缘分，因此，格外珍惜师生共同学习、共同进步的机会。我真诚地相信，每位学生都如璞玉，精心雕琢，方显贵重，而这雕琢之工事，身为班主任的我，责无旁贷。为此，我努力规范自己的言行，正视学生的个性差异，着眼于学生的长足发展，借助丰富的班级活动，拓展学生的视野，重视家校合力，耐心地帮助学生扬长避短，以期培养健全的心智。

爱的拥抱

时光荏苒，与学生们在一起的日子里，总会发生许多难忘的故事。几年的班主任生涯，我与学生们共成长，深深感受到，他们幼小而澄澈的心灵需要尊严，只要班主任以平等的视角与他们沟通，惊喜一定会随之而来。每念及此，我脑海中总会浮现出霄霄纯真的笑脸。

破　冰

第一次与霄霄沟通在二年级接班两周后。他高高的个子，坐在最后一排，少言寡语。我悄悄问过同学，得知一年级的时候，他在课堂上很少举手，课下也不去跟同学玩，说话时，声音总是怯生生的，学期末甚至没有评上三好学生。

那天一大早，我在微信上看到霄霄妈妈发来一条长长的信息。原来，他与坐在前面位子上的女生因为一点儿小事有了摩擦，女生自恃刚被同学投票选为小队长，觉得老师也会偏向她，一气之下，弄断了霄霄的两支铅笔，还拒不道歉。霄霄越想越委屈，就把事情的来龙去脉告诉了妈妈。这件事如果是真的，霄霄这样躲在角落里默不作声的孩子，是多么不自信啊！我想，他甚至不敢相信老师会公正地处理矛盾，有了委屈，只会在妈妈面前掉眼泪。

我把霄霄和女生叫到了面前，经过仔细询问，发现事实确如妈妈所言。女生真诚地向霄霄道歉。事后，我也面向全班同学谈及此事，一来希望学生们遇到困难不知怎么解决时，主动寻求老师帮助；二来也告诉他们犯错误不怕，敢于认错并改正，还是好孩子。还有更重要的一点，我要让他们知道，班里的每一位学生在老师眼里都是平等的，各有优缺点，只有互相学习，互相帮助，才会不断进步。事情解决了，霄霄如释重负，脸上的愁云一点点消散开去。

为了让他自信起来，我会找时间跟他交流，聊聊他喜欢看的书，讲讲他成长过程中有趣的事。他的嘴角开始上扬，说到动情之处，忍不住眉飞色舞。渐渐地，我发现，他不只和我拉近了距离，在班里也有了几个要好的小伙伴，课间常常一起聊天。

惊　　喜

三个月后，班里举行元旦联欢，学生们自愿表演节目。霄霄也报名了，他要在全班同学面前，表演自己拿手的魔术。

开始表演了，教室里鸦雀无声。霄霄镇定地走上台，面带微笑地说："现在我需要一位小助手，有谁愿意当我的小助手？"话音刚落，同学们纷纷举手。只见霄霄手拿一根羽毛，让自己选出来的那位小助手检查。确认完毕，他轻轻一甩，羽毛霎时不见了。再看他的手里，竟然只有一条鲜艳的红领巾！同学们都怔住了，旋即鼓起掌来。那掌声热烈极了，在教室里久久回荡……

整个过程，霄霄都落落大方，眉眼中含着笑意。我放心地想，他的心头终于洒满了阳光。

信　　任

辞旧迎新的钟声敲过，学生们迎来了他们在校区的第二个学期。一个周二的下午，二年级部依然是3点放学，老师们照例要在3点50分赶往其他校区参加全体会。

一放学，学生们陆陆续续被家长接走了，除了霄霄。我问他："今天谁来接你呀？"他笑眯眯地告诉我："还是大伯啊，他要接我去上课外班。"3点20分，门卫找到我，说霄霄一直等在传达室，刚刚给家长打了电话，才知道今天大伯不来接，他应该跟着班里上这个课外班的同学家长一起走。

我跟霄霄妈妈确认了情况，知道他的课外班4点开始，离学校坐地铁只有两站，当即告诉她，其他交通工具保证不了时间，我坐地铁送霄霄过去。

一路上，为了让他放轻松，我们从他在班里的小伙伴聊起，很快就到了目的地。他跟我挥手道别，透亮的眼睛里泛起了晶莹的泪花。

这一次，我很快又收到了一条长长的信息。霄霄妈妈说，自从我帮霄霄解决了跟同学之间的小摩擦，他就信任滕老师了。是的，我能感觉到这份信任，因为在很多场合，哪怕是当着许多家长的面，霄霄也会紧紧地抱着我。要知道，这可是一个高高壮壮的男生，他连课堂回答问题都曾经是红着脸的。妈妈还说，霄霄的进步特别大。他不再觉得潦草是无所谓的，不再惧怕在任何场合下展示自己，不再担心没有老师或同学喜欢他。在史家这个大家庭里，他和爸爸妈妈的幸福感与日俱增。

对我来说，幸福感又何曾缺席过？在这里，一草一木皆和谐，一人一班都珍贵。我很庆幸，自己用心的关爱，学生们可以感受得到。那心灵的点点滴滴啊，也因为这细致入微的体贴而充满阳光。回首处，暖意融融。

读后感

老师的幸福是什么？看到每个孩子成长中的点滴进步是幸福，家长的认可、学生的信赖是幸福。小滕老师就是在用自己的言行关爱着她的每个学生，当欣喜地看到孩子的转变时，内心暖意融融。霄霄是幸运的，霄霄的家长也是幸运的，但愿小滕老师永远保有这份教育初心，做温暖幸福的教育。

——李娟

教师心语

还记得小的时候，我总是对教师这个职业充满无尽的敬畏和无限的遐想，梦想着有一天当我站在讲台时的样子。如今梦想成真，但当我站在讲台上时又陡然感受到了肩膀上的教育责任和社会担当。说到教育，我的经验远不及老一辈教育人丰富，但我会用我对教学的热情和积极的态度弥补不足之处。教育如同浩瀚的星空，又如同无尽的大海，我很渺小，但我希望通过我的努力，能够将星空中最亮的星、大海中最珍贵的宝讲述给我的学生，带他们去体验、去感受教育带给他们的快乐！

边晔迪

2014 年参加工作

班主任任职 5 年

大声的爱给无声的你

2017 年 9 月，初次教一年级的我迎来了 40 个小豆包。开学不久，我不断地应付着走错班的、忘记上厕所尿裤子的、不会系鞋带蹲下让我系的、上课在地上打滚的、甚至还有一连几周都在教室外哭不进班的学生。这些在高年级很少发生的情况确实让我在刚开始的一段时间手足无措，我每天都在忙着解决一些难以预料的新情况，但就在我焦头烂额的间隙，我注意到了一个"乖孩子"。

他叫小高，是班上个子最矮的一个男生，每天就是坐在座位上摆弄着自己的小铅笔和小橡皮，上课的时候从不捣乱，也不和同学说话，只是默默地看着黑板，不像在听课，而像是沉浸在自己的世界中。通过一段时间的观察，我发现，他好像没有朋友，每天总是低着头，从不与老师和同学说话，甚至有的同学问我：边老师，他是不是不会说话呀！我还发现，只要我们两个对视，他立刻躲避我的目光。上课的时候虽然没有纪律问题，但学习质量并不高。慢慢地，我意识到，和那些有着明显地对新的上学生活感到不适应的同学相比，小高好像更需要我的帮助。于是我找到了他的母亲，想更多地了解小高的情况。

小高家中有四口人，爸爸、妈妈、姐姐和小高，他是个乖孩子，不调皮，很老实。性格内向，慢热。虽然平时做事情的动作有时会稍显笨拙，但是他跑得快，喜欢滑板和滑雪，从小就跟着爸爸和姐姐在滑雪场练习。小高胆子比较小，很在意别人对他的看法，很怕被人嘲笑。他没上学前班。在幼儿园时，他的右手手指小肌肉群还没发育到能很好地控制握笔姿势的程度，他就用左手写字，后来幼儿园老师不让，为此他感到无奈和沮丧，拗不过老师才开始用右手写字，现在右手已经没问题。对于孩子不敢说话这一问题，妈妈说也不知道他在幼儿园究竟经历了什么，导致他从来不肯上集体形式的课外班，恐惧一切集体环境。

和妈妈了解完情况我意识到了，小高天生胆小内向，再加上以前受到过一些挫折打击，导致他现在更加地不喜欢和别人交流，越来越沉浸在自己的世界中。想到这我脑海中突然浮现出一段之前在一次教学交流会议中听到的话："成功的教育必须要对孩子充满理解、充满尊重、充满激励、充满耐心。要让学生品尝成功的喜悦，相信自己，鼓励自己，超越自己。而作为老师我们应该顺从孩子的天性，承认差异，追求成功，宽容失败。要尊重每个孩子的天性，要挖掘每个孩子的潜能，要让每个孩子充满活力。"我暗暗下定决心要帮助这个受到挫折的孩子走出阴影，重拾起自信，融入到温馨的集体中，和他的小伙伴们一起在蓝天白云阳光下游戏。

我清楚地记得，开学的第三天晚上，小高的妈妈给我发来信息求助：边老师，能麻烦您下课的时候带着小高去上个厕所吗？他可能害怕找不到厕所，所以从不在学校上厕所，每天一放学第一件事就是找厕所。于是第二天上学下课的时候，我走到他座位边问他："小高，你想去厕所吗？"小高听到我的声音后先是低着头不说话，然后慢慢地抬头看了我一眼，然后又低下头摆弄他的橡皮："老师，我不想去。"我已经猜到了会是这样，于是我笑着和他说："那边老师想去厕所，你可不可以陪老师去呢？""可老师是女生啊！""没关系啊，小高你站在厕所门口等老师就可以了。""好吧。"小高想了想，虽然有些不情愿，但还是答应了。我领着小高来到厕所，我走进厕所就躲在门后偷偷观察他，小高果然急忙走进了男厕所，我等到他出来平静气息后才从女厕所出来。我笑着对他说："小高，谢谢你陪老师去厕所。"一连几天，我都让小高陪我去厕所，让小高熟悉卫生间的位置，果然，一周后，小高认识了厕所，能够主动去上厕所了。

小高害怕上课发言说错被同学们笑话，我找最简单的问题让他回答，告诉他别着急，慢慢想。小高害怕吃饭无法光盘，我尽量盛少些，告诉他别着急，慢慢吃。小高不愿意与同学主动交流，我就发动大家利用一切机会接近他，以关爱之心、温暖之情来触动他的心弦，让他敞开心扉。我让同学们下课多找他玩，让他感受到同学带给自己的温暖。小高字写得不好看，我用铅笔大力地在本子上写字，然后用橡皮擦掉，这样本子上就有了我写字的痕迹，再将这有字的痕迹的本子给小高让他按痕迹写来练字，告诉他别着急，慢慢写。我与其他老师统一意见，用赏识的眼光来看待他，我们抓住他的一切闪光点表扬他、鼓励他，学习上的一点点进步，我们都大力表扬。

渐渐地，小高有了朋友，学习效果提高之后整个人都有了信心，变得开朗阳光起来，上课不仅认真了，有时还会举起小手主动回答问题，上体育课时也会和大家一起游戏了。小高妈妈和我说，他现在每天最开心的事就是去上学，爷爷奶奶都特别高兴！还记得副班主任和我说，有一天我临时被派到外校学习，没有和任何同学打招呼，小高见我没在班里，张望了许久，问：边老师去哪儿了？不止这一次，在此后，每当我不在班中，小高总是会到处找我，我想这就是一种信任吧，小高从最开始的抵触上学，到现在愿意和小朋友们接触，到依赖我的存在，看到小高的进步，看到他灿烂的笑容，看到小高妈妈的欣喜，我心里真的特别高兴！

这些我全都看在了眼里，记在了心里。他的成长，更加坚定我作为老师的责任，要耐心、要多关注、要多付出！就像我国近代教育家夏丏尊说过的："教育之没有感情，没有爱，就如同池塘没有水一样，没有水，就不能称其为池塘，没有爱，就没有教育。"

作为一名年轻教师，我将用我赤诚的爱心去浇灌这些祖国未来的花朵。我很幸福，我是一名人民教师！

静待花开……

教育爱是一切工作的出发点！一个有责任心、有爱心的老师就能关注班中的每一个孩子，学习好的、开朗的、淘气的，甚至是被大家忽视的"乖"孩子。边老师不仅关注了，而且追根溯源，了解孩子的家庭、在校一切情况，不着痕迹的关爱他，让孩子在尊重中建立信心，信任老师。

读 后 感

——李娟

教 师 心 语

黎童

2015年参加工作

班主任任职 5 年

　　三年的教学经历，让我明白作为年轻的班主任，依靠雄心勃勃，激情万丈的教育热情是不够的，试图凭一己之力，强硬攻之不是个好方法。小学生的思想不成熟，在理智和情感的较量中他们常常屈服于情感。因此，一个称职的班主任，应当想方设法让学生在情感上接受自己，真心诚意地为每一位学生着想，自然而然地就会受到学生和家长的爱戴。除此之外，我深知个人的力量是有限的，集体的力量是无穷的。在集体中，除了单个学生与教师的关系之外，学生之间也会产生影响，好的班级氛围能够帮助学生良性成长，因此称职的班主任应该营造良好的班级氛围，用制度去管理班级，营造良好的班级舆论，不断地增强班级凝聚力。

"亲子坏情绪GO AWAY" 的力量

　　"亲子坏情绪GO AWAY"是我们班发起的服务性学习活动，之所以开展这个活动是因为小学生的思想不成熟，在理智和情感的较量中他们常常屈服于情感。根据多次家校沟通，我发现亲子沟通顺畅的家庭，孩子往往非常有自信，性格开朗，学习成绩呈现上升趋势。反之则恰恰相反。

　　班中的默默是我决定开展服务学习活动的决定性因素，也是活动的受益人。默默就像名字一样是一个惜字如金的孩子，课堂上从来看不见他举手回答问题，在同学们进行小组讨论时也从来不发言，甚至课间也只是默默地坐在自己的座位上发呆，在班级里没有存在感，就像一个"小透明"。他的沉默和三年级孩子的活泼好动形成了鲜明的对比，也使我关注了他很久。在课堂上，我经常特意叫他回答问题，读课文，希望他能够开口讲话，可是每一次他都是站在课堂上，拿着书看着我，却不发出任何声音。一开始，我以为孩子是因为害怕受到太多的关注，所以选择沉默。因此我多次课下找孩子谈心，可是默默始终只是用诚恳的眼神看着我却不发一言，听到我给他的建议他也只是点头，即使强迫他说话，他也是用气说话，完全听不清他的声音。他的反应令我非常着急，我担心他是自闭症孩子。因此，我多次和他的父母进行多种方式的沟通，在和父母沟通的过程中，我发现孩子父母工作压力很大，言谈举止间充满了负能量，再加上孩子学习成绩一直都不理想，老师们和家长沟通大多都是因为孩子的学习成绩太差，他们非常着急，自然在平时与孩子的交流沟通中伴随着指责和批评色彩的语言，渐渐习以为常，亲子产生了距离感，孩子也越来越沉默了。

　　默默的成长过程令我非常心疼，班级里面像默默父母这样的家长还有很多，明明是希望孩子变得优秀，却因心急、不善于表达，无法表达出心中所想，嘴上不自觉地对孩子说出了伤人的话语。孩子在这样的充满负能量的氛围下成长，自然而然地出现了多种陋习。因此"亲子坏情绪 GO AWAY"的服务性学习活动势在必行，全班学生和家长参与其中，认真填写调查问卷；通过筛选整理出了十种常见的亲子冲突；再根据这十种冲突带领孩子们编写小剧本，再现与父母发生冲突的过程；带领孩子们分析冲突原因，了解冲突背后父母的真实想法。让孩子们站在父母的角度亲身体验父母的不易，让家长在孩子的角度体验孩子的压力，亲子双方相互认同，从而改善亲子坏情绪，同时我还让孩子们通过绘制漫画表达自己的感悟，更多的人从中受益。

　　活动开展至今成果斐然，默默的转变就是最好的证明。通过活动默默和父母相互理解了对方的不容易，父母两人终于走进了孩子的内心世界，孩子也明白了父母对自己不善于表达的爱。孩子正在向着好的方向慢慢地转变着，默默开始参与到课堂中来，开始融入班集体。他第一次主动回答问题时的情景，令我记忆犹新。课堂上，只见角落里的默默忐忑不安地举起了手。我大声地叫出了他的名字，只见同学们十分吃惊，情不自禁地屏住呼吸，偷偷地用眼神窥视着默默，生怕打扰了默默第一次的尝试。默默勇敢地站起来，手紧紧地攥着课本，用低沉的声音磕磕绊绊地说出了自己的答案。我喜悦着注视着他，对他竖起大拇指。同学们自发地鼓起了掌，掌声经久不息。伴随着掌声，我看到了默默脸上露出了羞涩的表情，也看到了同学们为朋友的进步而喜悦的神情，那一刻，作为教师的我真的非常幸福。

面对班中的"小透明人"——默默，黎老师试图用各种方式走进孩子内心，但似乎都收效甚微。黎老师没有放弃，当一个好的活动来临之际，黎老师抓住了"活动育人"的好时机，家校一起合作努力，终于看到了默默的进步。这份成长带给了老师和同学同样的喜悦，更折射出老师对孩子那份期许的心与深沉的爱。这就是老师真正的幸福吧！

——李娟

读

后

感

教师心语

　　我是一名教龄12年的英语教师。这些年来，我秉承着"教育是爱、是等待"这样的教育理念，静待无数花朵娇艳开放。

　　在我任教的班集体，大家相亲相爱，携手共进，以扎实的步伐走出了引以为豪的足迹，展示了独特的风采。

　　在毕业之际，我们六2中队荣获2017年度北京市少先队"星星火炬奖"。这一至高荣誉，将伴随孩子们一生的成长。

徐莹

2005年参加工作

班主任任职 5 年

老师，我在诵诗会上犯了个"大"错误

　　史家小学每年一度的新年诵读会总在十二月份如期而至。作为班主任，我认为这是一个凝心聚力，构建班级文化氛围的好契机。每一年，我们班的诗歌总能别出心裁，汇集我们全班同学的智慧。

　　记得第一届诵读会，我们班的孩子们是三年级，我们选取的诗歌是全英文的，孩子们在现场以欢快的韵律和娴熟的英文表达，给大家留下了深刻的印象。英文诗朗诵的视频还在新年联欢会的那天在全校播放，孩子们特别骄傲！

　　转眼间，到了六年级，这次的新年诵读会，我们班的诗朗诵依然是充满创意。作为六年级的毕业班，孩子们很珍惜这最后一次的新年诵诗会。

　　班里的小王同学品学兼优。二年级初，他随父母工作在国外学习了三年，五年级末回到学校。小王同学中英文表达都颇具小主持的派头，十分带劲。这次诵诗他不仅是班级里的英文领诵之一，还是整个年级的主持人之一。小伙子特别高兴。

　　在几次排练的过程中，小王和其他三位领诵的同学偶有不熟悉诗句的情况出现，我提醒他们作为领诵没人帮衬，只能自己一气呵成。孩子们纷纷下功夫自己苦练。

激动人心的那一天到来了，同学们身着礼服，各就各位，造型、领带、队伍……一切就绪，准备闪亮登场。小王同学报幕，报幕完直接在台上和全班同学一起诵读。

领诵的同学第一个没有问题，第二个很顺畅，当到小王的时候，他舌头好像打了结，绕了两遍才说对。我当时在幕后第一秒钟想到的就是：其他同学一定会有想法……短短的五分钟结束了。孩子们致谢、下台、回到幕后。小王继续留在舞台上做主持人。

一出礼堂，孩子们叽叽喳喳地说："徐老师！小王说错了一句！""徐老师，徐老师！小王出错了！""我们从来没出过错……"我对孩子们说："不要急，不要急，天气冷，我们先回班里。"

孩子们为什么这么说？那是因为我们班连续三年诵诗会精彩绽放零失误，在这即将完美落幕的最后一年却有了小瑕疵。这最后一次的展示，孩子们已经铆足了劲儿，这会儿心气儿高的他们一定会觉得不那么完美了。

回到班里，我心平气和地对孩子们说："你们的集体观念强，我太爱你们了！这次诵诗会是我们在史家小学的最后一次了，我也和你们一样地在乎它。虽然有了小的失误，但是比起失误，我更担心小王会因压力大而不能释怀。他是第一次和我们一起诵诗，所以我们不要怪他好吗？"带了五年的孩子们，我了解他们有多善良，也知道他们的胸怀很宽广。他们说："好！"

一个小时后，主持完毕的小王回来了。一进班门，他小心翼翼地四处观望大家，同学们都在干自己的事情，似乎刚才诵诗会的事情并没发生过一样。我在一旁观察着，内心充满感激，孩子们太可爱了！此时，该放学了，一天的工作即将结束了。

次日下午，我和小王约在二楼的小会议室。因为就我对他的了解，他一定还没有走出这件事。小王是一个要强的孩子，在国外上学，还要自己学习国内的语文、数学等课程。回国考试依然名列前茅，再次当选中队长。因此这件事情，对他来说一定还在心里有未解的结。

下午的会议室，窗外面的阳光洒进来，特别温暖。我刚一开始准备跟小王说话，他的眼圈就开始泛红了。我问他昨晚上回家以后过得怎么样？他一听到这儿，就流泪了，红红的眼睛里满是懊悔。他说他特别难过，觉得自己把完美的事情搞砸了。回家后跟妈妈说了昨天的情况，妈妈也有些不满意，他觉得很难过，特别自责。而且他也很好奇为什么老师没有说什么，同学们也没有责怪他，他更难受了。自己郁郁寡欢的心情一直萦绕着，特别不舒服。

我对小王同学说："你不仅要准备班级诵诗，还要做主持人，身兼数职一定是很紧张，或许你没分配好精力，准备不充足。不过没关系，孩子，我觉得有缺憾的艺术品别有一番美！"

此时的小王看着我，潜然泪下，说："徐老师，是我准备得不够充分，我本以为我的英文没问题，没想到站在舞台上，台下那么多人的情况下，我还是很紧张，就说错了。"

我说："哭吧，孩子，哭出来了就好受了。"

小王听我这么一说，放开了呜呜地哭。哭着哭着，鼻血突然流了下来，我的心里一惊：跟他谈心是必要的，这孩子心里憋了这么大的火，他这是承受了多大的心理压力啊！

安抚了小王的情绪，我帮他清理了鼻血。我告诉小王：当你站在学校礼堂的舞台上做主持人的时候，同学们骄傲，徐老师骄傲，自己更自豪。这是一个特别荣耀的角色。老师提醒过要多练习，虽然就领诵两句话，如果全身心地去准备，问题不大。不要觉得简单，就不把这几句词儿当回事儿，忽略了面对众人时的紧张。这次事情过去了，但是要以此为鉴。因为未来可不只是这么小的舞台呢！也许你会像爸爸一样，做个外交官。到那时发出的声音就是中国的声音。在那个时候是半点差错都不允许出现的对不对？所以这次经历告诉我们，不打无准备之仗。

我们的谈心结束了，小王对我表达了谢意，他还说喜欢我这种默默处理问题的方式。看着他感激的眼神，我也很欣慰。我给小王的妈妈发了微信，讲述了我和小王之间的谈话。小王的妈妈很激动，给我发来了如下文字：

徐老师，听了您的留言很感动。谢谢您用这种温柔的方式处理这件事情。我平时不经常跟您沟通，因为我相信您一定会用最公正的方式对待他和班里每个学生。而且您处理问题的方式总是比我们好。

作为家长，我跟孩子说，只有自己表现足够好，才能得到老师和同学的赏识和认可。昨天的事情我特别郁闷，如果我跟他深谈的话肯定就是把他臭骂一顿，所以我还是忍住了。我知道您这边承受的压力也一定很大，所以我觉得特别抱歉。我更觉得幸运，因为有您，我可以放心地让他在学校里自由地成长，因为我知道，他在学校里还有一个像我一样爱他的"妈妈"，他需要的时候她都在。我们的生命里有您，真好！

这件事情就这样过去了，每每想起，我总是内心充满感动。比起节目的精益求精，这次我更收获了孩子们的宽容和理解，小王同学也从小挫折中成长，教育者敏感地抓住教育契机，这就是教育的精益求精。

作为班主任，我尽量呵护班级里每一个孩子的成长。今后的路还很长，他们还要长大成人，还要成为初中生、高中生、大学生……今后的路要自己走。所以，在人生起步的时候，在做每一件事情的时候，我都希望能走进他们的心里，成为他们的知心朋友，成为他们这一段人生旅途中的人生导师。我一直鼓励自己做一个了解孩子们的老师，也一直勉励自己在知识与爱的教育中砥砺前行。这么多年，从事教育事业，初心从未改变，那就是当孩子们需要我的时候，我一定在。

"当孩子们需要我的时候，我一定在！"读到故事的结尾时我已潸然泪下。其实，班主任每天和孩子们朝夕相处，时时刻刻都发生着这样或那样的故事，而每一个故事开始时，我们是否都会预料出结果？作为教育者，无论结果是否达到预期，真正要做的是记住教育初心，把孩子当孩子，把自己变成孩子，试图去了解理解他和他们，最终回归本心、初心时，教育就会变得精益求精，预期将会变得充满美好。徐老师是这样做的，也是在这样的践行中感受到教育温暖与幸福的。

——李娟

读 后 感

风雨兼程

真的，一点也不用犹豫，我知道，我喜欢和孩子们在一起。

为什么？你问我。

我说，因为孩子就是孩子——他们的眼睛是明亮的，心灵是敞开的，情感是真纯的，希望是明朗的，假使不乐意也是真实而不掩饰的……

于是，和孩子们在一起时，你也就成为了这样的人了，真是好！

原来，孩子们的世界是了不起的，不是童话，也不是神话，但却是奇迹！他们的世界是那样新鲜，甚至只有他们才能够创造并且拥有。我们成人，哪怕你再想克隆也是枉然，也难免做作。

好在，孩子的世界是开放的，只要你肯真心地融入其中，只要他们肯接受你，你的心灵，你的世界也就变得新鲜、超越，甚至获得提升……

陈璐

2013 年参加工作

班主任任职 6 年

教 师 心 语

曾经，我的学生为我写过这样一段话："美丽的老师，您说您是高高的长颈鹿！精致的奖票，漂亮的小奖状，传递着您对我们特别的鼓励，我们喜欢您陈老师——当我们收到'陈大个儿'的特别嘉奖时，当我们冻得通红的小手挨个儿被您涂抹上护手霜时，才体会到：原来，您的心是这样细！我们每一个学生都在您的心里！陈老师，长颈鹿的微笑会成为我们童年最美好的记忆。"每当想起这段话，我的内心都会涌起满满的职业幸福感。我要做一个把每个学生都装在心里的班主任。

我与小 4 班的故事

美好的梦想和受挫的现实

五年前，我刚刚来到史家实习，看着操场上穿着蓝色校服在阳光下尽情欢笑的孩子们，想到了那个美好的名字——蓝精灵。我期盼着能早日成为他们的"姐姐"，陪伴他们成长。

我来了，没想到我真的当上了班主任。可面对学生我却充满了忐忑和对自己的怀疑。毕竟年轻，面对孩子就有些发怵，总觉得孩子会"欺负"我，所以就一直叮嘱自己，要不苟言笑，不能太温柔，要以严立威。

于是我开始了"严爱"——为了镇住我们班这些"小淘气包"，我每天以批评教育为主。面对班里的"捣蛋鬼""小魔头"，我常和他们来个"脸红脖子粗"。可是，无论我怎么严格、怎么嚷嚷、怎么厉害，他们似乎都无动于衷。

说到别的班，我是"羡慕、忌妒、没辙"——我清楚地记得，有一次下操，我们班坐在看台上等着上体育课，大小闹儿们张牙舞爪、人声鼎沸；而旁边坐着的一位老教师的班安安静静，偶尔有一两个刚要"出格儿"的学生，老教师一个眼神递过去，孩子立刻老实了。这一幕把我深深震撼了！我什么时候也能这样！

也曾有老师安慰过我，说："你是新人，年轻、要强、心气儿高，但有些事急不得，你是新接班的，能和人家老班主任比吗？"可是快一个学期过去了，我们班的孩子们依旧原地踏步，毫无进步。那时我的心，只能用"心灰意冷"来形容——坚持了这么久，他们为什么没有改变？付出了那么多，为什么见不到成效？黔驴技穷的我，每天就只盼着他们别再惹是生非，赶紧结束这一学期，我好"撤退大逃亡"。

醍醐灌顶的一席话

就在这时，同组的李婕老师点醒了我："璐璐，你不能就这样下去，你绝对不能撒手不管。"我委屈地反驳："我管了，可是没用啊！""管有很多种方式，不是只有嚷嚷、批评。你说你们班的作业老没什么人主动过来发，可你表扬过那几个主动过来发的孩子吗？别觉得这种小事不值得表扬，从明天开始试试，看看一点小事儿表扬之后，孩子是什么劲头？"

我半信半疑地问："李老师，还来得及吗？"李老师坚定地回答："只要你有心培养，什么时候都来得及！"那一夜，我深刻地反思自己：面对学生，面对教育，失去了从容，失去了捕捉美的能力，孩子怎么会有进步？

我特别感谢李婕老师及时将我点醒，真是醍醐灌顶，没有让我在"歧途"中越走越远。

表扬的魅力

从那以后，我开始学做有心人，并提倡孩子们做一个爱集体的有心人。

首先，我要做一个有心人——做到努力发现孩子们的优点，给予他们第一时间的肯定和表扬；每天在微信群中大力表扬孩子们身上的闪光点，持续给孩子深入的鼓励。是啊，就连我这个活了20多年的人至今都爱听表扬，更何况是不到10岁的孩子呢？

就这样，我从表扬发作业本的孩子起步学习表扬。作业本由最开始的好几节课都没人发，变成了几秒钟就被一抢而空。孩子们对表扬与肯定的渴望远远出乎了我的想象……班集体正能量越来越强。

有时，有些事我想让孩子做到，但又找不到要表扬的"模板"时，就身体力行，言传身教。早晨交作业时，有的孩子犯懒不肯弯腰，把卷子、大册交得乱七八糟。我走过去，亲手把它摆正，然后回过身来告诉孩子们："瞧，作业交在前面这么乱，多难看啊。可惜今天没有同学注意到，所以陈老师亲手把它们摆正了。对身边事处处留心，就是有心人的标志。我特别想看看今后咱班哪位有心人能留意这样的细节。"此话一出，孩子们在交作业的时候就格外留心，不仅自己交的时候特别注意，还蹲下身子，把不整齐的那摞作业给捋顺了、摆齐了。

口头表扬还不够，我还给予了孩子们更有意义的"表扬"——亲手设计并制作了"有心人"奖票和"陈大个儿"奖状，奖励给对集体有特殊贡献或者是特别有心的孩子。从这以后，孩子们都开始留心集体的细枝末节。孩子们中午交盘儿的时候会不经意地掉下米饭粒儿，我蹲在地上擦、捡的时候，班里就有女生会主动拿着纸巾过来说："陈老师我来吧！"看到班里的洗手池脏了，我们班的一个小丫头就在大冷天儿不顾手凉主动把水池子擦得洁白如新；还有几位女生只要发现教室墙外的图书角乱了，总能主动将书籍摆放得整整齐齐……孩子们学会了用眼睛看、用心去发现，哪怕是弯腰捡起地上的一张纸，主动把桌椅扶正，而这有心中，除了是对集体的爱，更是一份责任。他们渐渐把自己当成了班集体的一员，当成了主人翁，从点滴小事起步，学习做一位有责任感的人。

卫生起步，陪伴成长

一屋不扫何以扫天下——班级卫生习惯的培养是我作为班主任对学生进行习惯培养的自我启蒙。

上学期，我为了培养孩子们良好的卫生习惯，在班级内组织开展了各项卫生评比。首先是个人卫生习惯。一天中只要有孩子不在教室的（科任）课，我都会待在教室里逐个检查孩子的卫生情况，培养孩子"人走桌净"的习惯，并且加以记录，在孩子们的个人卫生习惯有所改善后，我又加强关注每天的集体值日。值日不仅能反映孩子的自理能力、合作能力，还特别能体现他们对集体环境的责任感。

一开始，我们班值日面临两大问题：不会做和没人做。有时中午我看着值日，眼睁睁地看着有的同学拿着笤帚瞎挥舞，像打高尔夫一样；有的同学扫了半天，仍满地尽是吸管皮；有的组值日半半拉拉，什么都没干利落；还有的组组员之间互相支使，谁也不听谁的，到最后什么也没做成。这都是属于不会做的，没人做就更可怕了。有时我一问该做值日的孩子怎么没做，他特无辜地望着我："啊？我不知道今天是我们组值日！"我看在眼里，急在心上。怎么能让孩子乐意学做值日、学会做值日又能主动记得做值日呢？我思来想去，唯有促进合作与竞争才能够解决。

于是我决定在班里开展值日大赛，每天中午在规定时间内完成得又多又好的为胜，如果有两组同学完成的分数相同，用时少的为胜。在开赛前，我就跟孩子们打好招呼了，一开始做不好没关系，但是只要你态度认真，就可以得到陈老师的"亲临指导"和"窍门提供"。开赛一周后，值日情况可以说是大有改观。孩子们每天兴趣盎然，摩拳擦掌，为了比前一天那组同学的分数高，他们特别愿意听我讲值日要领和支的"高招儿"。再后来，孩子们开始"眼里有活儿"了，看见什么做什么，不再像以前那样支使这个支使那个了。

可是，开展两周后新的问题又出现了，我发现有的组并不是全员都百分百参与，有的组员指着自己组里会做值日的同学做，自己开始偷懒。要知道，这值日时间是大课间时间，这段时间对于他们来讲是在校时间内宝贵的玩的时间或是写作业的时间。大部分孩子能够履行自己的责任与义务，认真值日，但相比之下依旧有个别孩子想出各种理由不做值日或不认真做值日，比如有的同学看到自己组里有能干的，自己就偷闲去一旁写作业了，或者打着"摆桌椅"的名义，跟别人玩起来。于是，我就在评比项中又加入了"合作"一项，凡是不认真值日的组员，不管其他组员有多努力，都会影响本组的合作分。这下，孩子们彻底踏实了。中午值日，已经由最开始的不会做、没人做变为了抢着做、主动做。

做值日——对于老教师的班级管理来讲真的只是一个小零头，但对我来说，却是一个不小的山头，我在这个山头爬了一阵子，有点收获了。

现在，虽然我们班学生还有许多做得不尽如人意、亟待培养的地方，但是，我已不再是那个暴躁的"女汉子"了。接下来的日子，我和小 4 班也每天上演着一起成长的故事……

做班主任，要有一双捕捉学生闪光点的眼睛，一张会赞美鼓励学生的嘴，一双能擦亮学生心灯的手，一颗愿意静静等待孩子成长的心。陈老师就是在自己的教育实践中深深体会到了这一点，并一以贯之，这样才体会到了"花开"后的美好。

——李娟

读后感

教 师 心 语

　　记得自己初站讲台时的紧张不安；也记得刚当班主任时的彻夜不眠；还有学生犯错时的"恨铁不成钢"。虽然辛苦虽然劳累，但每当看到学生从最初的懵懂无知到后来的成熟懂事，看到学生们一天天进步，一天天成长，我就会不自主地嘴角上扬，从心底为他们高兴。我想，这就是老师，平淡的生活中实现着自己身上的责任与使命，用心付出的同时收获满满的爱。

葛攀

2013 年参加工作

班主任任职 6 年

一次"微笑"的误会

　　记得上学期，我们班新换了一位数学老师——李老师。那天下午第一节数学课上课不久，我正在办公室改作文。"老师，不得了了，楚同学和李老师吵起来了。"班长雯雯气喘吁吁地说。"吵得特别凶！"和她一起跑来的小陈补充道。

　　"不要急，我们边走边说。"我和她俩一边快步向教室走去，一边了解情况。

　　事情大致是这样的。李老师正在讲例题，突然发现楚同学一个人在笑，便让楚同学站起来，问他在笑什么。楚同学没有回答，脸上依然保持着微笑。李老师生气了，就批评了楚同学，楚同学也生气地顶撞了李老师。

　　当我们赶到教室时，教室里的争吵声已经没有了，可是气氛却格外紧张。李老师双手叉腰，怒目圆睁，站在楚同学座位不远处；楚同学涨红了脸，脸上一贯的微笑不见了，站在座位旁边，双拳紧握，双眼毫无畏惧地盯着李老师；其他同学连大气也不敢出，有的看着李老师，有的看着楚同学。

　　"老师，要是你迟来一步，他们可能要打起来了。"事后有学生对我说。

原来李老师让楚同学站到教室门口，楚同学却不理不睬。李老师一步一步向楚同学座位走去，我到教室的时候，正是双方剑拔弩张之际。

"楚同学，葛老师有话和你说。"我边说边快步走到他座位边。此时的楚同学不为我的话所动。我一只手轻抚着他的右肩，一只手轻拉他的左臂，他才顺从地跟着我走出教室。"好了，没事了，请李老师接着上课。"我边走边说。

在回办公室的路上，我始终拉着楚同学的手臂，没有说什么，我知道他需要冷静。到了办公室外，我停了下来，拉他到栏杆处。办公室里还有其他老师，我知道，有的话他不好当着别的老师说。楚同学的情绪渐渐平静了一些，眼泪却簌簌地掉了下来："葛老师，我知道我数学成绩不好，他不喜欢我……我父母一直跟我说，人要乐观，脸上要保持微笑……他这样说我……我不想上数学课了。"楚同学慢慢地向我哭诉。

"我知道你受了一些委屈，讲出来就好了……乐观好啊，微笑也好啊，人就是要自信、要乐观……"我一边回应他一边劝慰他，并把他的优点列举给他听。处理这件事，要等他完全冷静下来。

大约10分钟后，我才正式谈到这件事，我说："要是你开始时能给李老师解释一下就好了。"他说这不是一两句话就能说清的事，何况当时也不好意思说。最后我把这件事归结为"误会"，并请他把这件事的前因后果写出来，楚同学接受了我的看法和要求。

下课后，我把楚同学送回到教室。

然后，我在办公室找到了余怒未消的李老师。"他平时就不怎么听课，有时还完不成作业……今天又面带怪笑。"李老师数落了他很多不是。"他有很多缺点和问题，但他爱笑，脸上一直挂着微笑，哪怕老师轻微的批评也是这样。这是他的习惯，这个我可以做证，熟悉他的同学也可以做证……"我和李老师真诚交流，话题围绕着楚同学。李老师的心结慢慢地解开了。

第二天，我把楚同学写的信给李老师，李老师进一步了解了楚同学的个性，渐渐理解了他。在数学课上，楚同学脸上又浮现出微笑。不同的是，这次冲突后，在数学课上，楚同学听课比以前认真多了，数学成绩竟然慢慢上去了，李老师在我面前夸奖过楚同学好几次。另外，我还听说，好几次李老师当着全班同学的面表扬楚同学的进步。

老师要想处理好每一个突发事件，硬来必然不可行！解决好就需要了解事情背后的真正原因，试图站在孩子的角度去思考问题，在沟通中抓住关键点，以取得孩子的信任，这是师生无障碍沟通的前提，也是解决问题的根本。葛老师不仅找到问题所在，作为班主任，还能鼓励孩子主动与学科老师进行沟通，及时解除师生之间的误会，及时改善了师生之间的关系，这是每一个班主任都应该努力做到的。

——李娟

读后感

在我看来，教师要有一双慧眼，一双巧手和一颗温暖的心。用敏锐的双眼去发现学生成长中的迷茫，给予体谅与引导，发掘每个学生身上的光亮，并使其升华，光芒万丈。一双质朴的巧手带领学生去创造，创建班级的家园，开启童年的文明。一颗温暖的心，传递能量。教育是心与心的沟通，是生命影响生命的历程。

李梦裙

2013 年参加工作

班主任任职 6 年

"班主任姐姐"

硕士毕业后，我跨专业成为一名教师，可以说，我是带着满心的爱走上教师岗位的。还记得刚刚工作时，我的学生们就和我非常亲近，经常能够从家长口中听到孩子这样评价我："我们李老师就像我们的大姐姐！"这句话让我有些欣慰，也让我有点苦恼。因为在我的印象里，一位老师更应该是严肃的妈妈，而不是温柔的姐姐。

一位姐姐，能教好学生，带好班吗？我静下心来问自己：年轻，有什么优势呢？年轻是一股力量，它不如岁月历练出的经验那般厚重，却是一种新鲜的勇气，而且我相信这种勇气能够点燃学生心中的某种东西。

2015 年，工作不久的我接了一个三年级的班。暑假里，我第一次进了班级的微信群。咦？这个班级微信群的名字是——蜗牛班。蜗牛班？这是什么意思呢？虽然还未与学生见面，但我心里已经迫不及待地想见见这些"小蜗牛"了。返校那天发现，果然不出所料，班里的孩子都是沉默而乖乖的，但除了乖巧，我们的班级好像缺少了点什么。

冬锻比赛是学校一年一度的重要赛事。以前我只知道冬锻比赛给学生提供了体育锻炼的好机会，直到 2015 年的拔河比赛，接班不久的我看到孩子们 0：2 溃败后悻悻的神情，我才意识到，原来每一项比赛，无论输赢，都能成为和学生们心灵沟通的好机会。我无比后悔自己没有提前为孩子们做好心理上的准备。2016 年的冬锻比赛前，班里的小姑娘失落地跟我说：

"李老师，您知道吗，我们从一年级到现在，一局拔河都没赢过呢！我们都不知道拔河赢了是什么感觉。唉！"

听到孩子这样说，我心疼极了，我下定决心，一定要尽我所能带着我的孩子们去体验比赛的过程，哪怕不能获胜，也不能让他们失去对自己的信心和对集体的信心。

比赛这一天，我召集学生们：

"今天这场比赛，李老师和你们一起上场……"话音未落，已经有很多同学惊讶地瞪圆了眼睛，长大了嘴巴，好像不敢相信我说的是真的，我已经感受到了他们内心的欣喜和惊讶。胜负难测，为了让孩子们在努力拼搏的同时也能有承受失败的勇气，我用心地说了下面的话：

"这场比赛让我们每个人都为了我们的集体拼尽全力。如果我们最终赢了，这是我们全班每一个人努力的结果。如果我们输了，也请你们都记住今天——你的老师、同学和你一起在场上努力过，拼搏过，这远比输赢更值得骄傲！更值得铭记！"

听完我说的话，孩子们激动极了，大喊着"耶——"

我知道我燃起了他们心中对胜利的渴望，燃起了他们追求胜利的力量。

可是比赛并不顺利，第一局，我们就输了。孩子们一个个都蒙了。当时我只有一个想法：一定要利用双方换场地的机会，鼓舞我的孩子们。在安排队员位置时，我从队首走到队尾，依次跟同学们说：

"咱们再拼一局，我们就赢这一局，看谁能坚持住！你们坚持，李老师也在坚持！"

我从很多孩子的眼神中看到了光亮。这一局孩子们果然在我的鼓励下铆足了劲，我们赢了！而且赢得并不困难。那一刻，所有同学刹那间都在为了这一局的胜利欢呼雀跃，虽然这只是小小的一局胜利，但对于他们却是那么宝贵！

我乘胜鼓励孩子们："咱们努力，再赢一局！就像这样，再赢一局！"

"好！加油！加油！"孩子们自己给自己鼓着劲。

我走到每一个做好准备姿势的孩子身边，用笃定的声音传递给他们力量："加油！再努力一局！就看谁能坚持住！你们坚持住，李老师也坚持住！"这句话我也不知道自己说了多少遍。比赛开始，双方僵持不下，这一局时间好像特别地长，我的脑海中也在不断地重复着那句"你们坚持住，李老师也坚持住"。只觉得绳子在僵持中一点一点地后退了，不敢掉以轻心地坚持，坚持……果然，胜利的一刻到来了！同学们瞬间沸腾了，大家拥抱着，欢跳着！那天的阳光洒在孩子们大笑的脸上，那幅画面太美了！那一年的冬锻拔河比赛，我们一路披荆斩棘，获得了年级第四名。孩子们以自己为荣，以我为荣，更以这个集体为荣。他们始终相信，我们的集体是优秀的集体！他们或许还是那些踏实的小蜗牛，但却开始拥有了发光的力量。

我突然发现，我不只是一个年轻的老师，我更是一个能传递力量的老师，尽我所能地鼓励我的学生不断向上，向上……我依然是学生眼中的大姐姐，只是学生、家长对我这个年轻的老师依赖得更多了。不变的是，我的班级积极向上，我的学生温暖阳光。曾有一位妈妈和我聊起，她女儿说要以我为榜样，等自己长到二十几岁的时候，也要像李老师一样。我感到多么荣幸，又感到肩上的责任重大。我的学生们，我知道，你们一定会比我更棒！

读后感

"年轻是一股力量，是一种新鲜的勇气。"这句话竟在我读完李老师这个教育故事后久久不能忘却！李老师在孩子们的学习与生活中把青春的力量与勇气传递给孩子们，无形中给孩子们树立了阳光自信、积极向上的信心。未来的日子里，我坚信：李老师还会把乐观、热情、向善、向上……都传递给孩子们！

——李娟

教 师 心 语

大学本科小学教育专业和硕士研究生心理健康教育专业的学科背景使得我在工作中十分关注学生的心理健康，注意倾听学生的心声，跟学生平等交流，也因此深受学生喜爱。我相信，儿童的心灵是敏感的，它是为着接受一切好的东西而敞开的。用赞赏的目光去关注孩子，用温暖的语言去跟孩子沟通，鼓励孩子学习好榜样，鼓励孩子仿效一切好的行为，每一个孩子都有无限的潜力。

迟佳

2012 年参加工作

班主任任职 7 年

美好关系的开始

拿捏与学生的距离一直是困扰新班主任的难题，温柔多了压不住，严厉太过被疏远。开好班主任生涯的头儿，营造美好的师生关系对我至关重要。而这重要的开始，我用同理心和尊重打下了良好的基础。

当班主任的第一年，我教四年级的一个班。一个阳光明媚的秋日下午，班里的大多数孩子都被负责看"体育锻炼"的老师带去操场活动了，教室里只剩下我和几个做值日的学生。

马上就要放学了，我正全力以赴埋头批改一大摞练习册。"迟老师，救救我！田田要打我！"睿睿惊慌失措地冲了进来，一边往教室里跑一边大声喊叫。我循声望去，只见睿睿瞪着惊慌失措的大眼睛，本来梳得很整齐的马尾辫已经有些散乱了，简直就是一只受了惊吓的小猫。我赶紧站起身，迎上一步说道："别着急，慢慢说。"睿睿一个跨步躲到了我的身后，我还没来得及细问缘由，就见田田气势汹汹地冲了进来："睿睿，你给我出来！你再说一遍试试！"田田气愤极了，眼中的火焰仿佛马上就要喷射而出，原本白净的脸蛋红扑扑的。

　　她似乎根本没看见我这个班主任，径直朝睿睿走来，伸手就要去抓睿睿。睿睿吓得尖叫起来，我赶快伸出双臂阻挡住田田，并厉声喝止道："田田！你冷静一下！"听了我的话，田田收回了抓睿睿的手，但是情绪依然非常激动，"迟老师，您别管！她凭什么跟其他女生说我的坏话，她说我也就算了，凭什么还说我妈妈？"田田的话几乎是伴着哭腔喊出来的。

　　田田的反常举动让我有些手足无措，虽然我接班的时间不长，但印象中她一直是一个比较乖巧的女孩，今天这是怎么了？竟然公然对老师这么不尊重！我也有点急了，抬高声音说道："田田，有你这么跟老师说话的吗？你在家跟长辈也这么说话？！"田田见我急了，控制住了自己的冲动，气鼓鼓地立在那儿。我瞪着眼睛盯着她，心里开始打鼓：刚当上班主任就遇到了这样的事儿，该怎么解决呢？我的大脑在急速运转着，却始终没有想出接下来该怎么办。教室里安静极了，我们就这样僵持着。就在这时，一声清脆的铃声打破了原有的宁静，广播里传出一个熟悉的声音："请坐班车的同学到班车点集合。"我如释重负，清了清嗓子严肃地说道："今天时间来不及了，你们两个回家都好好反思一下自己的行为，明天解决！"

　　在送放学队伍的时候，我简单了解了一下田田和睿睿的矛盾。说得简单概括一些：一个巴掌拍不响，两个人都有错。

　　放学后的校园安静了下来，我坐在工位上陷入了沉思：明天该以怎样的态度解决这两个女孩的争端呢？强硬的？让她们认识到我这个新任年轻班主任的厉害？和蔼的？这样会不会导致以后我管不住这群活泼的孩子？唉……怎么办才好呢？我突然想到，自己上高中的时候也曾因为冲动顶撞过老师，老师却没跟我一般见识，后来我很后悔，再没犯过这类错误，也特别感激那位老师。田田的举动一定是一时冲动，我为什么不将心比心，宽容对待我的学生呢？这么一想，原本觉得田田不够尊重自己的怒气也烟消云散了。

　　第二天一早，我将田田叫到了办公室。

　　"田田，昨天气坏了吧？我能理解你为什么那么生气，如果有人说我妈妈的坏话，我也会像你一样气愤的。"我说。

　　停了停，我接着说道："现在还生气吗？"

　　田田摇了摇头。

　　接着，我把两个人之间的矛盾大致说了一下，问田田："你们两个人都有做得不对的地方，你觉得呢？"田田微微点了一下头。

　　"既然这样，就各自反思自己的问题吧。你觉得你的问题在哪儿？"

　　田田低着头说道："迟老师，我不该那样跟您说话，我当时实在太气愤了，没控制好自己的情绪。"

　　"只要你不再犯同样的错误，我原谅你。"我说。

"不管怎么样，跟同学动手是不对的，我不应该动手打睿睿。"田田说。

"有矛盾了要积极地沟通、解决，自己协商解决不了可以找老师，动手打人是非常不理智也不文雅的做法。何况你是中队干部，中队干部是应该给同学们起到表率作用的。"我说。

田田羞愧地低下了头。

我跟田田分享了自己高中时的经历，田田有些惊奇地抬头看了看我。

我又鼓励了田田几句，田田的头埋得更低了。

从那儿之后，田田更爱回答问题了，也更热心班级事务了，班级的壁报都是在田田的带领下，孩子们自主设计、自主完成的，我没再操过一点儿心。元旦前夕，我收到了田田亲手制作的"圣诞树"，非常用心也非常精美，圣诞树的底部写着一行秀气的字：迟老师，谢谢您！我喜欢您！

是啊，美好、和谐的师生关系往往始于尊重。跟学生换位思考、民主相处，更易于得到学生的接纳和喜爱。

读后感

彼此尊重，将心比心，其实和谐师生关系的维护靠的就是这一点。迟老师别看年轻，但是能够从反思自己的成长经历换位思考，做到理解学生，尊重学生，相信学生，最后转变学生，最终也得到了学生的尊重与爱戴。

——李娟

教师心语

北京师范大学文学院硕士毕业后，我留校工作近三年，之后光荣迈入心仪已久的小学教师行列，有幸成为史家小学的一名语文教师，奉行"爱的教育"。爱孩子、爱读书、爱钻研。奉行"独乐乐不如众乐乐"，享受与孩子们一起成长的日子，乐在其中！

管子曰："一年之计，莫如树谷；十年之计，莫如树木；终身之计，莫如树人。"作为一名深深热爱着教育工作的普通教师，于我而言，立德和树人的路还有很长。路漫漫其修远兮，吾将上下而求索，在爱的路上追逐我的教育理想，和孩子们互伴共成长！

高江丽

2011 年参加工作
班主任任职 7 年

拥抱的力量

一年级刚一入学，涛涛就因为他"突出"的表现引起了老师和同学们的关注：课堂摇头晃脑、拍手跺脚、嬉笑怪叫的现象层出不穷，老师讲台上提醒他不管用，想要走到他身边，他却绕着教室跑，以躲避老师，引得教室一片声响，以致课堂教学无法正常进行。不仅如此，涛涛在学校不会与同学交流，没有朋友，唯一能做的就是课堂折腾老师以取得与外界的沟通。课下，我和教他的一些老师找他聊天，他只是一味地看着你"嘿嘿"傻乐。

了解是解决问题的前提。于是，在与涛涛妈妈的沟通中，我对涛涛的过去有了更多的了解：涛涛三岁左右时与妈妈发生了一次较大的冲突，当时妈妈因为忙于照顾几个月大的小妹妹，没有及时关注儿子的情绪状态，导致涛涛与妈妈感情上出现了裂痕，从此跟妈妈几乎没有过身体上的接触，哪怕一个拥抱、一次牵手！感受到了儿子情感上的疏离，涛涛妈妈就把更多的爱和情感给了妹妹，可想而知，涛涛的情况也越来越糟糕……看着自责、焦虑、懊恼和不知所措的涛涛妈妈，我的内心深处对涛涛有了更多的理解，是呀，这是一个极度渴望爱，却又缺乏安全感的孩子！

　　几次详细的交流后，我和涛涛妈妈约定，我们都先从给孩子一个温暖、爱的拥抱开始。我知道，只有取得涛涛的信任和喜爱，他才会接受我的拥抱，或者说，他才会愿意拥抱我。于是，接下来的日子里，无论涛涛在学校有怎样的表现，我都不会公开批评他，而是私下找他聊天（对于不善言谈的他来说，这种聊天也基本上都是我在说，他只偶尔蹦出几个词儿，或一句简短的话），正面引导鼓励他。一旦发现他的优点，我就会在班级里表扬他。渐渐地，他在我的课堂上不怎么折腾了。于是，在一次私下谈话表扬过他后，情之所至，我自然而然地给了他一个大大的拥抱，让我惊喜和欣慰的是，他好像很享受和喜爱我的拥抱，在我的怀里温顺可爱，瞬间，幸福溢满我的胸怀！第一时间和涛涛妈妈分享了这份喜悦后，得知她那边孩子虽然还没接受她的拥抱，但也取得了可喜的进展。

　　渐渐地，不善言谈的涛涛开始对我的拥抱情有独钟了！课间的时候，只要见到我，他总会看着我一边嘴里说着"抱抱，抱抱"，一边张开手臂拥抱我。而我，不管他的小手有多黑，我都会带着爱和鼓励给他一个大大的拥抱，我知道在我怀里的涛涛从一次次的拥抱里汲取到了努力前进的力量！妈妈那边也传来了好消息，她和儿子也开始了拥抱、牵手的日子！

　　涛涛的状态越来越好，也越来越积极向上。随着涛涛的好转，我也把更多的精力投入到了其他紧张忙碌的教育教学工作中。有一段时间，工作上特别忙，面对涛涛一次次索求拥抱的需求，我放任自己埋头在作业堆里、打扫教室卫生、开展班级活动等事务中，在一句句"宝贝，等我忙完这个工作再抱抱你，好吗？"中推脱掉了涛涛的请求。直到有一天午自习，我看到涛涛脸上写满了烦躁、不安和失落，无心学习，在座位上坐立不安，才意识到了问题的严重性。我立马悄悄地把涛涛叫到教室门口，"宝贝，对不起……"话刚开口，涛涛号啕大哭起来，我知道这是涛涛积蓄已久的委屈，我一句话没说，带着满怀的愧疚，久久地拥抱着他，直到他的情绪渐渐平复才松开，轻轻地帮他擦掉眼泪，我看到了涛涛脸上的轻松，感受到了他内心的安宁……

　　拥抱是爱，它能复苏孤苦的心；拥抱是温暖，它能融化冰封的心；拥抱是信任，它能给人前行的动力。请相信拥抱有着惊人的力量！让我们满怀爱、温暖和信任，去拥抱身边的亲人、朋友、师长、学生、晚辈……

读
后
感

　　每位好班主任都会试着走进班中每一个孩子的
内心！高老师亦是如此。当她面对一个表现极为"突
出"的孩子时，不是严厉呵斥，而是从了解家庭、
了解孩子本身入手，探究其问题产生的原因对症下
药，慢慢地让孩子与家长逐渐走出阴霾。尽管涛涛
未来之路还很漫长，但在人生伊始，遇到高老师这
位良师无疑对他是幸运的，感谢高老师的拥抱！还
有常人不及的无私！

——李娟

教 师 心 语

在成长过程中，我曾得到过很多班主任的帮助。那时的我觉得每天上学时特别开心。当自己成为一位班主任时，慢慢开始感觉到，能够真正帮助到孩子们，看到他们的笑脸，是一件更让我感到快乐的事。每个孩子的身上都有自己的闪光点，当然也有不足之处。在每天的教育教学过程中，为孩子们搭建闪光的平台，引导孩子们认识、改正自身的不足，看似简单却需要非常用心。用心去爱孩子们，我收获了孩子们同样用心的爱。

史亚楠

2010 年参加工作
班主任任职 7 年

两块鸡米花和一次班会

那天的午饭时间，同学们开心极了。午餐中有他们最爱的炸鸡米花。"还剩两块鸡米花，哪位同学还想吃？"三个孩子马上端起餐盘来到了我面前。我发愁了：三个孩子，两块鸡米花，该怎么分？我下意识地问了句："谁是特别想吃，不吃这块鸡米花就不行？"两个男孩子纷纷举起了手还嚷着："我我我！"反而那个女孩子说："那我就不吃了。"我把两块鸡米花都放到了女孩的盘子里。"给最懂得谦让的人！"女孩开心地感谢了我，而两个男孩子悻悻地回到了自己的座位上。

午餐结束后，坐在办公室里，我在脑海中不禁回忆着刚才的画面。我原本想着应该是三个人都互相谦让，让我无法抉择才对。再或者，两个男孩子都让给女孩子，成年人大多都会这样吧……没顾得上多想，已经到了下午该上课的时间，我组织同学们排队去专业教室上美术课。就在排队时，有个同学出教室晚了些，想挤到自己的位置站队，可后面的同学紧贴着前面的同学，就是不让他进。为了不耽误大家的时间，我先让那个同学站在了队尾。

再次回到办公室，一个个瞬间涌入我的脑海中。一次自习课上，坐在前面的同学觉得地儿太小了，使劲儿往后靠椅子，后面的同学自然也不示弱，用力向前推着桌子，结果位斗儿里的课本散落一地，若非我及时制止，免不了一场"战争"。"史老师！史老师！您快回班里看看吧！远方和涵涵打起来了！"我冲进教室时正听到远方在喊："干吗呀！"而涵涵也提高了嗓门说着："我又不是故意的！"我看着桌子和地上满是酸奶，心里已经大概明白发生了什么……想着想着，我有了主意。应该开一次班会来解决这一连串的问题，主题就定为"做宽容有礼的小学生"。

我从班级中找了几个小演员，几乎以百分百还原的方式，情景再现了我所观察到的孩子们不懂得谦让、不懂得道歉、不懂得宽容待人的事件瞬间。班会就是从一个个情景小剧开始的。观看过后，我把时间完全交给了孩子们，让大家以小组为单位，交流讨论：如果事情发生在你们的身上，你会怎么做？可以说一说，也可以演一演。其中一组同学说道："当我把酸奶不小心洒到同学的桌子上，应该快速说声对不起，并及时把酸奶擦掉。""如果别人把酸奶洒到了我的桌子上，我应该体谅他并不是故意的，自己赶紧擦掉就算了。""如果我看到了同学桌子上洒了酸奶，我觉得我应该赶紧拿纸巾帮他擦一擦。"听到这组同学说得头头是道，我趁大家没有注意，把一个事先准备好的，没有盖着盖子却装满水的小瓶子放到了一个同学的桌子上，又假装不小心似的把瓶子碰倒。我赶忙说着："对不起！对不起！"随之我听到了："没关系，没关系。"还看到了一旁同学递过来的纸巾。那一刻，我感觉这次班会已经有了意义。随后，又有一组同学表演了他们刚刚排练的情景剧：晚出教室的同学礼貌地说着："可以往后一点儿，让我进来吗？"后面的同学自然地往后退了两步。一声"谢谢"让后面的同学都觉得自己做了件好事儿……在分享的过程中，我特别留意着这些情景剧里主人公的原型，他们中有的一直沉默不语，有的已经认识到了自己的不足，参与到了分享过程中。

那次班会课后，来找我解决麻烦的同学果然减少了。无数次说教不如一次真切的体验。从学生中来，让学生去发现，自己进行反思。一次家长会上，我把班会课的视频截取了片段播放给了孩子们的爸爸妈妈。有的家长真的表示："我从没关注过这些细节，感觉自己有些失职。"那一刻，我知道那次的班会课，不只是有了意义，而是意义非凡。

"无数次说教不如一次真切的体验"，史老师在教育实践中道出了育人的真理。无论是老师还是家长，当我们告诉学生和孩子"不能怎样，应该怎样"时，却总是发现教育提醒似乎收效甚微，为什么呢？其实孩子成长中无论"对"与"错"都有权让孩子"知其然和知其所以然"。所以发现问题，找准教育契机，巧妙设计班会活动，才会达到良好的教育效果。

——李娟

读

后

感

教师心语

　　爱是我育人的基点，尊重是我做人的基石。爱与尊重就相当于我的左手与右手，从爱出发，从尊重学生开始，再加上我的智慧与耐心，悄然地打开学生的心结，悄悄地走进学生的内心世界，扬起学生心海的风帆，点亮学生的心灯，在学生的心中播下梦想的种子，开出理想的花朵，收获成功的果实，演绎出一段段师生挚情的佳话。因此，我成为学生值得信赖的老师，他们最亲密的朋友。爱与尊重是我走进学生内心世界的桥梁，也是我作为班主任的一大法宝。

乔浙

2010 年参加工作

班主任任职 9 年

"小魔头"的华丽蜕变

　　我们常常把孩子比作初升的太阳，那么后进生就是迟升的朝阳，这就要求我们去充分地尊重、信任这些学生，相信他们也是可以被教好的。作为教师，我们应该有转化学生的信心和责任感，老师应该懂得用师者广博的民主思想去尊重每一个学生，浇灌他们的心田，帮助他们形成积极的自我观念和健康的人格。使这些后进生和其他孩子一样健康，快乐地成长，展现自己独特的风采。

　　在我初接班时，前任班主任就给我打了一剂"预防针"。她告诉我班里有个叫小烁的孩子，在一年级时，就因最脏、最闹、得理不让人、没理搅三分而全班闻名，提起他的名字就让老师们头疼、让同学们厌烦、让家长们气愤，大家都叫他"小魔头"。果不其然，第一天上课，"小魔头"就给了我一个下马威。刚上课十分钟，他就开始看课外书，开始是趴在桌子上看，然后蹲在地上看，我走过去用眼神示意他，他东张西望地成心不看我，一转眼，他居然在桌子底下看上了。他不但看，还出声：时而嘻嘻地笑，时而嘟嘟囔囔。看看快下课了，他把书合上，四肢着地爬到周围几个同学的椅旁偷偷地把大家的水瓶轱辘走。这一节课下来，同学们的怨言多得不得了，我的眉头也是皱得展不开。

一下课，我就把他叫进了办公室，他就像早有心理准备一样，站在那儿摆出一副无所谓的样子等着我批评。我不急不恼笑着对他说："小烁给我点建议吧。"我的话一下吸引了他的注意力，他瞪大眼睛看着我，不解地问："啥意见？"我很谦虚地对他说："学生喜欢的课，才是好课，我看这节课你都没怎么听，看来我的课设计还不够好，你给点建议，我好改进呀。"听我这么说，他一下愣住了，一时不知说什么好，结结巴巴地挤出了一句"我没意见"就害羞地跑了出去。望着这个大男孩的背影，我在想也许他的内心也在悄悄发生着变化，不管怎样，我都想尝试着走进他的内心，去真正地帮一帮他。

观察他一个星期了，我终于可以找他认真谈话了。站在我面前，我仔细地打量他，发现他无论相貌还是肤色，无论体型还是眼神，都透着淘气和机灵，这让我悄悄地喜爱上了他。你知道吗，虽然他不怎么听讲也不怎么写作业，但他的单元检测成绩却不错。聊了一会儿，我发现他知识渊博，表达清晰，这更让我喜欢他。可能是我满眼的笑意，可能是我调侃的语言，让他感觉到我是个不一样的老师。于是，他"脱下盔甲"，不掩饰，不狡辩地絮叨今天哪个老师怎么冤枉他了，同学不该怎样，自己怎么影响同学上课了，哪句话对老师不尊敬了。然后，他成熟地告诉我他希望学到什么，他能怎样上课，他能为班级做些什么，等等。看着他漫长而平静地倾诉，我不禁思索，这几年的学他是怎样上的呢！正当我出神的时候他结束了话语，然后愣愣地看着我，突然说："老师，您烦了吧？您是第一个愿意听我说这么多话的人。"我心里很难受，可能他五年级之前都没有勇气和别人认真交谈过，他，没有得到过应有的尊重，他，就变成了这样的他。我心疼他，想帮他。于是，我们在心灵交会、相互尊重的平台上进行了沟通。经过几次这样的沟通，我们终于从了解情况的初级阶段走向了解决问题的终极目标。

我的任务是帮他建立一个能使他扬长避短的班级环境，而他要用自身优势去辅助老师、帮助同学，上课不再影响课堂纪律。两句话说得简单，可落实起来并不容易，表扬和叹息不停地交替着。于是，我一次次地把分析和启发讲给大家，让他得到大家的理解；又一次次走进他的心灵，用鼓励和建议推动他转变。一段时间以后，我利用午休时间，在班级开展了"奇闻趣事小主讲"的活动，担当小主讲的重任当然交给了他。效果出奇地好，以至于学生们每天都期待着活动的到来；同时我又委任他一些班级工作，让他根据老师的课堂教学对特殊学生开展课后辅导，因此大家都叫他小刘老师。后来的情况不说想必大家也能想到了，现在他已经忙得没有时间做"小魔头"了，也不好意思再以小刘老师的身份打扰同学上课了。

我想，尊重是一剂良方。尊重，让人产生责任；尊重，让人乐于奉献；尊重，可以唤起他的尊重；尊重，沉重得让他不得不放弃自己的缺点。我相信只有坚持以一颗尊重之心真诚地对待每一个学生，那样才能在学生的心中播下梦想的种子，开出理想的花朵，收获成功的果实。

读

后

感

　　以爱做起点，以尊重为前提，与学生真心沟通，了解信任学生，扬长避短，最终转变学生。这无疑是乔老师带班的法宝。"你上课没怎么听，给我些建议，我好改进我的教学设计。"这样简单诚恳的话语，不仅让我们看出教师沟通的智慧，更在尊重孩子的前提下唤起了他的自省。之后的"奇闻趣事小主讲""课后辅导小刘老师"，这一个个特殊的活动与岗位为小刘同学量身打造，又不着痕迹地教育了他，改变了他，这也是教师的智慧，但我更相信这一切源于爱。

——李娟

王宁

2010年参加工作

班主任任职 9 年

教师心语

9年前，手捧着一颗赤诚之心，我迈入了史家小学的大门，和谐育人的教育理念随之浸润我的心田。我慢慢明白，孩子幼小的心灵里装着一个多彩的大千世界，唯有踏踏实实地俯下身来，付出真心，才能领略童心世界的精彩。我愿意和孩子们站在一起，拉起他们的小手，成为他们的朋友，或学习成长，或歌唱游戏，或挥洒耕耘的汗水，或感受丰收的欣喜。相信，教育这片充满希望的沃土上，定会洒满灿烂的阳光，开出绚丽的花朵。

小豆包交友记

几年前，学校安排我担任一年级的班主任，接到这个消息，可以说是充满期待又忐忑不安。都知道，一年级的班主任可不是那么好当的，陌生的校园环境，从未谋面的老师，来自四面八方的小伙伴，这些对于刚入学的小豆包们来说，一切都是新鲜的。正因为这样，小豆包们在与同学交往方面尤其容易出现问题，而帮助孩子尽快和身边的老师同学融洽相处，也成了一年级班主任的重要职责之一。

最让我头疼的就是这位——小萨。成绩优秀，动手能力强，各种活动表现积极，用一般人的眼光看，他应该是一个“好人缘”的孩子。不过事实上，他的朋友屈指可数。在和同学相处时，他往往用拳头“说话”，各种冲突时有发生。渐渐地，他成了我办公室的“常客”。起初他还对我的批评教育默不作声，但时间一长，他开始不屑一顾，甚至噘起小嘴，故意做出满不在乎的样子。

为此，我专门联系了小萨的妈妈。她面露苦恼地告诉我，幼儿园时就已经发现孩子存在着与人交往方面的“障碍”。“王老师，这孩子的确有心眼儿小的缺点，容易和别人发生争执，又不会处理，喜欢动手。不止这些，与人沟通他还很胆怯。幼儿园时，在圣诞节前他为老师准备了一张贺卡，但迟迟没有送上……"听了他妈妈的话，我陷入了思考。

据我观察，不会与人交往是一年级孩子身上普遍出现的一个问题，只不过在小萨身上表现得尤为突出罢了。我意识到，解决小萨的问题，不能单从这一个孩子身上着手，更要从班级建设上想办法，为班级树立与人为善、宽容大度的风气，形成一种班级共识，只有这样，才能真正促使每一个孩子在和谐的班级氛围中成长。

经过认真思考，我认为孩子与同学相处不好，往往是因为不能主动走出与人交往的一步，常常会因为一些小摩擦和同学之间发生不愉快。那么，最好的解决办法就是让他主动交朋友。于是，我找小萨谈心，"你现在在学校里有几个好朋友？"他支支吾吾，勉强告诉我："一共……有两个。"看得出，他一点儿也不自信。

我微笑着说："这个数量太少了。你应该多交朋友，这样你会获得很多乐趣！""真的吗？""对！我保证。"在对他郑重地保证后，我还给他下达了指标——"我们做个约定，这个学期，你要再交到 5 个好朋友，就算你成功了！"孩子满心欢喜地答应了。

为了能使更多的孩子掌握与人交往的技巧，获得与人交往的快乐，我在班里召开了以"如何交到好朋友"为主题的班会，带领孩子一起讨论：你喜欢和谁做朋友？原因是什么？别看小豆包年龄小，对这个问题可都有自己的见解："我愿意和谦让的同学交朋友。""我愿意和小文交朋友，因为她很会做游戏。"……

那么怎样才能和喜欢的同学交上朋友呢？我把自己"缩小"为一名一年级学生，把孩子们请上讲台，为他们示范交到好朋友的"策略"：礼貌地邀请其他人和自己玩；有了喜爱的玩具和大家分享；出现了矛盾彼此谦让；在同学受到伤害时抱抱他；准备一些小游戏，为交往增添乐趣……

没有枯燥的说教，而是在一个又一个情景中，让孩子们轻松快乐地学会了与人交往的小方法。当我叫小萨上讲台来表演时，他很害羞。我坚持叫他上来，并在表演结束时抱了抱他。"你今天表现真不错，我相信你一定能交到很多朋友！"小萨笑着腼腆地回到了座位。

为了巩固班会的效果，我又利用口语交际课的时间，让孩子们介绍自己的好朋友，说说他的优点是什么，比比看谁的朋友最多。孩子们纷纷举手，争先恐后地介绍起自己的朋友来，小萨也举手了，在他介绍完自己的朋友之后，我对全班同学说："咱们快给小萨鼓鼓掌，祝贺他交到了新朋友！小萨，老师相信你，只要你继续努力，大家都愿意做你的好朋友！"

三个月的时间过去了，小萨交到了不少朋友，还能够主动参与同学们组织的各种游戏，这可是很大的进步！小豆包们彼此更加友善，更加谦让，甚至出现一些小摩擦后，能有同学主动上前对争执的双方予以"调解"。班级中团结友爱的风气在树立，而我也感受到了小豆包们交友的快乐。

　　捧一颗赤诚之心，始终把学生放在心上来做教育。王老师在了解小萨情况后，结合低年级孩子的年龄特点，设计内容丰富、形式多样的班会活动，让孩子们在交流、体验中渐渐领悟与人交往的道理，这无疑是智慧教师的体现。特别值得点赞的是，王宁老师在活动中身体力行，化为孩子同龄人一起参与，使孩子们乐于表达，积极参与体验，也在无形中学会了交友的真谛。

——李娟

读 后 感

范鹏

1996年参加工作
班主任任职 10 年

教 师 心 语

回望从教 22 载，作为班主任的我，真的不曾有太多的惊天动地，却也在无数个平平凡凡的日子里辛勤地付出着、收获到来自家长学生的认可和成绩，更满足地品尝着作为教师的甜美滋味。在生活中，保有一颗童心，发现着身边细碎的美好并加以记录。小随笔、制作的小美篇，承载着孩子成长的每个瞬间的精彩。每一份弥足珍贵的用心之作，将是送给我学生的最珍贵的礼物。多年后，希望你已长大，在你心里，我还未老。

隐形的翅膀

提起他，我始终记得，他是同学口中的那个"怪物"，也是为数不多有着数学天赋的数学小子。操场上那个满地爬寻找昆虫的孩子；教室里将自己的鼻屎吞下去，告诉我那都是生物细胞的孩子；因为贪玩躲进三角柜里，让我跑遍了学校才找到的孩子；又因为贪吃舔了公用勺子，让大家放弃他喜欢的那道菜品得意扬扬的孩子，对！通通都是他。是不是一个很奇葩的"小怪物"呢？他叫小洁。

小洁是一个不太修边幅的小邋遢，由于家庭的原因，父母对他疏于照顾，在他的身上几乎看不到整洁精致的衣装，属于他的永远是那件洗了又洗的校服。由于没有太好的习惯，他的桌子和位斗儿里总是凌乱不堪。于是他自然也被安排在了班级的最后一排，镇守着靠墙的那片属于他的领地。也正是因为以上提及和还未提及的种种"劣行"，同学们都有些排斥他，都躲着他、嫌弃他，不太愿意和他做朋友。

而他呢，似乎并不太在意别人对他的态度。看到大家都躲着他，他还会很配合地搞怪吓唬女同学，看到他无厘头的行为让同学们瞠目结舌时，他的嘴角偶尔还有一抹上扬的小得意。当然更多的时候他也是安静的，他时常会完全沉浸在属于自己的小世界中，很专注。在他感兴趣的数学、自然、科学、生物领域中，他能静静地看书五六个小时，他能把一本书看 5 遍之多。和前面的情景反差太大。自己不愿走出来，别人也更加地走不进去。作为班主任看在眼里急在心里，没有朋友的小学生涯，在他的人生中将是怎样的一笔。

帮助他走出来，和同学们做朋友是我的努力目标。所有的不喜欢都源自于他诸多的毛病。首先，提出要求，每天必须干净整洁地来到学校，收拾好自己的书桌，以全新的面貌示人。其次，要想帮助他找到朋友建立友谊，必须要让同学认可他，认可他的存在感。平日里通过观察我发现，他特别擅长的领域就是数学。于是我安排他准备一个比较有意思而又神奇的数学小知识，给同学们普及，"最好让他们觉得你超级厉害，崇拜你才好呢。"他听了我的话后，低下头对我说："老师，这真的可能吗？崇拜我？"在长期的不被认可下，他还是不太自信。"相信我，老师帮助你。"

于是，余下的日子里我们一起准备，因为我深知这次的展示将会是最好的翻身契机，加油！小洁！必须成功。最终我们将展示内容确定为：一个数除以 7 后，得到的循环小数的特点。千万别小看这个小知识，要知道这对一个三年级的小学生而言，是需要有数学功底的。能准确说出除以 7 后，每一种情况下，6 位循环节部分，足以震撼到这些"涉世未深"的小朋友了。经过精心的准备，小洁的展示开始了。

为了达到更加期待的效果，上课前，我让同学们准备好了计算器帮助验证。小洁走上了讲台，此时的他从容淡定。"同学们请大家出一道 100 以内除以 7 的题目考考我。在我说出答案后，你们可以凭借你们手中的计算器进行验证。"$46÷7$，$38÷7$，$11÷7$，$23÷7$，同学们提出了一个又一个算式，看到小洁淡定地说出每一个结果，此时的教室里除了噼里啪啦的键盘声和一次又一次的惊奇声，慢慢地，有趣的现象出现了。算式越来越少了，赞许声越来越大了。最后都化成一个问题："你是怎么知道的？告诉我们吧。"因为被认可，便形成了信任，也悄悄地种下了喜欢的种子。抓住这个契机，小洁讲出了这类问题的特征和循环的规律，听着他的讲述，清清楚楚、娓娓道来，此时的课堂似乎凝固了。之后的练习环节，同学们都逐一地掌握了这个"神奇的知识"。最终的课堂在赞扬和掌声中结束。

之后的日子，在数学的课堂上，小洁总是能语出惊人，提炼出知识的要点。在课下找他讲题的同学渐渐地多了，和他探讨难题的同学也多了。在互帮互助、互相学习的过程中，友谊的小苗发芽了。课间他不再是独来独往的孤独大侠了。变化在不经意中一点点增多，教室里、楼道里、操场上到处可以看到他和朋友们的身影以及他灿烂的笑容。为了巩固住这些来之不易的友谊，我引导他做事要更多地从他人的角度去思考。不知是不是尝到友谊的甜头和幸福了，我提出的要求他做到了，做得特别好。

"老师，小洁真的是天才呀！""老师，我不会的题目小洁给我讲清楚了""老师我和小洁研究出来一道特别有意思的题目"……

只要有人存在的地方，就会出现各式各样的差异，董仲舒把这种现象称为"人性三品说"。同样，各个学生因其先天遗传素质、个性偏好、后天的努力、成长环境等因素的影响，致使人的心理会出现显著的差异。可以说这有主观的因素，也有客观的因素。但生活经验尚浅的他们，当看到父母那焦急的双眸，听着老师无奈的提醒，他们却无法释怀，到最后，甚至连自己也无法宽容自己。于是他们开始选择逃避。但只要我们不放弃他们，抓住问题的关键，对他们谆谆善诱，我们就能看见"奇迹"！

一晃一个学期过去了，看着小洁开心的模样，我舒心地笑了，为小洁也为自己……作为教师我深知，教师留给学生的从来都不仅仅是黑板上的知识，比知识更重要的是我走进了你心里。

读后感

作为教师唯有因材施教、善启心灵，从尊重差异出发，引导学生的个性发展，让每一位学生在集体中拥有尊严感，才能为学生的健康快乐成长撑起一片广袤晴空。范鹏老师就抓住了小洁同学得天独厚的数学天赋和爱读书的优势，给他创设在集体中展示个人才华的机会，并巧妙借助集体的力量，不仅让小洁同学通过自身努力得到了锻炼，还轻松赢取了大家的尊重，同时无形中教育所有学生正确看待同学的优缺点。最终以端正的态度和达观的视角帮助小洁同学改正不足，逐渐培养了孩子健全的心智。为范老师的教育智慧点赞！

——李娟

教 师 心 语

班主任是孩子们朝夕相处的陪伴者，是孩子们成长的引导者。我喜欢和孩子们用朋友的方式相处，帮助他们打实根基，使他们有足够的基础去汲取爱的营养。我和孩子们用每一天认真地画好每一圈年轮，记录下他们的成长与进步。我也努力地用我开放的心态和灿烂的热情影响我身边每一个孩子，将自己对教育事业的无比热爱，投射在了生活的每一个角落。

罗曦

2008 年参加工作

班主任任职 10 年

命令，只是为了快乐

丁丁再次休学了。

我的心里很不是滋味，一个聪明听话的孩子，怎么会就一下子被确诊为"先天性胯骨发育不良"。更让人心悸的是，医生给出了这样的治疗方案：把胯骨打开，将关节磨出需要的弧度，再装回，然后打上从胸口一直延续到脚掌的石膏，在床上直挺挺地躺三个月后，拆开石膏即可康复——也许孩子不怕，但是我怕，在丁丁向我叙述治疗方案的时候，那份轻松的口气被我吸进胸膛里，凝成了血。何况，这已是第二次手术了。

还记得上次右侧手术完成后，我在医院里看到的丁丁，且不说石膏在闷热的天气里给孩子带来的痛苦，娇嫩的皮肤上那一个个因为胶布过敏产生的大水泡让我的眼泪控制不住地往下掉。好在丁丁是个懂事的孩子，我明白孩子心里的那份不甘与委屈，但是站在今后人生所要面临的生理危险前，丁丁还是咬牙住进了医院。我在替孩子数着日子，这三个月的石膏禁锢住的不仅是丁丁的自由运动，更是孩子那颗离不开同学和老师的心。

就在距离成功还有十余天的时候，我突然接到了丁丁妈妈的电话。妈妈的话语已没有了一点儿精神，我听出了一种只属于母亲的无奈。妈妈说，孩子正在发脾气，而且是一次破天荒的大脾气，规模之大让家里所有人束手无策。在妈妈的讲述里，我听到了孩子在电话那边撕心裂肺的哭声。在孩子的哭声里，有四个字反复地出现——我要上学。

和孩子妈妈再次沟通后，第二天下午，我给丁丁打去了一个电话。我问他在干什么，小家伙不出我所料的在睡觉，我说你这下午三点还睡觉，是不是打算再长十斤肉。电话那边一阵窸窣，然后就是一句小伙子特有的不好意思，"罗……罗老师，我有点儿……有点儿想你"。我假装很生气，冷冷地回了一句"我一点儿都不想你"。丁丁抽了一下鼻子，明显带出了一句哭腔说"我知道"，还没等我问为什么，小家伙自己就说了，"你不喜欢男孩子哭，可是我老哭"。

我心里偷笑，这个实在孩子，承认错误总是这么一步到位。我问他"那你为什么还要哭？"，他半天没有回答，但是几个问答回合之后，我发现小家伙的怒气明显存在于"妈妈不让我去上学"这个关键点上，于是，我故意说，"我觉得妈妈这么做不对。我们丁丁想做的事情，为什么不让我们做！太霸道了！"电话那头的情绪明显出现了拐点，"……其实……我上次左侧手术还没有完全长好，使不上力气，这次右侧手术又刚刚结束，妈妈怕我受不了"。我说，你要不要用四个字来评价一下自己，"明知故犯啊……"——臭小子自我认知到位得让人哭笑不得。我收敛起之前的语气，问他："你希望我帮你些什么？"丁丁的声音里有一丝与年龄不相符的长叹，我知道，开导的时机来了。

"丁丁，不光你闷，我也闷，妈妈也闷。我们都希望你能早些来学校和小朋友一起上课，开开心心地过好每一天。可是现在的情况很特殊，我们都知道你不快乐，但更不想让你冒着手术失败的风险换取这一时的快乐，更何况现在刚刚开春，总是在起风，各种粉尘对你的哮喘威胁太大了。"电话那边没有一点回应，我继续说："罗老师给你想了个办法，想不想听？""好啊！"小家伙的兴奋点突如其来，反而吓了我一跳。"我在教室里给你腾了一块地方，给你准备了一个躺椅。上学我们不反对，但是你得听从我的这个建议，或者说这是个交换条件。当你在轮椅上坐不住的时候，必须举手示意老师，到躺椅上去歇一会儿——我说的是必须，这是个命令。不过你也放心，这件事也是经过全班同学同意的，他们也想让你早日来上学。"丁丁想了一下，好像鼓足了很大的勇气一样，"罗老师，大家都在坐着，我这样躺着也太丢人了吧，再说，这不就是违反课堂纪律吗？"我心想，小家伙想得还挺多啊，必须打七寸了，"你要是愿意接受，那我就继续为你而奋斗。""嗯……怎么奋斗？""继续游说妈妈啊！"

"我同意我同意我同意！只要能上学，我都同意！"

电话那边的小家伙一直在傻笑，我继续布置任务，"Kevin 说他今天晚上要联系你，自从你没来，他这个代理中队长还算是比较到位，你可以表扬一下他，另外学校让各班中队长写一篇对这次旱灾地区的慰问信，你们俩协调一下，看看怎么分配。""我来写！"我偷笑，"那他一定很感激你哦。""那就让他每天推我去卫生间吧！"

"那我等你来？""一定准时报到！"

挂了电话，我仿佛也被孩子的情绪所感染，这个小小的个体离不开学校这片土地的滋养，他需要一个沟通的平台，一个可以让他释放的空间，而我只不过是尽可能多地在为他争取这些机会，但这些事情赋予他的意义却不仅仅是如此简单，我要让孩子懂得，在这个痛苦过程中，他同样是快乐的，因为有如此多的人在与他同甘共苦，在为他而努力。而他要做的，只是不要伤害这些努力，不要被这些努力所放弃，因为我们的快乐是同源的。

我们是一群种树的人，帮助小树打实根基，使他们有足够的基础去汲取爱的营养，用每一天认真地画好每一圈年轮，记录下自己的每一点进取心，在足够的高度长出嫩绿的小芽，伴随着树的生长而成熟。当这些小芽有了生命的时候，他们会用绿叶证明自己，用花朵赞扬自己，用果实奖励自己。

那一天的树，一定是世间最美的树。

读后感

"命令，只是为了快乐。"这句简单的话语道出了罗老师的用心良苦。当一位老师要求学生"必须如何如何"，命令学生"一定要怎样怎样"时，你可曾站在老师的角度试着去理解他为何如此？看似冰冷的言语，其实背后都是爱生的赤子之心。也祝愿丁丁能够在老师的爱，同学的陪伴中健康成长。

——李娟

教师心语

当我在小学体育教育圈里小有名气时，腰病改变了我的教学生涯。接下来的时间，我先后教过舞蹈、音乐，也到过"我爱东城"综合科。有学生开玩笑说："您是全能老师。"后来我还向特级教师万老师学习，当了一名班主任。在工作中，我按照万老师教给我的：要平等对待每一个学生；要善于听取学生的意见；要养成耐心细致的工作方法。一路走来，我不断接受新挑战，和孩子们一起成长着，收获着。

许觊潘

1992 年参加工作
班主任任职 10 年

心灵的秘密

我刚一接班，就接触到了打遍全班的小飞，据同学们说，几乎没有谁他没打过的，为什么打？谁谁骂他了！谁谁动他东西了！谁谁说他了！谁谁怎么着他了……

通过家访了解，小飞父母都是高级知识分子，哈佛大学毕业。小飞从两三岁开始，没有得到过爱护和教育。只要做错事，得到的教育就是父母一顿打。这种状况一直持续到二年级后半学期。

小飞姥姥经常暴打妈妈，小飞妈妈成材了，"棒打出孝子，棒打出人头地"的想法和教育方法在无形当中一直伴随着小飞妈妈，影响着小飞妈妈的成长，所以小飞妈妈就一直认为，今天她也可以这样教育自己的儿子。正是因为这种心理，所以小飞的童年就是在这种暴打下成长起来。打人是他与别的同学的交流方式，爸爸妈妈没有教会和引导孩子如何与小伙伴交流交往，在班中打人的事件频频发生。这也是造成孩子在班中遭到排斥的原因之一。

我用大量时间仔细观察小飞，发现他敏感；窥探他内心深处，发现他多疑（缺乏安全感）。他攻击同学的行为造成了同伴交往障碍。

　　小飞多疑的性格使得他对其他同学带着固有的成见，他会通过"想象"，把生活中发生的无关事件"拼凑"在一起。小飞会把别人无意的行为误解为对自己怀有敌意，甚至把别人的善意曲解为恶意，因此容易和别人产生隔阂，甚至伤害别人。另外，小飞家长也容不得自己的孩子吃亏，妈妈不允许别人欺负小飞，教育小飞吃亏就一定要打回来。所以每次在班里欺负了同学，都会有老师家长同学告状，小飞怕同学和老师告状，回去挨打，所以事件发生之后一定要给自己找好缘由，形成了给自己找理。每一次大打出手之前，都会先找个茬儿，才动手打人，回到家就会先陈述自己是先被欺负，所以才打人。因为他知道妈妈不会容忍别人欺负自己，所以尽管自己动手打人了，妈妈也会原谅他。长此以往，形成了恶性循环。

　　怎样才能帮助小飞改善呢？刚开始我考虑到他妈妈也是敏感多疑创伤心理，所以和小飞爸爸联系，深谈了有关不吃亏的问题，请爸爸能够在与孩子的亲子活动中，通过讲故事的形式让孩子懂得"吃亏是福"的道理。在客观地分析了小飞紧张与多疑的行为特征，考虑到孩子小飞长期生活在紧张、压抑和家庭暴力的氛围中，希望爸爸妈妈努力给他提供轻松的家庭环境。

　　在给于小飞爸爸建议的同时，我逐步与小飞妈妈联系也提出相应的指导。在和小飞妈妈接触时，我教会妈妈对小飞多鼓励少批评，多关心少打骂，给孩子营造一个温馨、和睦、充满爱的家庭环境。多与孩子亲密沟通，利用周末时间邀请伙伴到家来玩，与小伙伴一起出游，减轻和同学伙伴交往时的紧张感，减轻小飞的心理压力，给与更多的温暖。接着，利用小飞不在班里的时间，对全班同学进行了特别教育，教会同学们换位思考，对比自己快乐温暖的童年，体会小飞感受。另一方面，针对小飞的情况，及时联系了学校青苹果心理中心的王老师，为小飞预约每周至少去一次青苹果做沙盘。第一次的沙盘结束，我了解到当时孩子的沙盘里，全都是攻击的士兵、武器，看到好的一面就是在他的沙盘里有一座桥，但是通往桥的路上却有骷髅铺在上面按照心理学的理解，孩子的内心世界全都是战斗，甚至是死亡，孩子想与人沟通，但是要跨越争斗和死亡，这是多么可怕的内心世界啊！我更加迫切地感到小飞需要我的帮助和援助。

　　针对小飞的心理问题，我专门在课上开展了"魔镜魔镜告诉我，我的优点有什么"的游戏，让同学们发现他的优点，重新认识接受他。慢慢地，小飞见到同学学会了微笑，学会对同学友善，小飞妈妈开心地告诉我："小飞有好朋友了，多么开心的好消息！"小飞还学会了面对自己的错误，会主动向同学道歉；小飞的英语口语是非常棒，我就联系英语老师，推荐他做英语广播主持人。

　　家校协同，沟通无限。电话、记事本、微信……每天的家庭记事本上都会有我给小飞妈妈的鼓励和对小飞在学校的点点滴滴的记录。小飞在学校一点一滴的闪光点都会写在记事本上，小飞妈妈每天都会认认真真地对孩子做出评价，建立父母对孩子的信心。引导小飞父母与学校形成合力，共同努力。每一条温暖的家校合力微信，都记录着老师对父母教育思想的引领，教育智慧的启迪。

这次窥探孩子心灵的过程，是用智慧帮助指导小飞成长的过程，与小飞爸爸妈妈一起密切配合形成家校合力，最终为小飞的心理健康成长助力。看着小飞的成长和飞速的进步，我由衷地为他感到高兴，因为让孩子拥有一个健康的心理、快乐地成长是我最大的心愿。

读后感

我和许老师是好朋友，我们搭过班，一搭好几年。

许老师常常以容克刚，对，是"容"包容的容。挺刺儿头的孩子还带点横的，许老师轻轻的一句：咱俩好好聊聊……没一盏茶的功夫，小刺头就顺溜了，且很是服帖，许老师常常波澜不惊，无论是学校的活动，还是班里的事情，哪怕是小闹们闯了祸，许老师也很少立眉张目粗声大嗓，站一会，看看学生，缓一缓，温度下来了，事儿就好多了。孩子们于是喜欢她，乐意和她讲心里话，女孩子有的时候小辫子散了，许老师没几下子，就变得漂漂亮亮的，笑起来很是灿烂。

许老师由体育到品社再到走进东城，从副班主任再到班主任，完成了自己职业专业的转身，我并不觉得一切顺利，我深知她的坚韧与不容易，所谓如人饮水，冷暖自知！

这个故事让我看到了许老师的教育智慧，她有一种从容里的温暖，她让孩子很有安全感，她的教育是和煦的光，明亮，却不刺眼。做她的学生，是有福气的。

——万平

拾级而上

作为班主任，我一直和孩子们在一起，我学会了和各种各样的孩子交朋友：

快乐的在班里学校处处受到欢迎的孩子；

因为大人的关系陷入忧愁的孩子；

缺少朋友而不得不孤独的孩子；

学习有障碍踟蹰难行的孩子；

才华横溢比同龄伙伴要超出许多的孩子；

曾经总是被批评而逐渐陷入沮丧退缩的孩子；

孩子的世界是那样丰富的，他们的需求也是多种多样。和孩子们在一起的日子里，我逐渐知道了什么是真正对他们有好处的，我越来越清晰地明白，爱孩子绝对不仅仅是为了此刻、现在，而是必须面对他们的明天、未来！

教师心语

作为班主任，全心全意地爱每一个学生是我一直遵循的原则。尊重学生，用心倾听他们的内心世界，用爱去温暖每一位学生的心灵，与学生之间搭建一座心灵相通的爱心桥梁，彼此碰撞出爱与信任的火花。用我的爱心开启学生辉煌灿烂的人生，用我的智慧点亮学生的璀璨梦想，用我的陪伴助力学生扬帆启航。所谓良师益友，让学生沐浴在充满关爱的生活中，勇敢、自信地迎接未来！让我们用自己满满的爱心带着学生创造一个又一个精彩的篇章！

李岩辉

2001 年参加工作

班主任任职 11 年

不忘初心，奋力前行，做最美的园丁

天堂里的微笑

小颢颐是一个活泼开朗的男孩儿。个子不高，眼睛大大的，一笑脸上露出两个浅浅的酒窝。作为一名刚刚入学的小豆包，他对学校充满了无限的好奇与渴望。身为他的班主任，我每天都能见到他阳光灿烂的笑脸，听到他课堂上清脆、洪亮的读书声。小颢颐有一个幸福美满的家，爸爸上班，妈妈全职在家陪伴小颢颐成长。对于孩子的学习，妈妈可是绝对严格要求，容不得半点马虎。因此，小颢颐在班里的成绩一直名列前茅。特别是在后来的几次公开课上，小颢颐敏捷的思维和大方、流利的发言赢得了在场专家和老师们的一致赞誉。他也因此成为了我们班中有名的发言之星！对于学校开展的各项集体活动，小颢颐和他的妈妈总是第一个报名参加。身为家委会的成员之一，颢颐妈妈为班里的活动鞍前马后，立下了汗马功劳！尽管后来她知道已身怀老二，但她还是从头至尾尽心尽力。我们也都期待她能为小颢颐生下一个聪明漂亮的小妹妹。小颢颐就这样每天在学校里自由地吮吸着知识的雨露，在灿烂的阳光下享受着校园生活带给他的无尽快乐！他仿佛一只羽翼丰满的小鹰，振动翅膀在蓝天中尽情翱翔！一切都是那么美好！

谁知世事难料，谁又会想到后来发生的重大变故呢？

那是小颢颐升入二年级一个多月后的一个早上，我像往常一样走在上班的路上，突然接到小颢颐爸爸的电话。

"喂，颢颐爸爸您好。"

话筒那边没有声音，几秒钟后传来一个男人低沉而又沙哑的声音，"喂，李老师。"此时话音突然中断，传来了男人悲痛的哭声！

随后，他又接着说："李老师，小颢颐的妈妈走了！"

"啊？走了？"我的脑子轰的一下有些不知所措，心里咯噔一下仿佛停止了跳动。"什么情况？到底怎么回事？"我追问道。

"昨天晚上他妈妈生妹妹时大出血——走了！"说完他痛哭不止。

我的天哪！这个消息恍如晴天霹雳，让人简直无法接受。就在上周还来接送孩子，跟我有说有笑的，浑身洋溢着幸福的妈妈怎么突然就没了呢……

今天是小颢颐复课的日子，我的心七上八下，惴惴不安。不知该以怎样的话语面对可怜的小颢颐。想想他只是一个不满7岁的孩子呀！如何经受得起如此沉重的打击？想到这儿，我的眼眶又模糊了。考虑到孩子的不幸遭遇，我和其他家长们商量决定都叮嘱自己的孩子不要对小颢颐乱说话，不要乱问，要多关心、关爱他，帮助他。就在我犹豫不决的时候，小颢颐走进了教室。他如往常一样平静地向我问好，静静地走到座位上收拾书包、交作业、洗手吃饭……上课了，他很安静，看着好像是在专心地听讲，只是举手少了。课下他和同学们像往常一样地游戏。就这样，一个月过去了，慢慢地我开始发现小颢颐的问题。先是丢三落四，三天两头忘带学具，今天没带书，明天没带本。接着开始不写作业，要么字迹潦草，错误百出，而且不及时改错。要知道之前他可是班里的书写小状元，字迹工整、美观。相比如今的作业简直天壤之别！他的种种行为迫使我不得不又把他找来。我拉着他的小手来到了操场的大槐树底下坐好。

"颢颐，最近家里谁照顾你？"

"爸爸。"

"妹妹呢？"

"姑姑照顾。"

"你的功课爸爸看了吗？"

"没有。"

"最近，李老师发现你的状态不太好，有什么可以帮你的吗？"

"没有。"话语如此简短而冷漠。

"孩子，李老师知道你是一个懂事的孩子。对自己有着很高的要求。你最近课上的表现自己满意吗？"他抬头望了我一眼，摇了摇头。大大的眼睛里闪烁着泪花。他在极力地控制眼泪不要流出来。我一把将他搂在怀里，紧紧地抱住这个可怜的孩子。人们说没妈的孩子像棵草，一个曾经被爸爸妈妈捧在手心里的快乐宝贝突然失去了妈妈的爱，叫他怎么不一反常态呢？突如其来的家庭变故让我们这些成年人都无法接受，何况一个不满7岁的孩子。

"颢颐，爸爸、姑姑、李老师和同学们都是非常爱你的。我非常愿意和你做朋友，听你说心里话。你愿意把心事告诉我吗？无论什么事，我都会帮你解决，相信我！"我轻轻地抚摩着他的头。他没有回答，两行泪珠涌出了眼眶。

"李老师，我好想好想妈妈！妈妈去哪了？我该怎么办？"说完哇的一声痛哭不止。我紧紧地搂着他，心如刀割，泪如雨下。

不知过了多久，我慢慢地扶起他坐好，语重心长地说："孩子，妈妈很爱很爱你。你是妈妈的骄傲！虽然妈妈去了很远很远的地方，不能再时时刻刻陪伴你，但是她会一直在天堂里看着你的呀。你的表现，你的成绩，你的成长，你的快乐，你的一切，妈妈都会认真地看着。她更希望你能做一个坚强勇敢的男子汉。做好自己的事情，帮助爸爸照顾好妹妹。这样妈妈在天堂里才会露出会心的微笑！"

"李老师，我懂了。我要做一个让妈妈放心的孩子。我要看到妈妈最美的微笑。"小颢颐擦干眼泪抽泣着说。

这次长谈之后，在我和同学们的关爱中，小颢颐逐渐从悲痛和思念中走出来，学习和日常表现有了明显的改善。时间是最好的疗伤药，未来的日子小颢颐还要自己勇敢地走过。相信在成长的道路上，他会越来越坚强、勇敢。

去年小颢颐已经从学校毕业了。当年那个小小的、瘦瘦的小男孩已经成长为一名高大、坚毅的少年。现在已身为人母的我对母子之情有了更深的理解与体会。每当我想起小颢颐的时候，心中总是充满无限的悔意。后悔自己当初的青春年少，没有给予他更多、再多一些的关爱，让那颗小小的、受伤的心灵得到多一些的温暖。希望小颢颐在未来的成长道路上能勇敢、坚强、自信，做一名坚毅、果敢、豁达、有担当的少年！

任何突来的变故都可以击垮一个人，甚至一个家庭，何况一个未满 7 岁的孩子！但庆幸的是：在这期间，小颢颐在妈妈突然逝世之时遇到了李老师。李老师用自己的爱与力量帮助孩子走出低谷，教会孩子学会坚强。我想每一位老师都不希望自己的学生有此遭遇，但一旦来临，也都会像李老师一样尽教育之心、父母之爱。

——李娟

读后感

史宇佩

2008 年参加工作

班主任任职 11 年

教师心语

在教师这个平凡而有意义的岗位上，无时无刻的牵挂，忠于职守，对教育的不断钻研、探讨和创新，成为了我坚守三尺讲台并为之努力奋斗的动力。

每每看到无数双期待的眼睛，看到那些如饥似渴的学生全神贯注的样子，看到他们似小鸟般依赖着我，我就充满了满足和快乐。我知道，对学生的这份牵挂会伴随一生。认真回答学生的每个问题，关注学生的点滴成长，与学生同成长，同快乐。时间的沉淀，岁月的洗礼，初心不改。

初荷才生犹含粉，嫩竹逢春随意长

"史老师，我想给大家推荐一部影片，下次的课前两分钟可以让我上吗？"我循声望去，原来是琪琪。她手里拿着一个 U 盘，告诉我 PPT 已经做好了。看着她清澈如水的眼睛，洋溢着自信神采的面容，我重重地点了点头。

隔天的语文课上，着一身明蓝色运动服的琪琪，阔步走到了讲台上。她从容地打开了 PPT，清脆的声音缓缓流淌在教室里：大家好，今天我给大家介绍一部影片《蓝色海洋》，这里生活着数以千计的海洋动物……磁性的声音，形象的演示，生动的讲解，琪琪将海洋的深邃，动物的可爱，人类的自私，在浅吟低唱中娓娓道来，至真至纯，台下的同学们无一不是身体前倾，没有喧闹，个个作聚精会神状。看着在台上绽放光芒的琪琪，我似乎想起了熟悉的歌词"没有花香，没有树高，我就是一棵无人知道的小草"，思绪也回到了两年前我刚接手这个班的时候……

那时的琪琪性格非常内向，不爱说话，腼腆且有点害羞。课堂上更是几乎听不到她的声音，只有在小组开火车读词语时才不得不发出只有她自己能听到的声音。但她课堂听讲却很认真，一双黑黑的大眼睛一眨一眨地看着老师的脸，眼神始终跟着老师转。凝重的神态中多了些孩子少有的成熟和持重，少了点孩子应有的自信与快乐。琪琪妈妈特意找到我，谈到孩子性格太内向，想让老师多注意她培养她，使她有所改变。从她妈妈那里我了解到琪琪缺少自信与欢乐的原因：首先是她的家庭环境对她的影响很大，父亲是铁路工作者，母亲是医生，工作都很忙，回家后各顾各的事儿很少与孩子交流，孩子在家独处的时间比较多。有时，孩子提出一些要求，也总被妈妈以"琪琪最懂事了，等妈妈忙完再说"为由岔过去。多次遭拒绝，孩子干脆就不再提这种要求了，并习惯了独处。她从低部升入三年级后，又来到了全新的校园，学习节奏也比低年级快很多，环境与节奏的变化使她更不爱说话了。根据平时我对她的观察与了解，找到了造成琪琪性格过于内向的原因，我的心里有了几分把握。我将我对琪琪情况的分析和琪琪妈妈进行了沟通，琪琪妈妈认为我的分析很客观，合乎孩子实际，急于想知道如何解决问题，让孩子快乐起来。于是，我和琪琪妈妈商量：一方面，在学校老师会多启发她，多和她交流，多给她机会让她尝试成功，逐渐帮她建立自信；另一方面，在家里不管家长工作有多忙，每天都要挤出一些时间陪孩子，看看书，说说话儿，不要轻易拒绝孩子的合理要求，加强和孩子之间的交流。同时，多带孩子出去走一走，让她多接触一些人和事，使琪琪逐渐活泼、开朗起来。

我和琪琪的妈妈在教育琪琪的问题上达成共识之后，在教育上就开始了默契的配合。当琪琪的妈妈反映琪琪把自制的贺卡送给楼下的孤寡老人时，我在班里表扬了琪琪的爱心；当我告诉琪琪妈妈，课间琪琪给同学画了一张荷花的画时，琪琪妈妈就会鼓励琪琪，并在周末带着琪琪走进美术馆。

"小雨润如酥，当春乃发生。"经过一段时间的努力，琪琪变了。虽然课上还是不爱说话，但她变得爱笑了，尤其是课下，在画本上画画时，跟大家讲她的画作时，孩子特有的活泼与快乐在她身上显现了出来。一节语文课上，我正在讲《灰雀》："列宁看到的灰雀什么样子？谁来读一读？"环视一周后，我突然发现琪琪的右手一下伸直，又一下子弯曲了，她嘴抿得紧紧的，仿佛在做着试探，我望向琪琪，叫起了她："琪琪，你愿意给大家读读你找到的句子吗？"她站在那里，脸上泛起了红晕，我走到她身边，轻声说道："你可以的！"这次，琪琪看着我的眼神里亮起了光，她拿起书，小声地读道"……树上有三只灰雀"，我及时鼓励她大点儿声读，她一下子提高了嗓音并重复开头。"……树上有三只灰雀：两只胸脯是粉红的，一只胸脯是深红的……"清晰的声音传到了我和同学们的耳中。突然，我想到琪琪爱画画，何不让她试着画出课文中的灰雀呢？于是，我对其他同学继续说道："你们想不想看看这些灰雀长什么样，咱们让琪琪来画一画好吗？"刚放下书本的琪琪一时没反应过来，还愣在原地，而兴奋的同学们已经纷纷为琪琪鼓起了掌，有的同学还嚷道："别怕，琪琪。你平时画的画那么好。"在大家的鼓励下，琪琪终于走上讲台，她用白粉笔勾边，用黄色填涂灰雀的身体，红色勾勒灰雀的胸脯……此时的教室鸦雀无声，只听见粉笔在黑板上滑动的沙沙声。突然，教室里响起了热烈的掌声，琪琪的灰雀画好了，站在树枝上，一只嘴微微张开，好似唱着婉转的歌，一只翅膀打开，头倾斜着，在梳理自己的羽毛。琪琪画得真美，同学们纷纷评价……

不适应这种场合的琪琪满脸通红，害羞地低下了头，脸上露出了甜蜜的笑容，我走到她旁边，轻轻地把她拉到身边，拥着她的肩膀，"谢谢我们的小画家琪琪"。教室里的掌声更热烈了。"琪琪，抬起头来，看看大家。"在我的鼓励下，她抬起了头，映入我和她视线的是孩子们的一张张笑脸，有的同学还冲琪琪竖起了大拇指，琪琪笑了，我第一次看到了一个自豪的琪琪，她在集体中找到了那么一点儿自信。

我看到琪琪在悄悄地进步。鼓励与信任，使琪琪重新认识了自我，找回了自信。她再不是那个总不言不语缺乏自信的小姑娘，她积极参加班级的一切活动，还办起了自己的个人画展。曾经的一棵无人知道的小草犹如雨后春笋充满了无限生机。

再看此时站在讲台上神采飞扬的琪琪，我确信，我看到了初荷的清新清纯，看到了花蕾含苞待放的样子，芬香扑鼻！

苏联教育家苏霍姆林斯基说："我们教育工作者的任务就在于让每个儿童看到人的心灵美，珍惜爱护这种美，并用自己的行动使这种美达到应有的高度。"史老师在自己的班级中就发现了琪琪这个心灵美的孩子。她主动与妈妈进行沟通，了解孩子情况，并有效指导家长配合学校教育，逐渐帮助孩子树立自信。最终看到的是孩子精彩的绽放。这一切更源于老师对孩子的爱。

——李娟

读后感

教师心语

苏霍姆林斯基说过："教育是人与人心灵的最微妙的相互接触。"教育是一种期待、一份守望、一份信任、一份宽容。我于2007年7月工作至今，11年来我坚信教育是一项使命，是一个播撒种子、孕育希望的伟大事业。我像爱护自己的孩子一样用心地呵护每一名学生。我相信，每个人都有自己成长的节奏，我尊重，每一个不一样的生命体。用爱心，呼唤成长，用耐心，诲人不倦，用信心，激励努力。冬寒夏暑，陪伴、启迪学生不断成长、成才，这就是我作为教师最自豪的事情。

徐卓
2007年参加工作
班主任任职 11 年

给学生一个宽容的环境

王瑞同学原是一个聪明而淘气的孩子，但由于爷爷奶奶的娇惯，孩子没能养成良好的习惯，再加上换了一位新老师，孩子有些松懈，表现是上课时课堂纪律很差，跪坐在椅子上，公然和同桌大声说话，不听讲，并且对老师的要求不以为然，对立情绪严重，全然听不进去，几次提醒以后依然故我。各科老师反映强烈。

我通过一段时间的观察，发现他有独特的优点，他的生字、生词写得很好，很工整。我认为，字写得好，不仅因为他书写能力强，更因为他写字时，态度很认真。也就是说，这个学生一旦做自己喜欢的事，就会很投入很认真。这是他一个重要的优点。

同时，我通过与孩子母亲的交流，我发现他家为他提供了良好的学习环境，他的母亲在家里对他的成长非常关注，但是这个孩子情绪波动很大，所以在新的学期里不能很快地适应新的学习任务、新的老师。

通过观察和访谈，总的来看，王瑞同学属于做事很认真、细致但很情绪化的类型。怎么样才能帮助王瑞快速进入状态呢？

王瑞的问题，我认为属于师生沟通的问题。学生不去听老师的话，是因为孩子有了自己的想法，却得不到有效的沟通，最后教师说一套，学生做一套。解决的办法，就是要创设一个宽容舒适的环境，让孩子感到受信任、受重视，感到老师很亲切。教师要有宽容精神，要提醒，但不能一味指责。教师的指责多了，学生的自责就少了，要充分调动学生的自省精神。如果能够充分地尊重王瑞，那么王瑞就能够发挥自己的能力，积极地自我改正，变得更好。

经过再三考虑，我确定了"宽容＋引导"的方式，对他加强教育。

首先，给王瑞创造一个宽容的学习环境，让他安心。我私下和王瑞进行了一次谈话，主题是"约法三章"，告诉他老师允许他犯错，初次犯错时老师并不责备，但是老师会用眼神提醒你注意。老师的提醒到了，你就得赶快去改，而且要加倍地弥补自己刚才的问题。

为了让他安心，我特意说，你是老师非常欣赏的学生，所以老师会以严格的要求来要求你，因为我相信你能做到。听了这些话，他似懂非懂地点点头。随后的学校教育中，我也确实是这么做的。看到他犯错，我并不马上开口批评，而是通过眼神来示意，提醒他注意。这种宽容的氛围，还有受到老师重视关注的感觉，让王瑞对老师的对立情绪得到了舒缓，开始愿意倾听老师的话。

其次，更多地表扬孩子的优点，使他树立自信。二年级的语文课堂上，总会展示同学们的优秀作业，王瑞的生字生词写得不算最出色，但是能看出来是一笔一画认真写出来的，于是每天在展示字词作业的时候，我总会表扬到他头上，每当那时，在周围同学的赞赏中他露出了微笑，以后的字写得更好了，学习热情也高涨起来。

再次，是持之以恒的关注和有效的评价。针对王瑞情绪波动较大、学习状态不稳定的问题，我针对性地采取周评价的方法，不计较他某一天到底有没有走神、散漫的现象，而是一周告诉他一次他的表现。

刚开始的时候王瑞对他的评价满不在乎，但是随着时间的推移，他渐渐明白，这份评价并不是老师对他的随口表扬，而是很认真地想要帮助他真正地改掉这个坏习惯，孩子慢慢地开始重视起来了，一周，两周，三周，一个月，孩子越来越急切地想要知道他的表现，看到这，我知道，孩子确实在努力着。于是我告诉他，他现在做得越来越好，老师要将周评价变成月评价，孩子明白了自己的进步，高兴地笑了。

最后是抓住时机，进行教育。在宽容气氛、积极引导之下，王瑞同学上课听讲越来越认真，还能回答较难的问题，有的时候我会对他笑一笑，他就明白了老师对他的关注和喜爱，但是情绪化的他有时候还是忽好忽坏。我在找一个恰当时机，对他进行教育。

一天，他表现得非常好，我大大地表扬他一番，下课了，需要让学生来帮老师拿东西，于是我说请今天最棒的孩子来帮忙，他满怀信心地举手。

但是，我想了想，却没有叫他，而是叫了另一位同学，他顿时伤心地大哭起来。看到他这么伤心，我的心里也挺难受的，本来想安慰一下他，但是我明白我对他的要求不能止步于此，需要继续激励他，将他的真正能力发挥出来。于是，我很严肃地对他说，老师知道你最近一直都在努力，上课很认真，也不爱起哄了，但是老师依然不认为你就到达你最棒的程度了，一天做得好不算好，一直严格要求自己才叫棒！今天你很棒，是吧？他点点头。那你是只能今天做得这么棒吗？他想了想，认真地摇摇头。我又对他说："王瑞，老师一直就相信着你，你是个很棒的孩子，只要你能严格要求自己，你能做得非常好。今天老师没有叫你，但是老师却把这个机会留在未来几天，我相信通过今天这件事情，我很快就能见到一个更棒的王瑞，而且那一天并不遥远，我对你很有信心，你对自己呢？有信心吗？"孩子郑重地点点头。

从此以后，2班多了一个非常能够严格要求自己的学生。学习上，他全神贯注、积极发言；对纪律，他严格要求自己；博闻强识，聪明好学，在期末学生评价手册上，他用稚嫩的小手写着，本学期最开心的事就是上语文课。曾经让人头疼、不听话的小王同学消失了，虽然一年级到二年级过渡中曾生波澜，但是通过老师和同学们的努力，他也顺利度过了，更可贵的是他对语文产生了浓厚的兴趣。

读后感

苏联教育家苏霍姆林斯基说过：教育者应当深刻了解正在成长的人的心灵……只有在自己整个教育生涯中不断地研究学生的心理，加深自己的心理学知识，才能够成为教育工作的真正能手。徐老师面对小瑞的行为，能够静心思考，分析原因，并以宽容、理解、鼓励的心态去教育孩子。其实每一个孩子的心灵都是敏感的，他们的心灵都是为接受一切好的东西而敞开的。如果老师能够引导孩子学习好榜样，效仿好行为，相信孩子身上的缺点就会没有痛苦和创伤地逐渐消失。

——李娟

教师心语

班主任的工作无疑是琐碎繁杂的，但是班主任的工作在我看来却是无比神圣而有意义的。在这8年中，我历任低、中、高年级段的班主任，我爱低年级孩子的单纯可爱，我爱中年级孩子的勇敢魄力，我爱高年级孩子的独立自主。我始终坚信每个孩子身上都有独特的闪光点，每个孩子都是一颗蓬勃生长的种子，而我要做的，就是帮助这颗小小的种子长成自己最好的样子。

车雨

2007年参加工作

班主任任职 12 年

点亮那盏心灯

这是一个结局温暖的故事，尽管故事发生的过程有些跌宕起伏。

可心儿是我们班非常安静的一个女孩子。当然，她也是一个传统意义上的乖孩子——遵守课堂纪律，按时完成作业，基本不和同学发生矛盾冲突。由于她的不言不语，所以她在集体中的朋友也不算太多。可以说，如果不发生后面的一系列事情，她可能真的不会引起我格外的注意。但正是因为后面发生的事情，让我特别感谢她——因为，如果没有可心儿的案例，我可能真的不会去反思在自己的教育过程中是否忽略了那些安安静静的孩子。

可心儿最初引起我注意是在三年级。在一个"爸爸运动队"活动前，她和蕊蕊闹了矛盾。于是，从那之后，我就更多地留心观察这个安安静静的小姑娘，我希望，通过我细致的观察，能够寻找到她和蕊蕊之间矛盾的蛛丝马迹。

然而，一切都看似波澜不惊。三年级上半学期，就这样风平浪静地过去了。一转眼，三年级的第二学期开始了。开学没多久，平静的生活又出现了涟漪。

每天的午餐时间，蕊蕊都是负责给同学们发放酸奶和吸管的同学。这一天也不例外，同学们都安静地坐在座位上，有的在喝酸奶，有的在等待到前面打饭。忽然，一个无比尖锐的声音响了起来，"你要干吗呀？？你到底要干什么？！"是可心儿在冲着蕊蕊喊！我和同学们都被这突如其来的嘶喊惊呆了。我只好在安顿好其他同学打饭后，把可心儿和蕊蕊一起叫到了教室门外。

（对话节选）

我："刚才是怎么了？"

蕊蕊："小车老师，我刚才什么也没干啊！我刚才就是把吸管放在她的桌子上了，然后她忽然就发脾气了……"

可心儿："谁说的？！车老师！她……她就是故意的！！"

我："你别着急，她故意地干什么了？"

蕊蕊："小车老师……"（我用手势示意蕊蕊先别急着解释，先听可心儿把话说完。）

可心儿："呜呜呜……她就是……她就是每天都故意发给我塑料皮不完整的吸管！那个吸管都已经被她的手摸过了，都脏了！她故意把脏的吸管给我！她肯定是故意的！呜呜呜……"

可心儿如同发泄一般地哭喊着把事情经过说了出来，而蕊蕊则解释说她真的不是故意的，只是赶上什么样的吸管就发什么样的吸管了，其他同学也有很多赶上塑料皮不完整的吸管，也都没说什么，再说她每次都是洗好手才开始发放吸管的……

我耐心地听完了可心儿的哭诉，也耐心地听完了蕊蕊的解释。让我百思不得其解的是，矛盾的爆发其实只是因为发吸管的小事儿，可心儿为什么会有这么大的反应呢？

后来，可心儿又断断续续地情绪失控过好几次，还出现了厌学的倾向。我和可心儿的爸爸妈妈陆陆续续也沟通过好几次，她的爸爸妈妈也很着急，因为可心儿在家也会无缘无故地发脾气，而且和爸爸妈妈的沟通越来越少，情绪也越来越低落。爸爸妈妈看在眼里，急在心上，又不知道怎么样才能帮助她，但是我又非常希望能通过自己的努力破解这个谜题。功夫不负有心人，终于有一天，在我重温教育心理学的理论时，科温顿的自我价值理论引起了我的注意。回顾她情绪失控的场景不难发现，引起她爆发的场景都有一个共同点，那就是，往往是他人在为集体服务时，引起她的不满。按照动机四象限的理论来看，可心儿很有可能就是高驱高避型。一方面，她对自己有非常高的期望，另一方面，由于性格等方面的限制，她并没有完美地实现自己的目标，而这又让她产生了极强的挫败感。这种强烈的落差让她无法平静下来，所以那些能够为集体服务的同学就成为了她表达不满的对象，所以她越来越不愿意融入集体，她其实是在逃避。

这个猜测让我欣喜若狂，因为，我觉得自己终于有可能破解可心儿的谜题了！于是我开始找机会进行自己的尝试。

这一天，午休时同学们有的在写作业，有的在看课外书，每个人都有自己的事情，但我发现可心儿却若有所思地在摆弄着自己的手指。我猜她情绪不太好，恐怕又在瞎想些什么。于是我说："可心儿，到前面来一下。"她显然不知道是为什么，一脸犹疑地走到我身边，依然什么也不说，只是低着头，依然摆弄着手指。我判着作业，抬起头轻声询问："可心儿，你能帮我个忙吗？"可心儿的眼睛中掠过一丝惊讶，但是很快又恢复了平时的安静状态，她很拘谨地笑了一下，点了点头。我抬起头，微笑着对她说："可心儿，你看，咱们班同学的评价手册虽然交齐了，但是没有按照学号排列，所以老师们登成绩的时候可能会有点麻烦，你看能不能把它们重新按照学号排好？"可心儿依然是那样腼腆地微笑，但是我看到，她的眼神中划过了一道光芒。

一个午休的时间，可心儿安安静静地在座位上排列着这些评价手册，一丝不苟。当她抱着一大摞评价手册走到我面前，依然腼腆地微笑着说："车老师，我排好了。"那一刻，我的内心知道，我的尝试成功了。

果不其然，当天晚上可心儿妈妈就给我发来了微信："车老师，今天可心儿回家主动写了作业，还查资料给我一步一步做了蛋糕，晚饭后又给我做了按摩。她很开心，我很感动！谢谢您的暖心安排，让我重新看到了孩子的希望！"

看了可心儿妈妈的微信，我的眼眶不由得湿润了——那天是母亲节，我也是一个母亲，我仿佛也收到了这份特殊的、无可替代的节日礼物。于是，我在手机上回复了这样一条信息——"太好了！这真是我今天收到的最独一无二、最珍贵的礼物！！！"

自那以后，我常常专门给可心儿以及像可心儿一样总是安安静静的孩子们布置一些他们能胜任的小任务，这些小任务就如同一支支小小的蜡烛，烛光虽不耀眼，但那温暖的光芒却足以点亮"可心儿们"心中的那盏灯。可心儿依然是个安静的姑娘，但是这个安静的姑娘却有了快乐的笑容，有了和其他同学成为朋友的勇气，当然，还有了来自心底的小小成就感和自信心。

相信，这些点滴会给予他们不断成长的力量；相信，这些点滴会陪伴他们遇见更好的自己；相信，这些点滴会永远点亮他们心中的那盏灯。

一个小故事折射出的是车老师对教育的用心、爱心。面对教育中出现的困惑，不断地学习教育心理学，给自己赋能，尝试用专业知识指导教育实践，这无疑是一个智者的体现।

——李娟

读后感

王静

2007年参加工作

班主任任职 12 年

教师心语

在茫茫人海中，一个生命与另一个生命相遇，是多么难得的缘分。而恰巧，你在她或他的生命里又扮演着重要的角色，你的一言一行总会影响着他们的生命成长，这又是一份多么重大的责任，这正是班主任工作的光荣与价值。正因如此，我总在日常的琐碎工作中谨小慎微、如履薄冰，也许那一个个微小的瞬间正是我教育孩子最好的契机，而正是那一件件小事才串成了一个个生命的成长历程。

爱在每一个教育细节中

当班主任 12 年了，而自己第一次进班的场景，却依然如在昨天……

一　当头一棒

我在黑板前写记事，突然，轰隆一声，我一个激灵，一身冷汗，出什么事儿了？我的心扑通扑通直跳，赶忙转身，发现一排桌子倒了。继而咣当一声巨响，教室的门还在颤抖，而我的眼里只留下摔门而去的小晏的背影。

说实话，我真有点儿手足无措了。孩子不都是应该很怕老师的吗？他眼里有我吗？多大的事情让他有这样激烈的反应啊？我该怎么处理？……我呆在那里，"老师，您别紧张，他总是这样的，这都不算什么，他几乎每天都跟同学闹矛盾，根本不把老师放在眼里。"我心潮起伏，我对自己教师生涯的美好憧憬如受当头一棒，难以言喻。可是转念一想，他毕竟还只是个孩子啊。越是情况特殊，越是需要老师用心教育的啊。

从那一天起，我就暗暗地告诉自己，我一定要让他变好，因为我是一个老师，老师的职责不仅仅是让好孩子更好，更重要的是可以让一个行为习惯有待改善的孩子变好，我们的教育行为不仅在改变孩子，也影响着家庭。

二　春风化雨

我想任何一个孩子行为习惯的养成总是有原因的，而任何一个孩子在本质上都是好的。

于是我利用假期做了家访，了解了这个孩子成长的环境，并对家长说"其实小晏很单纯、很有同情心，对朋友很热心，我很喜欢他"。我还建议家长要多鼓励、表扬孩子，让孩子有信心。听了我的话，小晏的妈妈哽咽了，因为以往接到的都是告状的电话，或是被请到学校去。可是谁家的孩子不是宝贝呢？哪个家长不希望自己的孩子得到老师的欣赏呢？得到了家长的认可，让家长知道我也是很爱这个孩子的，能客观地评价这个孩子，我对小晏的教育有了一个好的开端。

于是没等我说，家长自己的话匣子就先打开了，语重心长地说："小晏这孩子很任性，行为习惯不好，以自我为中心，动不动就打人，脾气很暴，在家说他的时候动不动就急了，还说'你还是我亲妈吗？怎么老帮着外人来说我。'"我坚定地说："孩子的一些不好的习惯的养成绝非一日之功，一定是我们平常在教育中疏忽了，但是只要后期的教育得当，一定会有改观的。"家访在一种非常融洽的气氛中进行着，我们分析了孩子身上的问题，并研究对策，我提出了自己的建议，建议家长每天都跟我沟通，及时客观地了解孩子的情况，每天的点滴进步都好好地表扬孩子，而当孩子犯了错误时，也要严厉地批评，这样孩子好的行为就得到了强化，而孩子不好的行为也会因为躲避处罚而减少。

从开学第一天，我每天都会跟这个孩子谈一次话，不是声色俱厉地，不是有师生距离感地，而是两个人坐在教室外面的书架下，拉着他的手，先鼓励孩子要努力改掉自己不好的习惯，再提出具体的要求，在孩子可能犯某些错误之前先提醒他不要那样做。我还让他当起了图书管理员，提高他的责任心，让纪律委员带着他跟班里的其他同学玩，召开以"宽容"为主题的班会，让学生说出他的进步，并让孩子们给他一点时间来彻底转变行为习惯。这样一来，他跟其他的孩子的关系就不那么紧张了，人也快乐了很多，那些无缘无故打人的现象也就没有了。

当然，行为习惯的转变绝不是一天两天的事情，这个过程是艰辛的，也是需要不断地付出的。每天跟他的一次谈话，以及上科任课前的提醒，加上每天跟家长的沟通都耗费了我大量的时间和精力，而无形当中我甚至开始像一个妈妈一样对他充满了无限的期望，看着他一天天变好，性情也温顺了很多，我绷紧的神经也开始有了稍稍的松弛。

三　一盆冷水

可就当我开始沉浸在他变化的喜悦中时，他又给我浇了一盆冷水。

在操场上跟其他同学打羽毛球时，因为不喜欢另外一个孩子看，他径直走过去，话都不说，一下子就把人推倒了。被推的孩子找我告状，我开始没怎么生气，但问他的时候，他却一脸无辜、矢口否认，而且还愤愤地摔羽毛球拍子。我只感觉火气一下子直蹿头顶，厉声问他："是不是你干的？"他咬着牙根，挺着脖子，瞪着眼睛，大声说："我没有！"还用手指着告状的同学说："你傻吧！"

我让他站起来，他也没反应，我感觉自己的火气越来越大，但马上提醒自己冷静，"跟我到办公室来！"接着我头也不回地进了办公室，他迟疑了一下，最后还是跟着我走了。进了办公室，坐在座椅上，我一句话都没说，眼泪就唰唰地流下来了，我自己都不知道为什么，情绪竟然这样失控了，而我的眼泪也让他一下子软了下来，一张一张地给我递纸巾，嘴里直说"王老师，对不起，您原谅我吧！"……我没有说什么，让他回去了。

冷静下来，我仔细想了想，其实这个孩子以前的行为比当时发生的事情恶劣很多倍，但我都没有过这样的反应，为什么在他变得比以前好多了的时候我却情绪失控了呢？那么只有一个原因"爱之深，责之切"！那天我没有给他的父母打电话告状！我只是想看看他的表现。看看这么久以来的付出是否能感化他。结果，我没有失望，当我吃晚饭的时候，他的爸爸给我打来电话，首先道歉，并非常感动地告诉我："王老师，我们家这个孩子长这么大，第一次主动说出自己的问题，并且主动让我给您打电话说对不起！以前他犯了再大的错误即使老师给我打电话他都不承认，可是今天他却哭着说自己错了。他说我知道王老师是真心对我好的老师，可是我却惹她生气了。"接着小晏拿过听筒哭着跟我道歉！我一方面指出他的问题，不能犯了错误不承认，但更多地还是表扬了孩子能够主动道歉。

四　以爱育爱

从那以后，小晏犯了错误后咬着牙根不承认的事情越来越少了，他甚至犯了错以后都主动找我承认错误。连他父母都没想到孩子会有这么大的变化。有的时候，我也不太明白，这个孩子是出了名的"看人下菜碟"，班里一个孩子就曾经这样跟我说"老师，小晏只怕主任一级以上的领导，其他老师他根本不放在眼里！"可是他却很听我的话，也很服我的管。有一次办公室老师悄悄地告诉我说"你们班小晏很喜欢你！我说让他去我们班吧，他说那就见不到王老师了，我不去。"在一次跟孩子父亲的交谈中，我才知道了答案，他爸爸说："我们也很奇怪，那么多老师他都敢视，为什么单单听您的话。

我们就问他为什么，他的回答让我跟他妈妈都很吃惊，他的回答很简单，就轻轻地说了一句，'因为我知道王老师是真心为我好的！'"我当时感动得眼泪在眼圈里直晃，原来我每天跟他的交谈，原来我每天对他的细心提醒，原来他每一个好的细节我对他的表扬，原来我逗他玩的每一个细节，他都体会得到这背后我对他的爱啊！而这爱确是使他改变的最深沉的动力！

现在他可以跟同学和睦地相处，上课还能积极发言，前两天同组老师在我们班录课的时候，他竟然回答了三个问题，而且态度举止非常文雅，看得后面听课的老师们连连竖起了大拇指！他的妈妈对我说："王老师，太感谢您了，您的教育彻底地改变了我们的孩子，让我们都非常非常地欣慰！他现在回家不耍牛脾气了，还主动关心我们！要不是遇上了您，真不知道孩子会变成什么样子。"看着孩子的表现，听着家长的话，我又一次落泪了，但这是幸福的泪水。

教育首先是爱的抵达，心的接纳，才有理的影响，质的飞跃。只要方法得当，真心地去用爱浇灌感化我们的孩子，顽石也会变成金！这也是作为教育者最大的快乐！

真正的爱，就是接纳孩子的一切！既包括好的也包括不好的。王老师面对小晏的一切表现，不带任何评价的全盘接收过来，然后再慢慢观察、走进家庭、分析成因、耐心沟通、用心感化，最终看到了孩子的成长与变化！王老师的教育故事让我想起了这样一句话——孩子如果只有优点，还需要我们老师做什么呢？正因为有了不完美，有了缺点和不足，孩子才有进步的空间，才有成长。致敬王老师对孩子们的接纳，致敬王老师始终站在教育原点，坚守爱的初心！

读后感

——李娟

马岩

2006 年参加工作

班主任任职 13 年

教 师 心 语

寒来暑往，我从一个青葱少年逐渐走向成熟，和史家的同事们一起在平凡的岗位上做着再平凡不过的工作。

我感谢教师这个职业，让我有了温暖一生的故事，有了感动一生的情怀，有了执着一生的信念，还有铭刻一生的记忆。

每年教师节孩子们的牵挂和谢意都成为了我继续努力工作的动力。我要让 18 岁那年在"学为人师，行为世范"碑前许下的诺言，成为这个时代最温暖的力量。

用我的手给你照亮这世界

教育，应该是温暖的，让孤独的心灵在暗夜里有一丝光明，感到一种力量。担任班主任十几年，见过许多的孩子。大多数的孩子都有温暖幸福的家庭，有相亲相爱的双亲，他们沐浴在爱里面，感受到关爱，也能把爱给予别人。

然而，我们身处的社会变化太快，这个世界又太过复杂，总是有一些父母分开而互相怨恨，重组家庭……孩子是无辜的，他们没有选择父母的权利，只能默默承受家庭的种种变化。作为一名老师，作为一名班主任，对于这样的特殊孩子，我能给予的只有更多的关心爱护，更多的理解和宽容。

勇敢爱　尊重爱

小倩是我第一年当班主任时的一个学生。她的学习习惯不太好，有说谎话的情况。而爸爸对待她犯错误的教育方法就是打，孩子经常因为前一天犯了错误第二天脸上青一块紫一块来上学。

4 月 25 日学校召开了运动会，"五一"期间我要求学生写一篇运动会的征文。5 月 4 号一早，课代表就把收上来的征文放到了我桌上，我发现少了小倩的。她告诉我没有带，我嘱咐她明天一定带来。

到了第二天，我问小倩要征文，她跟我说还是没带，我觉得有点奇怪，就问她："你到底写没写？"她低着头回答："我写了，没有带。""那我让你爸爸给你送来吧！""老师，我这两天住在我大爷家，征文在我大爷家呢。""那就只能麻烦你爸爸到大爷家取了给你送来了。"我试探性地说。"老师，我求求你别找我爸爸！"她突然喊了出来。

我意识到有问题，把她带到了办公室。

"你跟老师说实话，你写征文了吗？"

"我没写。"她终于承认了。

"为什么？"

"周末爸爸让我去大爷家住。我跟大爷说那个征文是自愿的，所以我不用写，他也没问我。"她解释着。

"这已经不是你第一次说谎了，学习毕竟是自己的事情，如果你这么害怕爸爸就更应该严格要求自己，争取不犯错误，做个好孩子啊！"

"老师，我爸说我爱说瞎话都是跟我妈学的。"她着急地说。

我心里一惊，对于孩子产生了这样的想法我很意外。

"我妈要跟我爸离婚，我爸昨天找我谈了好长时间的话，所以我也没来得及补作业。""我爸说，我妈不要我们了，他们过不下去了，我得跟着我爸好好过。"孩子的眼泪已经涌出来了，我在整理着思绪。

"孩子，妈妈骗过你吗？"孩子摇头。

"孩子，你要相信，无论爸爸和妈妈发生什么，那都是大人的事情，他们还是你的爸爸妈妈，没有改变。世界上不会有爸爸妈妈欺骗自己的孩子的。"小倩似懂非懂地点点头。"老师希望你还能和以前一样地爱妈妈，尊敬妈妈。而你今天犯的错误和爸爸妈妈也没有关联，没完成作业这是一个学生最不应该犯的错误，希望你能吸取教训。"

我让孩子回班去准备上课，然后给小倩的妈妈和爸爸分别打了电话。两个人在电话里对于他们婚姻失败的理由进行了截然不同的阐述。对于孩子的问题我对他们明确了一点，父母和孩子的教育有直接的关系，不能把孩子说谎的原因归结于某一方或某一个外力因素，双方都应该对孩子的教育肩负不可推卸的责任。就小倩的问题来看，妈妈应该在近期和女儿谈谈，安抚孩子因为父母离婚和这种互相指责而凌乱的身心；而作为监管方的爸爸也不应该再用暴力来惩罚孩子的错误，要给孩子一个轻松的学习环境，让她的第一个谎言没有机会产生。

小倩的事情处理完了，我陷入了沉思。幼小的孩子与父母之间最纯真的亲情会随着父母离异而崩离。子女不得不与父亲或母亲分开，这对于孩子来说，无疑是一种沉重的打击和创伤。而小倩本来就爱说谎话，给自己的错误找借口，在父母离异之后就更加敏感。在接下来的日子里，我始终关注着小倩，无论是她的作业，还是她日常的活动，我都一一落实，并且鼓励小倩参加各种班级活动，在活动中引导她和同学合作，交更多的朋友，借此转移她的注意力。为了让小倩对学习更主动，我请她担任学习委员的助手，帮助收同学的作业并进行统计。小倩的脸上逐渐有了笑容，成绩也稳中有升。

面对小倩的既成事实的家庭变故，老师只能疏导孩子的心情，帮助她接受父母离异的现实，调整自己走出心灵的困境。

相信爱　永远爱

如果说小倩让我第一次知道家庭破碎对孩子产生的巨大影响，那么后来遇到的小杨则呈现了另一种在不完整家庭成长的样本。

小杨是我从一年级带起来的一个学生，聪明伶俐，很讨人喜欢。小杨的爸爸常年驻外工作，他是和妈妈姥姥一起成长起来的。虽然爸爸工作繁忙，但是总是会抽出时间和小杨视频，还抓紧一切时间辅导小杨的英语学习。所以小杨并没有因为爸爸没在身边而产生任何变化。

二年级的时候，小杨的妈妈专门到学校和我沟通了一次，告诉我因为聚少离多她决定和小杨的爸爸分开，小杨会继续和妈妈一起生活。而且将会有一位新的爸爸进入到他们的生活中，小杨之前就认识这位新爸爸，相处得很愉快。

接下来的几个月，小杨表现的也一切如常。突然有一天，小杨认真地告诉我，"老师，你知道吗？我有两个爸爸了。一个是我原来的爸爸，一个我叫他贾爸爸。"

"多了一个人疼爱你，多好啊！"

"我之前一直叫他叔叔，但是妈妈希望我能叫他爸爸，我不希望妈妈不高兴……"

孩子的话让我很感慨，但是又无能为力。小杨是如此懂事，面对大人婚姻的变化，最该被安慰的是孩子，然而现在最努力去满足所有人的也是孩子。

于是我跟小杨爸爸通了电话，他告诉我，孩子在决定叫新爸爸之前和他通了电话，跟他说爸爸永远都是爸爸，不会变的，希望爸爸能原谅自己叫叔叔为爸爸。小杨的爸爸告诉我，孩子的懂事让他觉得很惭愧。我希望他以后还能一如既往地关心小杨的学习和生活，让孩子真的觉得生活没有变化。

三年级的时候，从另一位家长那里我知道，小杨的妈妈怀孕了，小杨对此表示出了异常的冷静，他告诉同学他很快要有弟弟了。

可是，我知道，只有小杨自己才知道自己最真实的想法。

有一天，小杨到办公室告诉我自己没带彩纸，劳技课要用，想给妈妈打电话让她送来。

"妈妈要上班吧！"

"不，妈妈最近都在家休息，她有时间给我送。"孩子很坚持。

"马老师可以先借给你啊！别麻烦妈妈了！"

"没关系的，我妈妈一定能给我送！"

面对小杨不同寻常的固执，我只能默许他给妈妈打电话，电话没有人接，小杨沮丧地离开。

下一个课间，小杨又来办公室问我他妈妈是否回电。听到我否定的答案，孩子的眼睛暗淡了下去。

后来我终于给小杨妈妈打通了电话，她告诉我她最近在家里安心养胎，身体很不舒服。小杨很清楚这一点，但仍然坚持让妈妈送彩纸。我一下子就明白了，小杨很担心妈妈有了小弟弟就不那么在意自己了，所以急于用各种机会证明自己在妈妈心里的重要性。最后，小杨妈妈送来了彩纸，小杨的脸上恢复了笑容。

一个月之后，小杨在办公室门口等着我。进来之后，始终摆弄自己衣服的下摆不开口。

"你愿意拿老师当你的朋友吗？"

……

"无论发生了什么，老师都会帮助你的啊！"

"老师，你可能帮不了我了……我自己的爸爸也快有孩子了！"

看着孩子凝视着我的眼睛，我必须要忍住才能让自己不哽咽。

"小杨，相信老师，爸爸妈妈都是爱你的。他们因为很多原因决定分开，但是他们对你的爱是没有改变的。而且现在你有了两个温暖的家，还将会有两个小弟弟，他们都是你的手足。你是一个小哥哥了，一定要照顾好弟弟们，给他们做榜样啊！"

接下来我和小杨的爸爸妈妈分别通了电话，作为一个新手妈妈，我能理解他们会对即将到来的新生儿投入全部的精力，但是也希望他们无论如何都不要停止对小杨的关怀。他毕竟也是个孩子，已经习惯了在充满爱的家庭里成长。而眼前这一切，已经超出了孩子的认知。

从那以后，我更加关注小杨。他生病请假一个星期，我特意带着零食到家里去看望他；班里组织活动，我请他做老师的小助手，照顾同学们；生日的时候，我给他单独准备了一份小礼物，还请同学们给他写了生日卡；季节变化，我会提醒小杨增减衣物；需要打印材料，我会帮他打印好带到学校……就这样，小杨的功课没有落下，也仍旧是班里那个同学们喜欢的小机灵鬼。

年轻的时候，总觉得家庭教育对一个孩子至关重要，而破碎的家庭会给孩子很大的影响，父母必须要想办法把对孩子的影响减到最少。等到年龄渐长，自己当了母亲，更加体会到世事的变化和养育的艰难，更能理解那些父母，也更能心疼这些孩子。他们需要的不只是语言上的安慰，他们需要的更是关心和爱。而这些，作为老师我们一定要慷慨给予，一点一滴，相信润物细无声，更相信我的温暖，能给你照亮黑暗，驱散阴霾。

读

心理学家认为：人所有的不幸和悲剧，基本都可以追溯到童年时期的家庭影响。而对孩子影响最大的莫过于父母的离异。离异后孩子诸多问题随之出现，怎样关心、教育这类孩子，使之能够较正常地成长，也就成为新形势下班主任工作的一项重要内容。马老师为我们讲述了两个不同情况的离异家庭，孩子呈现出的问题也截然不同，但面对离异孩子的教育规律也是有的：首先老师要做到的是，给孩子足够的关心和爱心，了解孩子的需要，树立孩子坚强的个性和生活的信心，教他们学会理解。其次，要主动了解孩子家庭的情况，及时联系其父母亲，做好他们的工作。事实上并不是每个人在处理自己的事情的时候都会客观冷静地面对，很多父母在处理自己的事情的时候都有自己的苦衷和理由，但是他们并没有意识到他们的行为会对孩子产生严重的负面影响。对于这些父亲或母亲，老师要采取理解和倾听的态度，站在孩子的老师和朋友的立场真诚地与他们沟通，让他们明白孩子是双方的，双方都对孩子有责任；不论是分开还是在一起，都应该为自己的孩子提供尽可能健全的父爱和母爱以及融洽的家庭环境。最后就是需要老师尽量给孩子营造一个宽松、和谐、温馨的教育环境。马老师就是用自己的努力逐渐弥补了家庭变故给他们带来的精神创伤，相信教师的关心与呵护能帮助孩子驱散阴霾照亮黑暗。

后

——李娟

感

教师心语

教育家陶行知先生曾经说过："爱是一种伟大的力量，没有爱就没有教育。"我觉得这种有爱的教育包括对学生的尊重与教导，关怀与理解，以及支持与欣赏。用我们的生命去默默陪伴与影响着另一个生命，用心、用情、用智让小小的心灵在"爱"中学"爱"，完善人格、启迪智慧、提高能力，从一个个"接受爱"的小花朵成长为"给予爱"的小太阳。

汪卉

2006 年参加工作

班主任任职 13 年

那年夏天

一

2009 年秋天，小蒙入史家小学上一年级，我是他的班主任。没想到，我和他之间会有一段特殊的缘分。

刚刚开学不久，我便知道，原来小蒙和妈妈刚刚从日本回国，为了孩子上学，母子二人来到了陌生的北京。面对全新的环境，孩子又要面临入学这一关，难免会有些艰难。作为一名教师，我尽自己的全力帮助着他们，随时解答关于学业、教育方面的诸多问题。除此之外，作为他们身边少有的"北京人"，我也慢慢地成为了他们生活中的向导，北京最大的书店在哪里，有什么适合小孩子玩的地方，博物馆又有什么展出了……安静内秀的小蒙在新生活中迅速成长着。我与家长之间也建立起了难能可贵的信任。

记得那时候，学校要求班主任们每学期都要进行家访，那是我们第一次私下见面，我俩就像聊天多年的网友相会一样激动。那天天气非常好，阳光照进餐厅，我们静静地坐着，喝着小蒙为我们亲手搾的橙汁，一起回忆几个月来的种种。她喜欢我工作认真负责，做事严谨有序，感谢我的无私帮助，感恩母子能被这座城市包容。我敬佩她的坚定勇敢，教子有方，性格刚中带柔，为了孩子牺牲一切，却从无幽怨。连小蒙都在一边"吃醋"，说老师的家访为什么变成了大人间的聚会。

可，没想到，这是我们第一次，也是最后一次单独会面……

二

2011年7月，小蒙二年级结束的那个暑假，我接到了噩耗，小蒙和妈妈外出游玩出了车祸，小蒙腿部骨折，而小蒙妈妈永远地离开了我们。

小蒙的爸爸从日本赶回来，和我通了电话，他问我要不要送小蒙妈妈最后一程。我没有任何犹豫。

遗体告别的时候，看着小蒙妈妈安静地躺在那里，一切都是那么的不真实。小蒙爸爸一再感谢我对他们母子俩的关照，而我此时除了悲伤以外更想知道小蒙怎么样了。

小蒙爸爸说小蒙骨折手术还算成功，已经出院了，在家休养。他什么都不知道，只告诉他妈妈去日本看病了。姥姥和姥爷在家陪他。老人不想来。

我主动要求去看看小蒙，小蒙爸爸万分感激："那太好了，这两年，除了妈妈，您是小蒙最亲近的人。"

听到这句话，我泪如泉涌。

三

再次来到小蒙家，阳光依旧，可是却没有了上一次的温暖。

接待我的是小蒙的姥姥，老人一见到我就哭了。我知道，这对任何一个家庭来说都是灭顶之灾。我暗自决定，一定要多帮帮小蒙。

我深吸了一口气，准备好了自己的笑容，推开了小蒙的房门。

小蒙看到我，居然腼腆地笑了，然而那笑容又转瞬即逝。

我咧着嘴笑着说："哎呀，汪老师来看看我们勇敢的小蒙！你现在怎么样啊？"

"汪老师好。我还行。"

"汪老师都知道了。你超级坚强，超级厉害！对不对？"

小蒙不说话。

"快让汪老师看看你的石膏腿，我觉得它现在已经是你男子汉的象征了。"

小蒙还是不说话。

看着他从脚踝一直打到快到大腿根儿的石膏，我的心好疼，可是表情却依然夸张："你不觉得你现在像个变形金刚吗？"

小蒙终于又露出了短暂的笑容。

之后，我天南海北地陪他聊起来，给他讲那段时间形形色色的见闻。

小蒙始终都是默默地听着，很少说话，但是我热情不减，希望能给他带来一些快乐。临走时，小蒙小声问我："汪老师，您还来吗？"

我的心被重重地敲了一下。

"你希望汪老师再来吗？"

他还是不说话，只是点点头。

"那汪老师明天还来！"

辞别了小蒙，我和姥姥商量好每日来的时间，然后赶快离开了小蒙家。反手关上门的那一刻，泪水止不住地往下淌。

四

从那天起，整个暑假，只要有时间，我就会去小蒙家报到。

我给他买了新学期的课本、练习册，还买了些课外书。我们一起学习、阅读。

奇怪的是，半个多月了，小蒙对妈妈的事始终只字不提。虽然我也很怕他会问我些什么，让我无法招架。可是像他这样的表现，不是更奇怪吗？

对于一个快 8 岁的孩子，经历这样的灾难，对灾难过程从不提及，对于生命中最重要的人的长期消失，也从不过问，甚至没有掉过一滴眼泪。这代表什么呢？

我偷偷问姥姥："他会和您吵着要妈妈吗？"

姥姥说："出事后，他就问过一次。我们说妈妈去日本治病了。之后他就再也没有问过了。也从来没见他哭过。"姥姥也觉得非常奇怪，按理说，这件事是"纸里包不住火"的，如果孩子反复追问，一定会"真相大白"，他们也早已做好心理准备来应对外孙的情绪问题了。

回到家，我联系了学心理的同学，和同学一起探讨。我俩一致认为这显然是在逃避，以我对小蒙的了解，这个聪明的孩子是不会轻易被糊弄过去的，他不想去质疑我们的隐瞒，他愿意相信我们说的一切，他是害怕询问过多而得出不好的结论。可是让他自己就这么闷着，我们也假装不理睬，这样好吗？

我和小蒙的家人商定，还是暂时不要说出真相。但是可以慢慢渗透他一些死亡的概念。我有意为小蒙买来了《最后一头战象》一书，我陪他一起读。

读着读着，我不争气地哭了。

小蒙怔怔地看着我："老师，您怎么哭了？"

我看着小蒙，反复考虑之下，咬咬牙说："因为战象死了呀！死亡太可怕了，我很难过。因为我伤心，所以我哭了，我想把我内心里的难过宣泄出来，这样会舒服些。"我希望我能通过这样的引导疏解小蒙内心的压力，希望他能把自己的喜怒哀乐正常地表达出来。

小蒙居然淡定地说：“死亡有什么可怕的？动物会死，植物会死，人也会死，只是早晚的区别，既然只是先后、早晚的事，总归要来，那就没什么可难过的。”

这段话是小蒙出事后一口气说得最长的一段话。也是我们离“要害”最近的一次。

我愣愣地看着他，他的眼神里真的没有一丝恐惧，这或许是他在心底里已经思考过千百万遍后得出的结论。他的风清云淡那么像他的妈妈，柔和间透着坚毅。

“你说得对，你比老师想得透彻，老师好幼稚啊，看个书还哭了。”

我俩都呵呵地笑了。

五

那一次的对话，给我了太大的震动，小蒙远比我们想象得要强大。他运用已知的学问，去分析，去解释，去面对生活中的难关，早就有了自己心中的定论。我们呢？我们需要做什么？你若想忘记，我便陪你抬头看向远方就好。

在随后的日子里，我再也不纠结于那些禁忌，每次去见小蒙不再顶着压力假装开心，心里的大石头也落了地。脑海中只有一个想法，用力地、尽情地把我小太阳的一面展现给他看，把无尽的温暖送给他。我们一起学习、游戏、读书、下棋……我陪着他从慢慢挪动身体到用好腿跳着走路。陪着他从不爱说话，到和我谈笑风生。有时我俩还互相开玩笑，打打闹闹。我假装不懂，让他告诉我 QQ 如何使用，在我不能去看他的时候也能和我网上聊天。

姥姥看着小蒙的变化，高兴极了。她说小蒙慢慢开始和她撒娇、调皮、不听话了。这不正是敞开心扉，和家人渐渐亲密的表现吗？这才是一个孩子该做的啊！

六

时间过得真快，新的学期就要开始了。再开学，我就不再教小蒙了。是时候把小蒙交给新的老师了。幸运的他遇到了刘晓姗老师。

我把小蒙的情况讲给了刘老师，刘老师和我一起去看望了小蒙。新学期，小蒙会休学在家继续养病，刘老师毫不犹豫地接过了为小蒙补习的接力棒。

在我默默退出的那一晚，我心里五味杂陈，有心疼，有不舍，有担心，也有希望。

但是这都没有关系。

我相信小蒙能用自己的坚强去面对未来的每一天。

无论时光如何流逝，哪怕我们再也没有了彼此的消息，我们都不会忘记那个暑假，那年夏天，不会忘记生命中有过这样的师生情。

如同，直到现在，我的办公桌上仍然有小蒙的一个位置，一幅他画的画，几经辗转变换校区、办公室，甚至出国，我都不舍得把它丢掉或封存。

上面的落款写着小蒙的名字，以及2009年9月10日，我们初识的那一年。

读

后

感

教师与学生，教师与家长在工作中都会建立联系，伴随着交往会产生友情，成为朋友。

作为朋友，汪老师伴随着小蒙同学走过了人生的第一个灾难，突如其来的事件让孩子猝不及防，让生活一下子失去了原有的模式甚至方向……汪卉老师从记忆的深处把这个故事一幕幕地呈现给我们，让我们知道，在特定的时候，特定的场景下，教师可以成为给予孩子力量的人，可以成为让儿童从痛苦与迷茫中抽离，并恢复生活节奏的人……

越发地珍惜每一个阳光灿烂的日子吧，这些日子，最终会成为暂时阴天时的资粮……

——李娟

教师心语

乐观是希望的明灯，它指引着你从危险峡谷中步出平坦；教师是学生的明灯，她指引着学生从破土出新的小苗长成参天大树。在从教的18载中，虽没有轰轰烈烈的事迹，但却有对教育事业的始终热忱。虽没有远大的目标，但却有每天做好教师的坚定信念。如果用一句话来概括我的教师工作，那就是：我爱这份职业，爱我朝夕相处的学生，我愿意用心去传播爱，用爱去享受生活，我更愿意做一名爱的使者。

张春艳

2000 年参加工作

班主任任职 13 年

停留1分钟，倾听花开的声音

记得在我工作的第十四个年头，办公室中迎来了一位久别的客人，他就是我的学生小疆，这个在 2005 年我教他一、二年级时的学生，能在 10 年后的某一天出现在我的面前，真是让我喜出望外。要知道学生回来看教过他的老师是习以为常的事，可是在 10 年后，还记得他的小学低年级老师的人真是屈指可数，更何况还是亲自前来拜访，那更是"稀罕"的事。

当面对眼前这个曾经让我十分喜欢的"帅军体"时，时间一下子把我们拉到了他小时候，他带着送我的娃娃笔筒，从十分腼腆地跟我讲述着他给我挑礼物时的想法，到神采飞扬地给我讲了很多他现在的种种趣事，最后到义愤填膺地讲述现在遇到的烦心事，我就这样地听着听着……一会儿跟他哈哈大笑，一会儿又跟他捶胸顿足，仿佛在跟他一同经历着这些过往，当听他倾诉完后，我好奇地问他："我这个老师给你留下最深刻的印象是什么呢？"我以为他会说我对他的关爱、尊重、严厉等，然而他给我的答案却是："有一次，我跟几个同学上课说话，您也不听我解释，就把我'轰'出教室，让我出去反思去了……"当时我的脑中一个劲地翻找记忆，可就是怎么也想不起来这段，于是我只能呵呵地对他说："还有这段？我怎么不记得了，当时是什么情况啊？"他乐呵呵地说："您当时可生气了，正讲重点呢，可一回头却看见我们几个在那说话，我作为班干部就先被您批评并请出了教室，可您知道吗？当时是我前面的两个同学说话，我管他们来的，可他们不听，我就跟他们多说了两句。"听到这时我才恍然大悟，原来这个误会经历了10年之久，要不是他今天的拜访，我还从来没有意识到原来的自己竟然犯过这样的错误，也不知道这件事会在他小小的心里一直深深地埋藏着，借此我跟他承认了错误，给他讲了这件事对我的触动，原本要给他做开导工作的我，瞬间被这一颗小小的石块搅得心情久久不能平静……

作为老师，我们要的是绝对的权威，尤其是在提完各项要求后，那必须是绝对的服从、毫无商量，然而就是我们所谓的这种"权威"却在一次次地面临挑战。以前的我总会"以大欺小""以点概面"，再不行声音可以"高八度"，但结果还算喜人，然而就是这一次简短的对话，却让我不得不重新审视自己这还算管事的方法，是否真正地让学生"信服"，于是我尝试着改变……

第一次尝试

在一次去往国家博物馆的路上，我按照以往的惯例，对学生进行着思想教育：身体靠在椅背上，靠过道的同学把扶手放好，如果累了可以闭目养神休息一会儿，但不能聊天，不能脚踩踏板制造噪声，这样会影响司机叔叔开车……自认为要求说得够清晰、够翔实的我刚刚满意地落座，就听见我身后的小瑞踩着踏板发出了刺耳的声响，要知道刚提完要求就马上犯错，对于老师来说必须要"杀一儆百"，于是我刚想严厉地批评他时，突然想起了"那件往事"，于是我决定给他一次自述的机会。

"刚才我提的要求你听到了吗？为什么要去踩那个脚踏板呢？能跟我说说你是怎么想的吗？"我心平气和地问。

小瑞带着像是刚刚做了坏事的不好意思的表情说道："我听到您的要求了，可是我觉得我可以控制住那个脚踏板，所以就踩了上去。"

听后我不但没生气，还觉得特别有意思，难道这就是孩子的"童心"？无论他是否知道游戏的规则，但好奇总会促使他去挑战你的"权威"。于是，我把他调换到身边的座位，跟他攀谈了起来。这时的汽车正好在等红灯，借机我就对他说："你知道路口为什么设有红绿灯吗？没有不行吗？"小瑞带着嘲讽的意味看着我说："怎么能没有红绿灯呢？如果那样想走就走，还不得撞上啊！"我就像一个什么都不懂的孩子一知半解地问他："可是按照你刚才的理论，我认为如果司机能控制住不就行了吗？也许出不了车祸呢？"就看他的脸青一阵白一阵的，支支吾吾说不出话来，我笑着摸着他的头说："其实这就是规则，红绿灯能告诉我们什么时候该你行走，什么时候需要等待，如果大家都认为自己的技术好，不按照规则行事，那马路上肯定交通事故不断，有时规则一旦制定，它就一定有它制定的道理，我们作为参与者就应该想着如何去遵守，你说是不是？"小瑞听后连连点头，我深信，下次在规则面前他一定知道该如何先去遵守了。

第二次等待

我最喜欢跟小邱聊天了，因为他总能给我讲笑话，有时还能给我透露一些同学们的"小秘密"，但他也有缺点，就是总爱抱怨。有一次他就跟我抱怨说，不喜欢语文，因为要背的书太多，要写的字太多，觉得特别无聊，听后我就跟他讲作为中国人学习汉语的重要性，很多学科并不是你不想学就可以不学的，语文的好处有很多，比如，它可以让你学会跟别人交流，爱上文学，生气时还可以抒发自己的情绪……正说得热火朝天时，他突然说："语文老师讨厌！"然后停顿了。我当时那叫一个气愤，想着：我都跟你说那么多语文的重要性了，怎么能说老师讨厌呢！于是我就说："怎么能说老师讨厌呢？要知道老师都是为你们好！"刚要继续我的长篇大论，就看小邱不停地摇头，于是乎我马上停下了，赶紧补充道："难道你不是这个意思？"小邱马上补充道："我是说语文老师讨厌——不爱学习的孩子，所以呀，虽然我觉得语文很枯燥，但我还是会努力学好它的。"哈哈，原来孩子也学会了大喘气，如果我再耐心地等一下，是不是就不会"出丑"了呢？自此以后，我又学会了让自己的等待再长一些，有时还会及时地问他："你说完了吗？"

第三次改变

这学期我们班转来了一名新同学，她个子高高的、性格开朗，刚上学没几天就跟同学们打成了一片，交到了很多朋友。有一次，这个天生乐天派的小姑娘走到我面前，支支吾吾地说了一些前言不搭后语的话，后来经过慢慢揣摩才知道了这个事件的大概。那就是，她在原来的国际学校穿惯洞洞鞋了，她觉得这个鞋舒服，可后来发现现在学校的体育课要求穿运动鞋，于是她就带了一双运动鞋放在柜子里，体育课前就换上，这次下了体育课回来想换上洞洞鞋，可却发现只剩下一只了，她已经找了好几天了，都没有找到，所以特别不好意思地来找老师帮忙。听到这个事后，我马上向全班同学进行了询问，线索就这样一点点浮出了水面……有人说看到小丁拿过这只鞋，还有人说看到小文拿过，虽然大家你一言我一语地提供了很多线索，但目标还是较集中地停在了小丁身上。小丁一直是班中比较淘气的孩子，按理说是他拿的可能性还是挺高的，于是我也毫不客气地把他叫了起来，问他事情的原委，小丁看着大家的指责气哼哼、结结巴巴地说："我前几天是在柜子边上看见了一只绿色的洞洞鞋，可不知道是谁的，就扔了！"刚想对他发脾气的我，忽然想到，以新来同学的人缘和口碑，跟别人结怨是不可能的，那他说的"不知道是谁的"一定是真的，于是我静下心来对他说："你说把鞋扔了，那扔到哪了？咱们看看还能不能帮她找回来。"这时他看我没有批评的意思，就马上心平气和地跟我说："张老师，我真是前两天在柜子前看到了这只鞋，可当时问半天也没人要，我就想把这只鞋放到班级的门口，大家都会经过这里，如果是谁丢的就一定能看到，我就把鞋放到了这里。"他边说边带我走到了放鞋的位置。这时，有一个同学马上说："对，我也看到过这只鞋在这里出现过。""那后来鞋又去哪了？"我问。这时又有同学说，之后看到鞋出现在13班的门口，还有人说出现在饮水机旁，就这样你一言我一语地，整个事件变得清晰了起来，原来在小丁好心放好鞋后，平时跟他关系不太好的小文把鞋又从门口带到了饮水机旁，最后放到了别的班的门前，他以为这样老师就可以批评小丁了，说实话，这次如果凭经验断案，小丁一定委屈死了，可就是在这等待的1分钟里，小丁不但洗脱了嫌疑，还让我们看到了眼中"淘气包"心细的一面，虽然鞋最后没有找到，但却让两个不同的孩子都发现了自己身上的优缺点。

> **读**
>
> 著名教育家陶行知先生说过这样一句话："我们必须学会变成小孩子，才配做小孩子的先生。"确实，从孩子跨入学校大门的那刻起，就生活在学校这个集体中，老师就是孩子们最值得信赖的人。但如何能如先生所期待的那样，真正走进孩子的内心世界，确实需要我们静下心来去观察，去倾听。在教育者的任务中我们总是以培养会倾听、会表达的孩子为首要目标，总是希望自己教出的孩子能学会倾听老师说话、倾听别人说话，殊不知，孩子更需要我们对他们的倾听。
>
> **后**
>
> 人们都说"耳听为虚，眼见为实"，然而"眼见不一定为实，耳听更不一定为真"，对于事实和真相，有时真的需要停留1分钟，给他们时间、空间，让他们去展现真实的自己和想法，也许真相真不像我们想得那样。张老师从毕业生的一句话反思自己的教育行为，并在后来的教育中努力践行，收获满满。这说明：一个会反思的老师才是教育的智者，努力做孩子的倾听者才是好教师。教育需要慢一点！
>
> ——李娟
>
> **感**

赵苹

2007 年参加工作

班主任任职 13 年

教 师 心 语

转眼间，在史家看四季更替已经 12 次。我秉承"踏踏实实工作、勤勤恳恳育人"的原则，用心地对待每一个学生，力求对得起学生的成长，对得起家长的嘱托，对得起自己的良心。

当学生犯错误的时候，我严格教育，抽丝剥茧般讲清楚道理，让学生深刻认识到自己的错误；当学生知识有不足的时候，我放弃自己的休息，细致耐心地一遍遍讲解，直到学生学会了听明白了为止；当学生参加活动的时候，我放下自己的孩子，陪着学生们登台精彩亮相……

我愿用爱，滋润每一个孩子，浇灌每一个灵魂。

她变了

"报告！""赵老师，您快看看去吧，小廖把桌子掀了，在班里哭闹呢！……"

听了中队长的报告，我眉头一紧。又是这个小廖，接班两周里，她频频与同学发生矛盾。接班前就听前任班主任说过她。因为小廖学习不好、爱发脾气，所有同学都不喜欢她，特别是男生，尤其喜欢招惹她，让她发脾气，让她大哭大闹。她一哭闹起来常常一个小时都停不下。也许是因为没有朋友，小廖特别敏感，只要别人一说她，哪怕一个手势、一个眼神不对，她便立刻生气发飙，大喊大叫、大哭大闹。就这样，就像陷入一个死循环一样，班里无休止地出现小廖的号叫和哭闹声。

不能再这样下去了！一定得好好跟她谈一谈。

于是，我把小廖叫了出来，找了一个没人的地方坐下来。小廖还在哭泣中。我告诉她："给你 10 分钟平复你的心情，你觉得够用吗？老师在这里陪着你，等你冷静下来。"小廖不理我，继续哭着，哭了将近 5 分钟，见我还是什么也不说，就那么陪着她，也觉得不好意思了，慢慢停止了哭泣。"还没到 10 分钟呢，你可比我预想得更会调节情绪哦。"听了我的话，她竟扑哧笑了。

"你刚才发了那么大的脾气，哭得那么伤心，想必有委屈。快跟老师说说，是怎么回事？"我这一问不要紧，小廖又开始哭起来，一边哭一边大声嚷嚷起来。我连忙说："孩子，先别急，你这样说我可什么都听不清。你先平复情绪，然后好好跟老师说，让老师听清楚，那样才能帮你。"小廖又抽搭了一阵后，终于能够平静并跟我说起了事情的原委。听她讲完之后，我没有急于批评她，而是先告诉她，她生气是情有可原的，那个男同学小航说的话的确过分。小廖听我这么一说，便开始跟我说了以前不少"陈芝麻烂谷子"的事，抱怨小航一直欺负她。"小航的确有很多做得不对的地方，那你觉得你自己哪做得不好呢？"在我的引导下，她认识到了自己的问题。"你的最大问题，就是容易发怒。发脾气是人的本能，控制自己不发脾气那是本事。赵老师希望你慢慢成为有本事的人。赵老师不要求你立刻改变，那是不可能的。但希望你在每次发脾气之前心里数个数，只要这次发脾气前你控制的时间比上一次长，你就是进步，赵老师就会先表扬你。"小廖看着我，深深地点了一下头。

从那以后，小廖看见我就笑，时不时地跟我报告："老师，我今天忍了一会儿才发脾气。""老师，小强说我，我没理他。"我都会摸摸她的头，对她说："做得好，宝贝！"为了帮助她找到控制情绪的方法，我借给她一本《面对嘲笑》的书，然后跟她交流心得，总结方法。每一次她发脾气后，我都会告诉她，如果我是你，我会怎样想，怎样做。能够看得出，小廖还是挺听我的话，她也在尽量克制。但是，小哭小闹还是不断。怎样帮助小廖取得更大的进步呢？"死循环"中有两个关键环，一环是小廖，一环是同学们，特别是淘气的男生。要想终止这个死循环，必须双管齐下！于是，一方面，我不断地跟小廖及小廖的妈妈谈，让小廖努力学习，提高成绩，控制情绪，减少发脾气的次数。另一方面，我努力改变同学们对小廖的态度。我先从女生入手，找一些懂事的、热心的女生，跟她们谈，让她们包容小廖，多多帮助她，和她做朋友，让她感受到班级的温暖。然后，在班级中经常表扬小廖的优点和进步。接着，分别找常常招惹小廖的男生谈话，晓之以理、动之以情，让他们明白招惹小廖、让小廖哭闹的行为对自己、对小廖、对班集体都没有好处。最后，立下班规，全班同学和谐共处！

经过长达两年的努力，死循环终于终止，良性循环慢慢形成！在六年级整整一年里，小廖的哭闹少之又少，偶尔发生问题，她的身边也总会有好几位女生安慰她，帮助她。课间她和同学们、和我在一起说笑、玩耍、追跑，那份快乐溢于言表！同学们、老师们都说："她变了，她的变化太大了！"

读 后 感

用爱心感召情感，用智慧启迪心灵，用耐心等待成长，用沟通架起友谊……赵老师面对这个极其敏感、情绪难控的小廖时，多了一分宽容，多了一分理解，多了一分鼓励；面对招惹小廖的淘气男生时，多了一些宽恕，多了一些引导。就像赵老师自己说的，对待孩子出现的问题，她会抽丝剥茧般给讲清道理，用心呵护每一个孩子健康成长。她用心用爱用真情改变了小廖，也改变了集体！

——李娟

满文莉

2004 年参加工作

班主任任职 15 年

教师心语

在儿时，我的老师就在我的心中播下了一颗种子，一颗对"教师"这一职业期望的种子。在老师爱的雨露和关怀的阳光下，我慢慢长大。长大后，我如愿以偿，登上讲台，成为一名教师。我学着我的老师的样子，学着身边老教师的样子，用心去关爱每一个学生。就这样学着学着我发现：用心去爱，我看到了学生的更多闪光点；用心去爱，我感到了学生的不断进步；用心去爱，我走进了学生的内心深处；用心去爱，我体会到了教育的温度与温暖。我愿意用心去爱每一个学生！

用心去爱　花自芬芳

打破平静

2006 年，我工作的第三年，也是我当班主任的第一年。四 3 班，就是我带的第一个班，这个班的孩子热情、仁义，所以虽然我是个新班主任，但感觉工作上还算顺手，这也消除了我之前的焦虑、紧张。可好景不长，开学三周后，小官同学兴趣班报名费 200 元的丢失，打破了我工作上的平静，还真的让我一段时间都陷入了焦虑与紧张中。

那是一天中午，小官同学焦急地跑到办公室告诉我："满老师，我的兴趣班报名费丢了，我就放在位子里，中午吃饭的时候还看见了，现在没有了。"我和他赶快来到教室，在他的桌子周围找了几遍都没有找到。我就向中午的几个值日生询问，他们都说没看见。这 200 元会去哪呢？怎么就不翼而飞了？在送走孩子们去上体育课后，我又来到教室，找遍了教室的每个角落，就是找不到。

没有办法的我跑回办公室求助老教师，讲明情况后，老师们纷纷出招。李老师问：中午教室里都有谁在？刘老师说：你在问值日生的时候发现了什么异常没有？杨老师说：你可以这样……听了老师们的办法我平静了许多，走回教室，等着孩子们下课回来。

当孩子们回到教室后，我对大家说："孩子们，小宫同学的200元兴趣班报名费丢了，有没有谁捡到了或者看见了，请大家都趴在桌子上闭上眼睛，如果你捡到或者看见了，请你把手举起来。"一秒一秒的过去，班里安静极了，没有任何动静，我又问了一遍，这时蕊蕊举起了手。蕊蕊是班里的随班就读学生，智力有些问题，她往常就总在教室里溜达，很有可能今天溜达的时候就捡到了。我说："好，把手放下。"然后过了几秒钟，我让大家睁开眼起来，起来后，孩子们你看看我，我看看你，他们很好奇这钱在谁手中。我不动声色地和大家一起做着一些事情，然后在大家不经意的情况下，把蕊蕊带到一旁问她钱在哪呢？蕊蕊一脸茫然地看着我说没有钱，我又说："你刚才不是举手了吗？"她回答说："您不是说让举手吗？"本以为这件事情解决了，但其实是个误会，马上就要放学，再组织大家询问也来不及了，并且这时还有几个孩子说，满老师，我前几天还丢过一支笔、我丢了一根跳绳……我当时听了，真有点儿要崩溃的感觉。我赶快调整情绪，组织孩子们放学，并给了小宫同学200元钱，让他先去兴趣班报名。

放学后，我拨通了小宫同学妈妈的电话，告诉了她孩子丢钱的事情。小宫妈妈说："满老师，您别着急，是孩子没有保管好自己的东西，也给他个教训。您每天那么忙，别为这小事耽误时间。"我知道这是家长对老师的理解，对班级工作的支持，但是这件事我一定要搞清楚，因为这不光是200元钱的事情，这是关乎一个孩子的习惯、关乎一个班级的风气的事情。

初见端倪

从这以后，我更多地把时间放在教室里，关注着班里的点点滴滴；我更多地与孩子们交流，了解他们的课下生活。一周过去了，没有任何进展。我又开始利用晨读时间给孩子们讲关于诚实的故事，记得当时讲过列宁与花瓶的故事、郭沫若与芭蕉花的故事、华盛顿与樱桃树的故事……就这样，又一周过去了，我有了新的发现，班中的小琪同学最近经常到图书馆买一些学具和图书，有时候还送给同学。小琪是个住宿生，住宿生每周可能会带几块钱，以备有时候买个本啊笔啊的学具，但通过我的了解，小琪最近买的东西，至少要几十元了，她的钱是从哪里来的呢？这个疑问也让我想到了，当天小琪正好是值日生，也正巧扫的就是小宫的那一组。我想小琪应该与200元这件事有关。

虽然心中有所怀疑，但我没有去找小琪确认这些，而是在课间和小琪聊天的内容变成了晨读的故事，问问她听了故事的感受，问问她还知道类似的故事吗，问问她可不可以把自己的感受写在日记里。我们每天都这样自然地说着聊着。

水落石出

就这样，离小宫同学丢钱已经过去了整整三周，同学们都好像已经忘了这件事，但就在这时，这件事水落石出。

周一一早我判日记，当我判到小琪的本子时，上面写着：满老师，我最近的心情可不好了，我每天都不能集中精神学习，上课特别爱走神，我有话想对您说，今天晚上八点半，您能在楼道里等着我吗？

看到这一段话，我有些激动，晚上不到八点半，我就在楼道里等着小琪。小琪从远处低着头慢慢地向我走来，不时地抬起头看我一眼，还没等我眼神和她对上，她又低下了头。当她走到我跟前，我对她说："来，到老师宿舍吧。"我们脚刚踏进我的宿舍，就听到她呜呜的哭声，我看着她说："没事，哭一会儿吧，哭一会儿心里会舒服些。"想想她今天能鼓足勇气找我，这么多天，她的心里一定在斗争，肯定承受了不少压力，眼泪流出来了，心中的压力也会减轻很多。哭了一会儿，她开始说话了："满老师，小宫同学的钱是我拿的，当时我值日，看见了位子里的钱，犹豫了一下，然后趁着同学们没注意，就装在了兜里，然后我把一张钱藏在了柜子里。其实我原来还拿过同学们的学具。您当时在班里问这件事，我也没想承认，但最近您讲了那么多的故事，还有很多名人小时候的故事，让我明白了很多道理。从上周我就想和您说，但是我不敢，我怕您知道了就不喜欢我了。"说完，她又哭了起来，我抱住她，让她在我的怀里哭，并对她说："老师为你今天能主动把事情说出来而感动，首先感谢你对我的信任，其次我想说，我在小时候也做过错事，做错事不怕，只要能改正就是好事。你今天能说出来，能承认错误，就是迈向改正错误的第一步。小的毛病发展下去，会铸成大错，小的毛病改正过来，你依然是我喜欢的小琪。"小琪说："满老师，其实我心中还有很多秘密，我没有和任何人说过，更没有和我的爸妈说过，您能答应我，这件事不告诉他们吗？"我点点头，看着她平静了很多，送她回到了宿舍。

家校协同

虽然我答应了孩子不告诉她的爸妈，但是目前孩子的问题，我还是需要她的父母配合进行教育的，因此，第二天上午，我和小琪的父母见了面。

我把这件事情原原本本地讲给她的父母听，她的妈妈还没听完就哭了起来，激动地说："满老师，我的孩子我了解，其实她在幼儿园的时候就有这样的行为，为此我们罚过她，打过她，也带她看过心理医生，进行过电击治疗。就这个话题，都不能在我们家说，一说，我们就要打一架。孩子现在都不愿意和我们俩多说话，您说我们该怎么办呢？"她的爸爸见状，也是唉声叹气。

我说："您二位先别着急，今天咱们见面不就是为了解决问题而来吗？肯定会有办法的。今天咱们见面的事情不要让孩子知道，更不要去问200元这件事。关于孩子拿别人东西的事，由于你总是说她打她不相信她，她感到害怕和屈辱，就越来越不敢吐露真言，也就更趋于不诚实。我们应当从孩子的需要做起，我建议您每周三接孩子回家一晚，这样有更多的时间可以和孩子交流，了解她的内心。另外和孩子交流时，要有更多的信任与理解，不能总是简单粗暴。孩子在班里是个能力很强又非常热情的孩子，您也要多发现她的优点。"我又给她的父母讲了很多孩子在学校的小事情，妈妈再次激动落泪，并表示一定配合老师，一定按老师的方法去做。

一方面和家长达成一致，一方面在学校鼓励小琪更多地发挥自己的特长，为同学服务。在班里，做卫生小干部，为同学们做值日，在住宿部里，为同学们播放晚间故事广播。每天小琪都是忙忙碌碌，但我发现，在忙中，她越来越快乐。她也更爱和我聊天了，还经常谈起自己的小秘密，还告诉我，觉得自己的爸妈对自己越来越好了，觉得爸妈也看到了自己的优点。

美好回忆

现在，小琪已经上了大学，还时不时地和我分享她的学习和生活，有时候我俩聊到她的小时候，她说："满老师，您知道吗？我回想起小学生活，觉得特别美好。小学记忆最深的一件事就是200元，想起来不是害羞与后悔，而是庆幸与幸福。感谢您当时那么用心地爱我。"

孩子的任何问题我们都要重视，不能放任不管，每一个问题，都是孩子前进的阶梯。孩子的任何行为我们都要发自内心地从孩子的角度去思考，去理解，走进孩子的内心。我国著名教育家陶行知先生曾经说过："真的教育是心心相印的活动，唯独从心里发出来的，才能打到心的深处。"爱就是教育，教育就是爱，用心去爱，花自芬芳。

鲁迅先生有句话："教育是植根于爱的。"爱是教育的源泉，教师有了爱，才会用伯乐的眼光去发现学生的闪光点，对自己的教育对象充满信心和爱心，才会有追求卓越的精神和创新的精神。满老师面对班中出现钱物丢失的问题时，能做到晓之以理动之以情去教育引导孩子，通过讲述名人故事、细心观察孩子、真心沟通引导孩子正确认识自己的问题。当琪琪主动承认错误后，满老师给予的不是批评斥责，而是大胆认错后的肯定，让孩子最终敞开心扉，朝着向善向好的方向发展。孩子长大后与老师能够不避讳200元事件的发生，并把此事当作"庆幸与幸福"，足以见证满老师对孩子的影响是深远的。满老师维护了每一个学生做人的尊严，让他们朝着积极正面的方向发展，这也是我们教育工作者义不容辞的责任和义务。

——李娟

读

后

感

教师心语

　　教育是让一个自然人变得有灵魂，有信仰的过程。这一过程考验着我们对教育的热忱与智慧。因此，在与孩子们日复一日的交流中，我都会耐心地倾听他们的心声，感同身受他们的喜怒哀乐，从点滴小事中启迪他们学会思考、明辨是非，让他们在立志与逐梦的体验中感悟自己的学思知行。

宋宁宁

2004 年参加工作

班主任任职 15 年

观花儿绽放，待大树参天

　　小万，小学五年级学生，身高 1.8 米，体重 200 斤。他下盘宽大，他的脚似乎和他的身体有点不大配套。他总是站不稳，走起路来更是左摇右晃的，像个超大号的"不倒翁"。

　　小万在班里岁数最小，别看他人高马大的，但一提到他做的那些事……真心不怪同学们经常笑话他。

　　一次，小万和同学们在四层小操场上玩，突然有人说有个什么东西掉下去了。几个灵巧的男同学一下子蹿上了半米高的墙边儿，纷纷扒着防护网子向下张望。这时，课间巡视的老师马上走来了，那几个男生麻利儿地从墙边儿跳下来逃走了。可小万却还在兴致勃勃瞧着下面傻笑，直到老师快走到他身边他才意识到。从墙边儿上跳下来时，他还把脚腕子给崴了。

　　这件事儿被看到的同学传到班里，虽然进行了多次教育，但还是有几个同学一提到这件事，就忍不住奚落小万一把。

　　上星期我们班要在国子监拍摄自己的公益广告。其中有一个反面人物，当我在全班招聘演员时，大家对这个反面 1 号表现出了异常的冷漠，竟然没有一个人举手应聘的！正在这时，小万却晴天霹雳一般，大吼一声："老师！我来！"此时，我也对小万的义举多少有点儿意外！平时这么不着调，背大段的台词，在这么多同学和家长面前拍广告，他能行吗？……正在我犹豫之际，小万又坚定地吼了一声："老师！我来演！"……我抱着不行再换的想法，表情上没露出任何不愿意："好！小万就你来！好好背词，我相信你一定没问题！"这时在座的同学们一片唏嘘。"老师，他站不稳，影响咱班整体形象。""老师，他最不靠谱！上次……"泼冷水声一浪高过一浪。

我迅速地在大脑里盘点了一下小万的过往……除了拔河好像他在班集体里还真是一个微乎其微的人物……我顿时坚定了一下自己的立场，不容争辩地做出了决断："就是小万！我相信小万没问题！每一个同学都会有属于自己的舞台，请大家相信他！"顿时，大家不说话了，不过从几个臭小子的表情中，我猜到了他们的小心思。

课间，我把小万叫到了身边，我问他："你喜欢这个角色吗？"他瓮声瓮气地说："喜欢。我挺想试试的！"我微微地点了点头："好的，相信自己！你没问题！你今天先熟悉熟悉台词，过两天，我约你的partner和你一起练练。"他憨憨地频频点头。

经过几次悄悄地吃小灶，小万和我的心里都有了底儿……

正式开拍了！46名同学，92名家长齐聚国子监！该拍小万这部分了，大家都睁大了眼睛想看看小万的亮相！小万还真不负众望，他的表演不温不火，特别真实、自然地把一个在公共场所大声喧哗和别人聊天，且被同学批评还不服气，直至最后受到讲解员教育后又羞愧得无地自容的人物形象刻画得淋漓尽致！

不紧张，不笑场，一遍就过！简直浑然天成了！同学们和家长们都惊诧极了！有的家长说："你看人家小万！演戏真有天赋！长大了，当演员吧！"有的同学说："哇！没想到小万还有这一套！"还有的同学说："小万一遍都没NG，简直绝了！小万长大是当影帝的料儿！"……听到同学们和家长们的纷纷赞许，小万眯成一条小细缝儿的小眼睛在他胖乎乎的大脸上简直可以忽略不计了！站在一旁的小万爸爸妈妈也美得脸上仿佛盛开出了一朵朵娇艳的花！

在拍摄微公益广告总结会上，很多同学都说出了自己的活动感受，其中有好几位同学都谈到了小万。小郭说："小万在平时显得比较呆萌，但是这一次真让我们大家刮目相看！我觉得我们每一个人都是最棒的！只是有时我们的优势自己还没有发现！"

是啊，"每一个孩子都是最棒的"！给每一个孩子搭建属于自己的舞台，让每一个孩子都能够绽放他们的精彩，这是一件多么神圣而有意义的事情啊！

小郭的话启发了我，她让我想到了那句话：我们一起静静地等待着每一朵花的开放，即使没有花开也不用失望，因为他会是一棵参天大树。

　　就让我享受着花儿的芬芳，静静地等待着一棵棵大树的枝繁叶茂吧！

读　　　　　读完宋老师给我们讲述的教育故事后，让我突
然想起苏联教育家苏霍姆林斯基说过的一句话："追
求理想是一个人进行自我教育的最初的动力，而没
有自我教育就不能想象会有完美的精神生活，我认
为，教会学生自己教育自己，这是一种最高级的技
巧和艺术。"当同学们没有发现小万有何优点时，
宋老师抱着"放手一搏"的态度给了小万一个特殊
后　的任务——承担拍摄公益广告的主角。小万在老师
的帮助和自己的努力下，出色完成任务，让同学和
老师以及家长们刮目相看。宋老师适时召开总结会，
让孩子们在自我教育中懂得了"每一个人都有最棒
的一面！"老师则领悟到"静静地等待着每一朵花
的开放，即使没有花开也不用失望，因为他会是一
棵参天大树"的道理！

　　　　　　　　　　　　　　——李娟

感

教师心语

"认真倾听竹子拔节的声音——做学生成长过程的倾听者"是我一直秉承的师德格言。我认为：对于小学教师，尤其是班主任教师而言，倾听能力是我们必须具备的基本能力之一，因为我们是学生美好童年的陪伴者，更是学生成长的见证者。走进童真世界的钥匙就是倾听。倾听童心，了解他们的喜怒哀乐，及时调整自己的教育行为，让教育更加精致，让学生更加健康快乐地成长！

王建云

2004 年参加工作

班主任任职 15 年

"诺如病毒"的考验

——记班主任工作以来"史上最长微信"

2014 年 11 月 17 日是一个周一，经过了周末的休整，6 点 30 分我如常一样准时地坐在地铁里，如常地翻看着手机里的新闻。突然，微信显示，有一条新的消息，是班里一个男生的家长发来的，信息的大意是：儿子早晨突然吐了，吐得还挺多，弄了一床一地。目前，浑身没劲儿，想给孩子请一天假。我在微信中安慰着孩子妈妈：别着急，慢慢收拾，照顾好孩子，孩子没胃口就给孩子喝点稀粥。有什么情况再联系……对于班主任来说，一大早接到家长的请假短信很平常，因为家长们也习惯了一早要跟班主任请假，因为老师要在早晨 9 点之前上报班级考勤。可是，这条信息之后发生的事情就不太正常了，地铁里，我又陆续收到了四五条请假的短信，都是呕吐、腹泻，还有的出现发烧症状。我急了，心里有了不祥的预兆，脑子不停地思考：周末没有组织班级活动？也没听家长说组织了小范围的活动？几个生病的孩子住在不同的区，离得不是很近，怎么症状如此类似？难道是传染病？呕吐？腹泻？发烧？难道是……天哪！出了地铁，平常平稳的脚步无形中加快了许多。

此时手机里的请假短信还在增多……

到了学校，赶快找到校领导和校医汇报班里的情况，领导和校医非常重视我们班的情况。要求我马上联系没有到校的孩子家长，问清每一个生病孩子的情况：体温？吐了几次？拉了几次？第一次呕吐是什么时候？有没有到医院就诊？同时要登记在表格中，填写好家长电话，便于随时沟通。

在我忙着这些工作的时候，到校上课的孩子中又有四人在学校出现了呕吐和腹泻状况。校医给了我口罩，一次性医用手套，消毒片，要求我带两层口罩，戴两副手套再去收拾孩子们的呕吐物。收拾好了，我马上联系学生家长过来接孩子。

截至此时，我已经不知道具体几点钟了，我们班 18 个孩子没到校，班里呕吐 4 人。共计 22 人生病。此刻，班里的其余学生都有些躁动，我先安抚好这些孩子踏实上课。东城疾控中心和北京市疾控中心的工作人员已经抵达了学校。紧急开会，详细的询问，如实的汇报，具体内容我已全然忘记，只记得会议最后，金校长拉着我说："建云，家长们那里要做好工作。拜托了！"我自信地告诉金校长："您放心吧，我们班家长特别支持学校工作。"金校长点点头。

时间接近了中午，又是一轮生病孩子的电话询问，一轮表格的填写……

那天的午饭食不知味。

那天的班级微信群就像开了锅的沸水。家长们都在互相询问着孩子们的病情，表达着自己的焦急。没有症状的孩子家长也在表达着自己对孩子的担忧。有经验的妈妈们分享着各自止吐、止泻的妙招儿。去就医的孩子家长也在传达着医嘱……可是，无一人质疑、指责，无一人埋怨、抱怨……群里我也在不停地发布着学校的各项通知。家长们除了理解就是配合和支持。

晚上 7 点，我回到家。回想一天的经历，写下了下面这条"史上最长的微信"：

亲人们，生病的孩子们好些了吗？如果还有呕吐、腹泻、低烧的情况请您明早 8 点前发短信或者微信告诉我，孩子呕吐的次数、腹泻的次数，已就诊的孩子写清就诊医院诊断结果和血项指标，我统计好后将于 8 点 30 分上报学校。拜托亲人们啦！

写着这个通知，脑海里浮现的都是今晨至傍晚的一幕幕场景，呕吐的孩子，焦急的家长，不停闪烁的手机屏幕，微信飞信群里的聊天询问，一个个沟通电话，一条条确认信息，一张张统计表格，办公室里忙碌的同事，还有校领导们、校医的谆谆叮嘱……下班路上，一直到家，脑海里不停地画面切换，场景转移……

这一天我最揪心的不是生病孩子的数量，而是生病孩子的身体状况；这一天我最感动的不是领导和同事的殷殷问候，而是最亲爱的家长朋友们的无声支持！于是，我必须把我的心里话写下来——致我最可敬的9班亲人们：

这一天，您可能没接到我的电话或者短信，真好，孩子没事，活泼、皮实，咱们一切照旧，就是别忘了提醒孩子认真洗手，合理饮食。

这一天，您可能接到我的若干电话和短信，请您无论如何都来接孩子，孩子在学校吐了。于是，亲人们从各处赶来，有的刚到单位，还没用早餐；有的刚出差回来，夜里落地；有的家庭两口子都去上班，老人去医院看病，实在没人能接，于是，孩子姥爷迅速从医院赶到学校接走孩子……各家的困难是各不相同的，但是老师的要求是统一的、冰冷的、不容商量的，但是我们的行动最终是一致的！这一切，都因为你们——我最可敬的9班亲人们！

这一天，我在微信群里就是个"疯子"，一会儿说停课后班、一会儿说停校队、一会儿说没症状后三天才能够回校，一会儿竟然说停校车！！！疯了，彻底疯了！亲人们，看着发疯的我，一如既往地淡定、坦然、无私地支持着、理解着我。于是，有的亲人提前请假，来接本来有课后班的孩子；有的亲人悄悄溜出来，来接校队的孩子；有的亲人既要照顾手术的亲人，也指望不上忙碌出差的老公，拜托了朋友来接孩子；更有的亲人，把襁褓中的婴儿托给了保姆阿姨驾车来接，还开错车，违反了限号，被交警处罚；最感人的是翟爸忙碌得像陀螺，根本不知今天要自己接孩子，周妈得知小翟无人接明桥，拉起小翟就说：儿子，跟我走，我给你爸打电话，去我家接你！翟爸那边感动万分……就是这样，就是这样的状况百出，就是这么困难重重，可我没有在我们的群里看到一句怨言，听到一声抱怨，没有人跟我陈述自己的苦难！3点45分，我们班踏实放学完毕！这一切，都是因为你们——我最可敬的9班亲人们！

这一天，患难见真情！我们这个集体形成一年有余，都是顺风顺水好心情！我的回忆大多都是与快乐，轻松，愉悦或者骄傲这些词语相伴。这一次，算是我们遇到的第一个困难吧，第一个需要我们众志成城共同面对的大事！大家对学校通知的执行，对班级情况的关注，对自己孩子别人孩子的关怀和呵护，我们的班级群里没有恐慌、焦虑、甚至传言，相反我们的群里比往日更多了各种问候、沟通、安慰，实在是令人感动至极……说实话，作为班主任，我今天能够踏实地配合学校做好各项工作，能够第一时间专注、高效地与家长们沟通安顿好孩子们……这一切，都是因为你们——我最可敬的9班亲人们！

这一天想记录的太多，絮絮叨叨挂一漏万！我的心里除了为生病难受的孩子们揪着心外，其他的困难已如云烟，无足轻重！这一切因为我们在一起！

向最最可敬的9班亲人们致敬！

谢你们！爱你们！敬你们！

用这样的方式向家长们致敬、用这样的方式表达我对这个集体的敬畏！愿这个集体越来越好，越走越远！

读
后
感

家中一个孩子生病，一家人跟着团团转。学校班里要是有几个孩子生病，跟着操心担忧的是班主任一人。当班中"诺如病毒"集中突袭时，作为班主任这一天将会面临什么情况不可预知又可预料！然而王老师所带的集体却经住了考验，班级微信群中没有恐慌、没有指责、没有谣言，只剩下相互问候、沟通、安慰，还有需要帮助时的援手！这一切源于什么呢？老师平时对孩子全身心的爱换来的是家长的信任！其实当我们反观王老师的微信原文时，也不难看出忙碌一天的王老师还不忘到家后发出"史上最长的微信小结"，悉数一天的情况，特别是历数家长在遇到困难之后的温暖相帮！试想：哪一位家长看了不感动？致敬这样的集体，致敬老师！

教 师 心 语

俗话说，家有三斗粮不当孩子王。我却一当就是25年。我爱三尺讲台，我觉得老师所面对的是一颗颗稚嫩的童心，有活力、有热情。每当清晨的第一缕阳光洒进校园时，课堂上的朗朗书声，课间的嬉戏玩耍，办公室里的热烈讨论，运动场上的淋漓尽致，这里的一切似乎都是那么生机勃发。教育是有温度的，我愿做一个永远有温度地孩子王。

王滢

1990年参加工作
班主任任职 15 年

坐在角落里的他

"铃……"上课了，我迈着大步走进了教室。这是新的学期的开始，我新接了一个班，三年级2班。此时，孩子们都睁着大大的眼睛看着我，胸脯挺得直直的。一节课下课，同学们积极发言，勇于表现自己，自然那些好表现的同学受到了老师的特殊关注。每次下课之后我都会问大家今天的数学课有意思吗？你学会了什么？孩子们纷纷表达，围着老师说感受。

此时，我发现了坐在角落里的他——小源。小源是个很腼腆的小男生，性格内向，平时不愿意跟同学们打交道，也不爱说话。在人面前不苟言笑，上课从不主动举手发言，我提问时总是低头回答，声音小得几乎像蚊子声，每次数学作业总是拖拉，要等到老师提醒才交，而且没有质量。考试成绩更是班里垫底的。同学们似乎也不爱和他交流，总认为他这儿也不行，那儿也不行。

每次看到他的作业，我的批语就是："重写"。久而久之，我发现他总是躲着我，避开我的眼神，我们之间就像隔着一道墙。于是，我开始沉下心来反思我平时对他的态度。是呀，每次上课我总是被那些高高的小手所吸引，没有给过他一次发言机会。每次考完试，我总是对他说："这次成绩怎么又是那么差！"然后不屑地看他一眼。由于我对他的关注不够，就容易造成对他的评价偏低。一旦如此，几个月或者几个学期以后，这些想小源一样的同学便逐渐产生失落感，在老师那儿，他们得不到适时的表扬和赞美，又会受到同学们的奚落和家长的不满。长此以往，便否定了自己的一些行为和想法，慢慢不相信自己的能力与水平，也越来越不自信，此时自卑感就慢慢占了上风。

我开始关注这个坐在角落里的他，发现小源课下总爱折纸，一次小源折的纸掉在了地上，被同学不小心踩了一下，他立刻捡了起来，不停地用橡皮擦去上面的污浊，我从来没有看见过他如此认真地干一件事情，于是我走到他身边，俯下身子对他说："小源你这样擦肯定会把纸擦破的，你到我办公室我给你一张新纸吧！"于是我上前拉起他的小手，他不由自主地往后退了一下。我仍坚定地拉起他，他的小手凉凉的。他木木地被我拉到了办公室。我从抽屉里给他拿了一张彩色纸，递给他，对他说："你今天的作业就是给老师叠一个你喜欢的图形。"他惊讶地看着我，从他的目光中我读到的是喜悦，是满足。第二天一早，我发现我的桌上有一个用彩纸叠好的小房子，我一下子就猜到是他叠的。我拿着这个纸房子走进了教室，大声对同学们说："同学们，今天我们的数学课的内容是有趣的图形"。于是，我把小源的作品贴在了黑板上，我发现这时坐在角落里的小源已经不在是慵懒地坐在那了，忽而眼中放着异样的光，我开始提问：大家看看这个图形像什么？大家异口同声地说像房子。我又说："你们发现这个小房子用了哪些我们学过的图形？""长方形！""三角形！"同学们纷纷举手回答问题，虽然一节课下来他没有举手回答问题，但是他始终用眼神在和我交流，下课时，我告诉同学们这个漂亮的小房子是小源折的，同学们"哇"一声欢呼起来。此时他的脸上泛着红晕，目光里射出惊喜，腼腆地笑了一下。就这样，我们慢慢地从陌生变成了熟悉，在课余时间，我经常有意无意地找他闲谈，让他帮老师发作业本，上课时从不公开点名批评他，发现他有所进步就及时表扬，在上课时经常用眼神来鼓励他，还经常对同学说："看，小源今天坐得真端正，听课非常认真！""小源同学回答问题的声音大了，能让老师们听得清楚。"经常让他给大家介绍他的作品，慢慢地他找到了自信。在给他补课中，我发现小源基础知识比较薄弱，导致会做的题也会做错，于是我每天让他到我这儿练习10道口算题，做对了奖励一张小花纸。我的期待使他看到了希望，我的鼓励让他从低迷中走了出来。对于他的作业我放宽了尺度，每天有针对性地给他布置作业，根据知识接受能力的差别，设计合适的练习。作业面批面改，在评价中以"期望"、"激励"的方式，如："你真棒！""加油！""进步真大！"等评语。肯定他的优点。同时也指出他的不足，指导他下次应该怎么做。通过近一学年的努力，他的进步很大。渐渐的，小源开始喜欢和老师接近了。他还敢于主动和老师交流。每当我拉起他的小手不再是冰凉的了，是暖暖的。

一个学年就这样过去了，又是一个新学期开始了，我不再教这个班了。一次在上数学课之前，我在讲台桌上又看见了那个熟悉的小房子，我仔细一看上面写着一行清晰的小字："王老师，将来我要给您盖一座大大的房子。小源"此时，我的眼睛湿润了。

教育学理论告诉我们，每个学生都是有进步要求的，都希望别人认为自己是一个好学生。

面对小源的改变，让我们更加认识到激励的作用。类似他这样的学生，教师要循循善诱，不可操之过急，老师不要把注意力集中在孩子的不良表现上，要更多地关注孩子的优点和特长，放大孩子的优点，使之一步步放开自己的心绪，正确的评价自己，将自己融入到集体中去，感受老师给他的善意，通过多元化的评价、各项活动的参与，使其自信自强。

读后感

拉着孩子的手，凉凉的；拉着孩子的手，暖暖的——"王老师，将来我要给您盖一座大大的房子。小源"读到这样的情景，我为王老师感到欣喜，相信这也是王老师一辈子忘不了的画面，因为这是一位教师用心积累的收获，更是标注着她用自己的爱心和智慧走进了儿童的心灵和生命。

教书育人，立德树人，这是教育的宏伟大愿。这宏伟大愿由万万千千的教师担在肩上，更是由万万千千的教师用万万千千的日子来建构完成。每一节课，每一次对孩子的鼓励，每一次孩子的积极参与和生机勃勃的学习状态，都是教育宏愿的一部分，连同叠了小房子之后要盖大房子小源，都会融会在教育的宏伟大愿中。教育正是藉由着这点点滴滴的真实情景传递着师心的慈爱和智慧啊！

小源，快快长大，愿你早日成为建设祖国通天大厦的栋梁之才！

——李娟

教 师 心 语

"奠基生命，浸润心田"是我对教育事业执着的追求，"春风化雨，润物无声"是我对师爱的更深刻理解，一名教师能否帮助学生铺好人生之路，全靠教师的爱心、宽容、责任感和奉献精神。教师对学生的爱是铺设学生人生道路的基石，教师的爱应像春风，能开启学生的心扉，应像春雨，能滋润学生的心田；应像春晖，能温暖学生的心怀，应像春雷，能叩击学生的心弦。我要用自己的情感，自己的爱心点燃孩子心中自信和进取的火花，努力为孩子的成长创设一个欢乐、和谐、宽松的环境氛围，使每一个学生都有成功的体验。

王颖

1993 年参加工作
班主任任职 15 年

给孩子改正错误的机会

在每学年第二学期最后一天的总结大会上，学校会对全体教师进行新的工作安排。当听到下学期我将担任三年级 13 班的班主任及数学教学时，我没有太多想法，因为我已经有 24 年的数学教学经验和 14 年的班主任工作经验了，接任一个三年级的班级工作对我来说驾轻就熟了，但是惊讶的目光、吃惊的表情、无奈的叹息，还有在我耳边的低语："这个班二年级时老告状，全班联名告班中一个学生，让他转学。"听到这些我平静的心情也忐忑起来，二年级这么小的孩子全班能联名告他，在我 24 年的教育生涯中也是头一次遇到！他要有多么"罪大恶极"呀！但是既然全班联名告他，也说明他肯定是有问题，而且是让众多家长不能容忍的事情，不然家长不会有这么大的反应。他到底是"何方神圣"？能搅得班里不得安生！上蹿下跳、摸爬滚打、欺负同学、顶撞老师……一系列个别学生的形象在我脑中浮现，想着想着，不觉后背有些发凉。唉！下学期没有安生日子过了，估计每天都会生活在学生告状，教师调查、调解、处理纠纷中……对于他，我一无所知，只知道他叫"小恺"。

开学的日子如期而至，我走进班之前，在门外观察了一会儿，班中有的同学在看课外书、有的在摆弄铅笔、有的在东张西望，还真没有上蹿下跳、满屋追跑打闹的同学，小恺是还没到校吗？班中已坐满了同学，没有空着的座位，说明学生都到齐了，包括"小恺"。他进班了，班中这样安静，也许是第一天上学，学生还有点儿不适应；也许第一天到新校址来，对于新环境不熟悉……不管怎样，没有第一天就"大闹天宫"，我心里的石头也暂且落了下来。

我走进班中，37双大眼睛齐刷刷地向我投来疑惑的眼神，我微笑着对学生们说："孩子们，大家好！我是你们三年级的班主任，我姓'王'，在新的学年中将由我陪伴大家共同度过。"同学们有的在小声嘀咕"这个王老师厉不厉害呀"，有的用小眼神审视着我。这时候我的好奇心驱使我特别想知道谁是"小恺"，于是我问同学们："谁是小恺呀？"大家齐刷刷地都指向最后一排边上的一个男孩子，还有学生语调里带着不屑地说："就是他。"他正在偷偷摸摸看课外书，看到大家都指向他，有点不知所措，我忽然意识到我有点对他过分关注，这样反而使学生们的焦点都在他身上。于是我马上转移了话题，对孩子们新学期提出了新的希望，而且我告诉孩子们第一周是无批评周，因为老师对你们每个同学都不了解，你以前是优秀的孩子我不知道，你以前是淘气的、不守纪律的孩子我也不知道，但是你三年级想成为什么样的学生，从今天起你就做那样的学生。当我说完这段话，有些学生挺直了腰板，睁大了眼睛，放平了小手，都想成为老师心目中的好孩子。这时我撇了一眼小恺，他的眼睛里也散发出光芒和希望。其实这段话我不仅是说给全班同学听的，更重要的是说给小恺听的，使他想改正自己的问题能够有希望，不是一棍子打到底，而是给孩子改正的时间和空间。

在接下来的一周时间里，我在默默观察每一个学生的行为，包括听讲习惯、课堂纪律、学习态度、与同学交往等方面。小恺同学虽然也有像其他小男生一样淘气的时候，不听讲、随便说话等毛病，但是我没有发现他的哪些行为严重到能够让全班家长联名告他呀？第一周就这样悄无声息地过去了。

第二周开始了，我通过第一周的观察发现班里有些同学自律性差，上课听讲不好，同桌同学在一起随便说话等情况，于是在周一的时候我根据同学的身高情况、纪律情况给全班同学进行了座位的调换。把原来的双行，变成了单行，我还把纪律好的同学安排在纪律差的同学附近，在我给全班调完座位后，纪律大为改观，上课交头接耳的情况少了很多。一天又这样平安地度过了，当我还沉浸在给同学调换座位后纪律大有改观而沾沾自喜的时候，当天晚上电话、短信就纷纷而来，几个家长都表达出不想让自己的孩子离小恺同学太近，还和我讲述了小恺同学二年级时的种种行为。第二天，锐锐妈妈给我传来一份长达 50 张幻灯片的 PPT。题目是："校园欺凌事件"。里面列举了小恺同学的"罪状"，有欺负辱骂同学、让学生自己抽嘴巴、摸男同学下体等行为，还有很多同学身上伤痕的照片，所以家长给定义为"校园欺凌事件"联名让小恺同学转学。看到这些后我也感到触目惊心，一个 7、8 岁的孩子能做出如此行为，也是我前所未闻的！但据我一周的观察，没有发现小恺有这些行为，是小恺改过了？还是我没有发现？在后面的日子里我更加细心地观察他的一举一动，特别是下课时和同学的交往。在观察中我发现，小恺是一个性格开朗喜欢和同学玩的孩子，在玩的过程中会因为某些小事就和同学吵起来，而且在吵架的时候比较容易激动，得理不让人。我给他讲道理的时候，他也会不服气，看到这种情况，我想如果课间他和同学交往过密，时间长了肯定会出现摩擦，他精力特别旺盛，如何利用他的优势又能避免他和同学过多接触呢？我看到他在数学方面特别突出，就让他当数学课代表吧！于是我找到小恺，和他说："小恺，王老师发现你数学特别棒，你愿意当我的课代表吗？"小恺的小脑袋像小磕头虫一样点个不停，嘴里不停地说："愿意，愿意。""那好，现在把同学们的作业本拿回班里。"小恺抱着那摞本子一溜儿烟跑回班里，发完数学本后，又跑回我办公室，问我还有本发吗？为了奖励他每天课间为同学发本服务，我给他准备了一个军舰模型，每次在他完成任务后，都可以到我办公室拼插一会儿。这样暂时课间发生口角的情况少多了。

　　就在刚刚风平浪静的时候，一条微信在班级群里出现。"小恺妈妈，你如果教育不了孩子我来帮你教育！"这条微信是锐锐妈发的，虽然很短的一句话但却充满了对小恺同学和家长的不满和怒火！这是怎么回事？我的脑子里飞快地像过电影一样搜索着最近发生过的事情，没有发现小恺和锐锐发生矛盾呀！我需要马上了解情况，及时处理，不然会导致矛盾升级，那时就不好解决了。于是我马上拨通了锐锐妈的电话。原来是在上体育课的时候，小恺站队站错了地方，锐锐给指出来，小恺就骂了一句："你他妈管得着吗？"在诉说过程的时候，锐锐妈情绪也非常激动，觉得我们家孩子也没招惹他，他反过来就骂人，也太没有家教了，而且又把二年级时小恺是如何欺负锐锐的过程说了一遍。挂断电话后，我陷入了沉思，因为一句骂人的话就大动干戈也实在是为数不多的情况，但是通过家长的诉说，能够听得出二年级时小恺欺负锐锐的阴影还在家长的心里挥之不去。

　　周五下班后当我拖着疲惫的身体回到家中想好好休息一下时，电话铃响了起来，当我听到电话铃声后，惊了一下，又出什么事了？电话是天天妈在去上海出差的火车上打来的，天天妈说："刚才孩子打电话说今天在体育课上进行接力跑比赛，天天和小恺一组，得了第一名，小恺特别兴奋就想和天天拥抱一下，没想到天天下意识地向后面退了一步，由于重心不稳，以至于小恺把天天扑倒在地，磕到天天的后脑勺。"当听到磕到"后脑勺"三个字时，我的脑袋"嗡"的一下，在学校最怕这种事情发生，调查、看病、调解又耽误工夫又不好解决。于是我追问："孩子现在没事吧？需不需要找小恺妈妈带孩子去照个片子？"天天妈说："孩子倒没有大碍，不用照片子，就是希望小恺同学以后不要有这样的举动。"听到这，我心里的石头落了下来。虽然暂时没有出现大的事故，但每天我都如坐针毡，生怕出现更严重的事情。

与其每天担惊受怕的，不如主动帮助他、改变他，使他成为大家接受的学生。于是，我把小恺的父母请来，了解到小恺的父亲是军人、母亲是医生，两个人都是博士，都是有知识有文化的人，但是孩子为什么会这样呢？小恺母亲告诉我，由于自己工作忙，孩子从小是由老人带大的，所以比较娇惯、跋扈，遇到事情易冲动，所以总和同学发生矛盾。小恺的爸爸是军人比较严厉，对孩子平时缺乏管教，当看到孩子不听话时就打，所以造成孩子既缺乏正确的教育，也不知道如何和同学相处，当和同学遇到矛盾的时候也是用武力来解决。在和他父母交谈后，他们也认识到孩子的问题，而且了解到现在班中很多学生的家长对小恺也是特别关注，稍微有点矛盾就会爆发。所以我请小恺的父母多关注孩子，当孩子遇到问题时要帮他分析应该如何做，不要上手就打，这样会造成孩子心中的积怨，最终他会把怨气撒在同学身上。我在学校也是多关注孩子，课间的时候让他帮着擦黑板、发本、拖地，把他的能量都用在为班级服务上。当我看到他主动捡起地上的纸屑时、热心帮助同学翻椅子时我都会在全班同学面前表扬他，这样就形成一种正强化，使他知道多为班里做好事，多为同学服务才是正确的。渐渐地，小恺和同学的矛盾少了，家长的告状也少了，他在犯了错误的时候也能主动承认错误了，在第二学期进行区星级小标兵的评选时，他以28票的优势获得了"雷锋小标兵"的称号。当同学们听到小恺的名字后都报以热烈的掌声，当小恺妈妈看到奖状时，两行热泪潸然流下。在小恺获得"雷锋小标兵"后，他更加努力，课间总能看到他劳动的身影，听到同学们对他施以帮助后的感谢，和他一起玩的同学也越来越多了。这时我心里的石头真正落地了！

作为教师，要更多地了解学生、理解学生、信任学生，给他们改正错误的机会。当学生遇到问题时，不能一味地打压，要敏锐地发现孩子的"闪光点"，懂得用最美的语言去激励学生。小学生，由于年龄小，很稚嫩，需要细心呵护，由于年龄小，易受熏陶感染，要尽可能给予正面的、积极的影响。学生不可能齐步走，教育不可能"一刀切"。教师的理解与信任，不仅是一种教育方法，更是教学生懂得怎样做人。教师的深入了解和关怀，正是人与人、心与心近距离接触的过程。

教育是一方期望的田野，最忌讳根浮叶衰，揠苗助长。只要耕耘不辍，加以丝丝甘霖，就会有：春之繁华，秋之收获。王老师面对"闻名的小恺"时，做到全身心地爱护、关心、帮助他，尽可能给予孩子正面的、积极的影响，给孩子充足时间和机会来改正错误，最终改变了小恺，也拯救了一个家庭！当老师做了学生的贴心人时，师爱就成了一种巨大的教育力量，这种力量将像发酵剂一样发挥着重要作用！

——李娟

读 后 感

李婕

2003 年参加工作

班主任任职 16 年

教师心语

我始终坚持以学生为本，把重视、理解、尊重、爱护、提升和发展的精神贯注于教育教学的全过程、全方位。作为班主任，我以促进每一个学生在德、智、体、美、劳等方面的全面发展与完善，造就全面发展的人才为己任。在班级管理中，给予学生开放的发展环境和空间，让学生在身健康、心愉悦中成长。平时，我努力与家长沟通，让家长融入班级中，积极开展丰富多彩的各类活动。在多年的班主任工作中，形成了师生共促，家校协同，和谐发展的班级管理模式。

五个小指套

三年级接班的时候，凯凯就是这个班里比较个别的孩子。最初注意到他，就是因为第一天报到，他就迟到了。并且在进班后无视我的存在，对着同学大喊："哎，我坐哪儿来着？"同学看看他，又紧张地看看我，似乎在等待着我对他这种违反纪律的行为进行处理。其实那一刻，又是因为接了新班，我确实想严肃对待，批评他的这种行为。但冷静了一下，我最终什么也没有说，只是平静地看着他。这时他看到了我，摸着自己的脑袋，一脸懵的表情。我先开口对他说："孩子，你好！"接下来他的反应着实让我小小震动了一下，他居然看着我，只说了一声："呃……"这时有同学提醒他，你应该叫老师好。他很尴尬地叫了声老师好。我让他找地方随便坐下，之后再调座位。

初次见面的坏印象，引起了我对他的关注。从前任班主任那里我了解到孩子的一些情况：父母经商，从小在农村爷爷家长大，没上过幼儿园，没上过学前班。在班里一直属于很淘气的孩子，学习成绩也很差，所以没人愿意和他一起玩。他的课间基本就是一个人在楼道里溜达或者偶尔给同学的游戏捣捣乱这样度过的。之前在学校的学习也没有让他养成好的学习习惯，上课不是玩东西就是发愣，根本不听讲。这大概就是大家眼中情商极低的学生了。

从三年级接班后的一年中，我不断与家长取得联系。告诉他们对孩子成长陪伴的重要，父母也渐渐意识到孩子存在的问题，必须多关注，于是尽可能腾出时间来亲自管理孩子。我也时时针对孩子的问题在教育方法上进行调整。看到孩子一点点进步了，真是说不出的喜悦。

四年级第二学期，新的问题又来了。在课上，我总是发现凯凯不停地啃自己的手指关节，注意力开始无法集中，总是愣神，成绩更是不断下降。一次，在他来交作业的时候，我偷偷观察他的手，关节的部位由于长期的啃咬，有的已经破了，甚至露出了鲜肉，看着真是让人心疼。我开始用一些方法提醒他，每节课都要走到他身边，摸他的头，拉他的手等。但似乎也不是很奏效，手依旧破着。我及时与妈妈进行沟通，告诉妈妈以我的经验来看，孩子应该还是出现了一些心理上或者神经上的问题，建议带孩子到相关机构去检查。

检查结果出来，发现凯凯不但有注意力缺损的问题，还有多动症。妈妈拿着检查结果，在我面前哭得泣不成声。这个测试结果无疑使刚刚看到儿子有一点点进步的妈妈心里蒙上了阴影，妈妈觉得无助甚至无望。我一边安慰妈妈，告诉她这种情况如果进行及时的干预治疗是可以好转的，让妈妈打起精神，按照专家的意见带孩子进行训练。另一边我不断地在网上查阅关于多动症治疗与引导的方法，专家指出：学龄儿童出现多动症的情况后，主要采用专业的教育方式进行辅导，在孩子平时可以多指出一些合理性的规范，让孩子去做，如果做了可以适当奖励，没做好就需要受到批评。于是每天在学校，我都会时刻关注凯凯的举动。出现问题的时候我会马上指出，并会有指导性地教给他应该如何做。当他有进步的时候，我也会及时鼓励，并给予一些小小的物质奖励，让他始终抱有期望。我想尽办法帮助孩子，在课上时不时走到他的身边，拍拍他的肩膀。孩子也在竭力控制，但似乎对于啃手这件事情很难控制。那段时间，孩子啃手的问题简直成了我的一块心病。

一天，在回家的路上，我无意中看到一个骑着山地车的人，带着一种手套，露着指头的最上边。这似乎给了我灵感，我突发奇想，要是给凯凯买一个这样的手套，将他的指关节套上，是不是他就能稍微有所控制？但每天戴着手套，会不会对写字等活动的影响很大？既然只是想把关节的地方遮盖住，那是不是指套最好？回到家，我开始在网上搜索购买合适的指套。成人运动型的我担心孩子戴着会松，于是买了儿童手套。收到货，我将手套剪开，只留下关节的部位。

第二天，我把加工好的五个小指套，包了个小袋子带到了学校。在办公室，我把他送给了凯凯。孩子看到那五个小指套的时候很惊讶。我告诉他："李老师很想帮你改掉啃手的毛病。这个小东西套上它，会帮助你尽快改掉的。"他拿起那五个小指套，左瞧右看地摆弄了一阵子，"李老师，这是您做的？""是呀！李老师的手艺是不是有点差？""哈哈！看起来确实有点差，不过……"我有点担心他会拒绝，"李老师，戴上它我就真能控制自己不咬手了吗？""孩子，这小指套是李老师能帮你想到的办法，当然还要靠你控制自己才能慢慢好起来。"这时，他很不好意思地笑了笑，说道："行！那我试试看！谢谢李老师！"此刻我似乎比孩子还兴奋，赶紧拿起小指套，帮他一个一个套在手上。后面的课上，我有意识地瞄向他。我发现他把手放在嘴边，在碰到了指套的瞬间便放下了手。每当这时，我都会给他一个肯定的眼神。我知道，他明白了我的苦心，他在竭尽全力控制自己，他不想做个让老师失望的孩子。当天晚上，我就接到了凯凯妈妈的电话，妈妈在电话那头，哽咽着说："李老师，孩子今天回到家，就骄傲地告诉我，李老师给我量身打造了小指套，这个东西真管用，我今天都没有咬手指。李老师，您真是费心了！我们做家长的都没有想得这么细致，您都替我们想到了！谢谢您！真的谢谢您！"一个突发的小小灵感，五个略显粗糙的小小指套。如果能帮到这个孩子，那将是一件大大的功劳。

转眼，一个学期过去了。妈妈每周带着凯凯到专业机构进行的训练，让他的注意力时间明显比之前要长了，听讲质量明显提升。他现在已经不再啃手了，但那五个小指套依然套在他的手指上。我想：在凯凯心里，这五个小指套已经成了我对于凯凯的一份鼓励，那也是我们之间的一份情感交流。它寄托着我对于凯凯的希望，也寄托着凯凯对我的一份信任。

随着社会的发展，班中特殊儿童也逐渐增多，特别是生理和心理上出现问题的孩子让教育如履薄冰。如何让他们和正常孩子一样享受公平的教育？这对教师来说极具挑战。要教育好每一个孩子，就要不断提高教育技巧。要提高教育技巧，那么就需要老师付出个人的努力，不断进修自己。李老师面对多动症的凯凯时，首先做到了不断学习充实自己的专业知识，让教育能够有的放矢。其次，指导家庭教育并配合到专业机构进行训练。特别是李老师对孩子始终抱有信心，并亲手为孩子编制"小指套"让孩子感受到老师像妈妈一样的爱与呵护。苏联教育家苏霍姆林斯基曾说过："爱，首先意味着奉献，意味着把自己心灵的力量献给所爱的人，为所爱的人创造幸福。"我想我们选择教师，选择班主任这个职业，就意味着选择了奉献，选择了把爱献给孩子们！

——李娟

读

后

感

"爱就是教育"，教师只有用自己的爱，才能与学生产生心灵的碰撞。教育不能没有感情，没有爱的教育，就如同池塘里没有水一样，不能称其为池塘；没有情感，没有爱，也就没有教育。

学生美好的人生为爱所唤起，并为知识所引导。作为老师要做的，就是用心灵去叩击心灵，用自己的灵魂去雕琢孩子那些千姿百态、形状各异，不具完美的一个个灵魂，它需要日复一日、年复一年地观察，慢慢地发现这些灵魂的棱角和缺憾，慢慢地因势利导地削去他们的棱角，弥补他们的不足。

王雯

2003 年参加工作

班主任任职 16 年

肖邦二世——认识你真好

几年前我曾经教过一个儒雅帅气的男孩，从小就表现出音乐方面的天赋，三岁开始学钢琴，九岁上三年级时就已经考下了中央音乐学院九级证书。获得了各级各类的钢琴演奏奖项。六岁时开始拍戏，拍了好几部电视剧作品，还曾经被选入了影视百名新人榜。他就是我们班的音乐天才肖涵。

由于肖涵才华横溢，学习成绩也很优秀，再加上自己平时机会多、见识多，在平时的学习生活中不免有一些自满的情绪，人也略带几分傲气。同学们也渐渐地与他有些疏远，个别任课老师也向我反映肖涵有点傲气。我想：肖涵这么有才华，在同龄人中这么优秀，有点骄傲是难免的，作为大人有时都会骄傲自满，更何况是一个只有 10 岁，刚上小学四年级的孩子了。工作是要做的，但要抓好时机，要有方法，光讲"谦虚使人进步，骄傲使人落后"这样简单的道理，对于这个有个性有思想的孩子来说恐怕是太幼稚了。终于机会来了，肖涵去承德拍戏，一去就是一个多月。一天晚上电话铃响了，打来电话的不是别人正是肖涵，在询问了一些身体和生活情况后，肖涵再也控制不住了，他对我说："老师，我特别特别想您，也特别想同学们。您替我问候他们。

再过一两周我的戏就拍完了，我就回学校上课了，我就能见到同学们了。"听着电话里的话语我也十分激动，更是十分高兴。这个外表冷静的音乐天才，内心是火热的，更是有情有义的。第二天我把这件事告诉了同学们，并转达了肖涵的问候。同学们也很激动，向我问这问那，什么他身体怎么样，他学习落下了没有，吃得怎么样，住得怎么样，在外地有什么见闻，等等。我笑着说："我也不太清楚呀，你们为什么不集体给他写封信，一问不就清楚了吗？再表达你们的祝福，班长执笔，写好后全班签名。我把你们写的信交给他的妈妈，由他妈妈转交给他。同学们听了一致赞成，情绪特别高涨。信写好后我装在信封里交给了肖涵的妈妈。由妈妈在探班时交给肖涵。我心里明白，这小小的一封信将履行重大使命，在肖涵与同学们之间架起友谊的桥梁。两周后肖涵回来了，他一进班同学们就高兴地欢呼起来，看着肖涵黑瘦了的小脸，以前和他关系不错的小哥们激动地跑上前去，紧紧地和他拥抱在一起，他们都流下了泪水。我清楚地看到肖涵的眼睛红红的，脸上挂着晶莹的泪珠。我相信这泪水是幸福的。

有了这次沟通，在班会课上我又借机讲了讲肖涵从小学钢琴非常勤奋刻苦，他每天下午要练至少3个小时的琴，虽然他每天只上半天课，可是学习成绩还是很优异。这些都是我们该学习的。我告诉孩子们："孔子在《论语》中总结了学习的三种境界——知学、好学、乐学。肖涵就达到了这第三境界，也是学习的最高境界——乐学，也就是把学习当成了乐趣，从学习中找到了乐趣。我们不管学习什么课程，学习什么本领，学习什么特长，要达到这样的境界就没有学不好的。从肖涵身上，我们都能学习到什么呢？"同学们异口同声地说："乐学的精神。"我话题一转，"肖涵，金无足赤，人无完人，你的身上也有不足，你有什么不足？应该向同学们学习什么？"肖涵诚恳地说："我有时比较骄傲，不爱帮助别人。我要向谷臣学习爱劳动，我要学习许乐乐关心集体，为集体，为同学们服务……"同学们又一次鼓起了掌。课后我又和肖涵说："孩子，你很有才华，也很优秀，在同龄人中你很出众。你确实有你骄傲的资本。你这样勤奋地学习音乐，长大后你一定会很有出息，很出色。但是人外有人，天外有天。骄傲只能是你的绊脚石，阻碍你前进，虚心谦和才能使你走得更远。谦和内敛也反映了一个人的修养，素质。牛顿发现了万有引力定律和牛顿三大定律，他说自己学习到的知识只不过是大海里的一滴水。他还谦虚地说自己只不过是站在了巨人的肩膀上。我国也有句古话：天地有大美而不言，四时有明法而不议。孩子你和其他同学不一样，你能听懂老师的话，你能斟酌其中的道理。老师希望你更棒！"肖涵字字句句认真地听着，频频地点着头……

肖涵在悄悄地改变着自己。四年级到六年级连续被评为校级、区级三好学生，还担任班里的文艺委员。六年级的最后一个学期，他停课六周在家学习创作，四月以《河水的哀诉》《故宫与国家大剧院的 PK》两首自己的作品考入了中央音乐学院作曲系，这一年作曲系只招了五名考生，而他是其中唯一的一名北京考生。毕业前夕，肖涵为我和全班同学演奏了他的两首曲子。他坐在钢琴前情绪是那样饱满，神态是那样投入，宛如一个大钢琴家在开演奏会。同学们听得也是如痴如醉。演奏完我不禁说道："肖涵，你真是为钢琴而生！为音乐而生！"肖涵说"老师，我真的觉得，音乐已经融入了我的血液，融入了我的生命，我这辈子一定不离开音乐！"我不禁愕然，一个13岁的孩子竟说出了如此深刻的语言，对音乐的理解和投入是如此之深，音乐与他的生命融合在一起，他的一生和音乐结下了不解之缘。在他13岁的时候，在他的潜意识里他就为自己定下了人生的目标，要一生追随音乐，把音乐看作他的生命一样重要！他说的是那么自然，毫无雕饰；他说的是那么诚挚，毫无做作。临别前，肖涵送给我他的两首处女作打印稿，扉页上写着：送给最亲爱的王老师，您的学生——肖邦二世（他告诉过我肖邦是他的偶像）。

半年后肖涵来学校看我，他长成一米七多的大小伙子了。我俩拥抱，随后侃侃而谈，他告诉我他们班的学生由于都是各地学艺术的考生，不重视文化课的学习，学语数外时都不听，在教室后面练专业。我问："你呢？"他说："我每次都坐在第一排，认认真真地听，只有我学得最认真。"我告诉他："一定要学好文化课，不要认为它们对你的专业没用，其实不然，你的文化素质高，对音乐的理解是有帮助的，你能更好地理解曲子的内涵，能更好地演绎这首曲子。特别是要学好英语，有一天你要走出国门，去世界的舞台演奏，英语不好怎么和别人交流呢？"肖涵表示非常赞同，告诉我他的文化课都是第一名。我欣慰地笑了。我们谈了很久，从贝多芬谈到德彪西，从多明戈谈到迈克尔·杰克逊……他们无不是对艺术不懈地追求，在追求的过程中达到忘我的境界，在追求的过程中诠释着自己的生命，实现着自己的人生价值。

肖涵在高二的寒假，约了我和小学的几个同窗好友一起叙旧。此时的肖涵早已是身高一米八五，英俊潇洒，风度翩翩的少年。肖涵告诉我他即将飞往美国洛杉矶，去参加美国茱莉亚国家音乐学院的面试，要和世界各国的考生竞争。他还郑重其事地说："我从小学习音乐，学了这么多年，我必须要登上音乐这座山峰的顶峰，我要努力地学习作曲，写出更多更好的曲子，流传于世，也是我为这个世界做了点什么。"

最终，肖涵收到了茱莉亚国家音乐学院的录取通知，他给我发短信说：我应该是中国作曲学生中第一个考上茱莉亚音乐学院的学生。带我第一年的导师是曾获美国总统奖，白宫艺术家之一的美国著名作曲家、钢琴家、指挥家三合一的音乐家，也是我的偶像！暑假与您详谈。感谢老师多年来对我的支持和教育！您的支持一直是我前进的动力！我是这样回复他的：祝贺肖邦二世，你永远是老师的骄傲！这是实力与毅力的证明，是你多年来对艺术的追求与不懈努力的结果，在音乐的领域里继续追求奋斗吧！我会祝福你飞得更高，走得更远！

那一天是端午节，有什么比这个节日礼物更贵重呢？我沉浸在幸福快乐之中……为我的学生今天的成就快乐；为我的学生不忘恩师快乐；为我今生能遇到这样的学生快乐……认识你，真好！

于丹的《〈庄子〉心得》中说：人生的幸福快乐，其本身也是人生的一部分，刻意追求，往往得不到，但如果认真地生活，幸福快乐就会永远跟随着你。

读了王老师的教育故事后我想起了苏霍姆林斯基说过的一句话："要记住，你不仅是教课的教师，也是学生的教育者，生活的导师和道德的引路人。"王老师在肖涵的成长中就扮演着这些角色。其实，每个孩子都是独立的个体，都是有价值的人，教师的职责就是确保每一个孩子都能够在其原有的基础上获得充分发展，使他们成为既具有公民一般素养，又具有鲜明个性和有才能的人。王老师在教育中用平和的心态教育孩子心态平和。渐渐地这种平和心态也成为孩子成长中最大的动力！

——李娟

读 后 感

教师心语

以善意关爱身边所有孩子，以宽容看待每天所有发生，以理解面对所有家长，教育应该是爱的、简单的、温暖的。我们每一天所从事的教育或许是很平凡的，但教育者的用心和努力却让平凡的生活拥有真切的意义，这意义，让生活再平凡都不失真诚与温暖，生活因教育而美好！

温程

2002 年参加工作
班主任任职 17 年

百草堂内知今古

从教 17 年了，我越发地希望在我的班集体中，每个孩子都能成为最好的自己，我希望每个孩子都拥有生活的快乐因子。

中医药文化是中国传统文化的国粹瑰宝，在我的班级中，"中医药文化进课堂"这个项目，使古老的传统文化在孩子们的心中焕发活力，"中医药文化"成为我班级建设的特色。

孩子们全员参与、热情高涨，他们把教室命名为"百草堂"，每位同学都亲手设计了 logo，喜爱绘画的孩子如鱼得水，在一幅幅赏心悦目的作品中，最终，张同学的设计脱颖而出，他第一次得到了全班的肯定和掌声。这个孩子是班级的个案学生，在此之前，他说"在任何方面都找不到自己的位置"，而"百草堂"的诞生，却给了他"新生"，他说："这个活动让我感到幸福！"能够给孩子幸福，这让我有信心，很开心！

我趁热打铁，给孩子们讲了大学社团招募的情景，鼓励孩子们根据自己的特长与兴趣自愿结组，于是孩子们结合自己的特长，又创办了"百草堂"小组。当天小组招募的盛况我历历在目：每个竞选者都精心制作了手绘海报，脱稿进行自己小组的介绍，同时现场答记者问，回答"小记者"提出的各种问题。在招募环节上，有作画的、有写诗的、有唱歌的，八仙过海各显神通。当我看到满墙的海报、激情的演讲、二十四节气养生食谱、20 种常见病的自处药方，孩子倾情弹唱自己创作的中药歌时，我心中幸福而满足：这正是孩子的幸福吧！这种发自内心的自信，尽情的绽放，彼此间的尊重与欣赏，温暖着每一个孩子，同时感染了我："书香"伴"药香"，"百草"伴成长，"百草堂"就这样成长起来。

史家小学的国博课中，有一节是用谷物拼图画。我们将"谷物"嫁接到"百草堂"，让孩子们用草药拼粘图画，同时加入中草药元素。由此出发，我们走出课堂，尝试着让孩子到中药店亲自抓药。

利用周末，我和孩子们走进了中医老字号药店，希望能够让孩子亲手体验抓药过程，随行的家长们说，很多药房工作人员看到这么小的孩子如此热爱中国中医，都特别感动特别支持，工作人员甚至邀请孩子们到柜台里面进行实践操作。当孩子们将草药做成实物粘贴画时，他们的创造力让我感到这是在我语文课上不可能实现的。"百草堂"，让他们有了无限发挥的空间。

"百草堂"的标本制作孩子们很感兴趣，我请来科学张帅老师，教孩子们制作草药标本。孩子们学得可认真了，作品得到了老师的好评。

博大精深的中医药文化吸引着孩子们：每周末"百草堂"都有一次孩子自主创意的活动，或在家中种植中药并进行观察，或到中医药博物馆参观学习……每次活动他们都是兴致勃勃，获得了不少有价值的体验和收获。

其实最初我也有忐忑，作为语文教师，我也怕长时间的活动让孩子分心，以至于耽误课内的学习。但是伴随着"中医药文化进课堂"的深入开展，我意识到这非但不会影响孩子的课内成绩，而且会促进孩子的学习。

比如我在让孩子种植中草药的时候，就鼓励他们每天坚持写观察日记，这本身也培养了孩子的语文素养。因为他们对此事有兴趣，且是自己种植，写出的观察日记也异常精彩。同时，课本内的综合实践学习要求写调查问卷，从前我始终觉得这是一块难啃的骨头，每次孩子的作业也是乏善可陈。但当孩子们到中药店进行抓药，然后对工作人员进行相关内容访谈之后，写出的调查问卷不但精彩，而且内容实实在在有价值。当让孩子进入到一个真正自主观察的状态，很多教学的重难点，就迎刃而解了。

再比如，我让孩子们观察一年中大自然的变化，以二十四节气为主线，每人负责一个节气，把节气的特点和这个节气中该注意哪些常见疾病，如果出现此类疾病吃什么药，进行哪些食补，制成一张小报。同时让班级另一半同学发现同龄人中的常见疾病，并梳理出相应该吃什么药，该怎么预防，也制作成一张小报。这个活动看似简单，但却整整持续近一年时间，孩子们进行了大量的观察和资料搜索，最终完成的作品，让人拍手叫好！

现代教育的一个新理念就是人与自然的和谐发展。孩子们的生活是忙碌的,因为他们每天要奔走在学校与家庭之间,要读书、写字、画画……而在学校教室有限的空间中,孩子们缺少了与大自然对话相伴的时间。

在我们"百草堂"的活动中,我带着孩子们去学校楼顶观察三七景天的生长,班上有个孩子自己家中本身就养了这个药材,于是主动承担起讲解员的任务,在全班同学面前侃侃而谈,所有的同学或站或蹲,边聆听边仔细观察实物。在活动之前,我很不放心孩子们的纪律,毕竟是楼顶操场,但当孩子们到了目的地,我一扫之前的忐忑,他们非常有序,安安静静,很珍惜这次亲近大自然的机会。我在旁边观察时心想:分辨率再高的手机,色彩再不失真的实物投影仪,也无法取代大自然的魅力。当孩子们沐浴阳光下,感受鸟语花香,吹着楼顶的清风,仔细观察着三七景天,那种接地气的教育无与伦比,且大大激发了孩子们的兴趣。正因如此,孩子们回到班里,就自发成立了三七景天研究小组,且自发设定了岗位职责和团队文化。他们最后的研究成果厚厚一摞,沉甸甸的。我想,孩子们之所以有如此大的主观能动性,就是因为回归了大自然,是大自然给予了他们无限的动力和创作力。

浓浓中华情,根叶花果茎,颗颗赤子心,百草少年行。一个项目、多种学习,展示特长,精彩了每个孩子,促进了他们成长。这是教育的价值,也是教育者的情怀。

作为教师,我最大的乐趣就是和孩子们一起创造集体的快乐,让快乐成为能够激活每个孩子成长的因子——祖国的中医药文化就是这个快乐因子。

和孩子们一起,也激活了自己的快乐因子:那就是对孩子们的热爱,对教育的热爱!用这种热爱我每天撰写班级日志千字文,至今已积累200多万字,教学相长,我也成长为2017年北京市紫禁杯特等奖班主任。

教书育人17载,初心不忘永在怀。我深深体会到:我们每一天所从事的教育或许是很平凡的,但教育者的用心和努力却让平凡的生活拥有真切的意义,这意义,让生活再平凡都不失真诚与温暖,生活因教育而美好!

"百草堂内知今古"，字里行间中感受着温老师对班主任工作有着炽热的情感。他以自己的热情、激情、才情，让班级生活的每一天都有滋有味，通过努力，构建，积累，生长，带给孩子们有意义的每一天，带给班级生机勃勃的每一天。从百草堂的故事中让我们看到：教育，不能取长补短，把孩子塑造成一个模样，教育，应该扬长避短，让每个孩子的优点发挥到极点。老师给孩子创造一个舞台，孩子定会还给你一个精彩的世界。

——李娟

读 后 感

教师心语

"用明眸透视心灵，用智慧启迪成长！"这是我的教育座右铭。在我心中，孩子就如同一本本内容不同、风格迥异的书，要读懂这本书，就要学懂师德艺术，用自己一份独特的师德魅力去影响他们，感染他们！每个孩子都有一个属于自己的"杠杆"，如果我们找到了那个合适的支点，必然就可以激发孩子无限的能量，让他撬动自己心中的"地球"。我希望能够读懂孩子的心灵，促进每一个孩子"完美绽放"，用自己的真诚之心与儿童同行！

范晓丽

2001 年参加工作
班主任任职 18 年

生命中的"金"色阳光

曾经读过这样的诗句："如果你种下的是葵花，秋天收获的定是一片金黄；如果你种下的是甘蔗，秋天收获的定是甜蜜；如果你种下的是自己的一颗心，收获的定是一轮火红的太阳。"几句话让我想到了两个字——教育。

教育是对"种子"的呵护，教育更是"种子"的扎根！用我们的教育积淀为孩子的一生播下种子，这"种子"里应该有阳光，有雨露，更应该有微笑、欢乐和智慧！

◆ 爱的坚守　　　　　陪伴成长——"金喇叭"之花绽精彩

2014 年教育综合改革，史家教育集团在北京市东城区成立，史家小学充分发挥优质教育资源辐射作用，新增优质资源带学校——遂安伯小学，形成一校多址的学区化、集团化办学格局。对于史家教育集团遂安伯校区学生和家长来说，突如其来的集团一体化，让他们措手不及而又茫然无措，尤其对于毕业班的学生，面临了非常巨大的变化：学习环境改变、老师调整、学习节奏与课程调整以及原本两个班级的孩子要合成一个班上课……这些变化牵动着所有家长的心。家长们面对已经进入叛逆期的孩子们是一种前所未有的担忧。纷繁复杂的疑问中，我带着原遂安伯校区六年级（1）班、六年级（2）班，也就是后来的史家教育集团六年级（15）班的孩子们走进了"史家"这个全新的环境。对于孩子们来说一切都是陌生的。其实，对于我自己，也存在着了解与适应，甚至当时的我也有了些许的动摇，艰难前行与思绪挣扎中，我告诉自己："无论怎样的变化，我是'孩子王'，我就是'孩子们的主心骨'，这一点，永远不会变！特殊时期，特殊的变化，我也更应该将这'新环境里特别的爱给予特别的孩子们'，我应该让孩子们安心，让孩子们尽快适应，更让家长们放心……"带着这样的想法，我开始在自己的班级努力创设"家"的文化，因为班级一半的学生是我自己已经教了两年的六（1）班学生，而另一半，也就是那十九个刚刚合并到这个班里来的六（2）班的孩子们，我应该让孩子们感受到在"六（15）班家庭"里是温暖的。新的环境里，无论他们面临到了什么样的困难和挫折，六（15）班这个集体就是他们最温馨的港湾，班级要成为孩子们心中充满巨大能量的"家"！

六年级（15）班"家"文化就是孩子们彼此的"手拉手"。六（1）班原有的班级文化特色"金喇叭小记者站"已经成立两年，面对从六（2）班里新加入进来的十九个孩子，我和孩子们坐下来共同商量，设计最好的合作方法让他们尽快融入进来。他们在自我的学习中投入着、交流着，小记者站的"自我培训"讲座增多，孩子们搭配组合继续活动。班级原有的小记者班刊《金喇叭风采》依然在记者站站长的带领下有条不紊地进行。新加入的同学们兴趣满满，他们忙于投入班级文化的特色活动，无形中淡化了面对新环境的陌生感，也正是因为合作，他们结伴在校园任何一处参与活动时却更多地变成了一种新伙伴乐趣！交流中，孩子们渐渐明白了责任，懂得了团结，更收获了自信！这一年，孩子们大胆表现，精彩绽放；这一年，师生间倾心相伴，硕果累累！六年级（15）班的三十八个孩子平稳走过了过渡期！

毕业季，金喇叭记者站站长小谦同学参与了2015年全国"两会"采访。她作为《中国儿童报》唯一的一名小学生记者走进了"两会"代表驻地，与全国政协委员"面对面"，出色完成了采访任务。班级小尹、小宁、小凡等数名同学成为了《中国青少报》正式的小记者。六（15）班集体收获满满：北京市先进集体、东城区先进集体、东城区优秀中队以及史家教育集团阳光体育团体总冠军等。光闪闪的奖状、金灿灿的奖杯装点着六（15）这个"温馨的家"！特别的一年，六年级（15）班这个特殊的团队——"金喇叭之花"精彩绽放！

师者情怀，特别的爱给特别的你！一份爱的坚守陪伴了孩子们的成长。作为一名教师，我是欣慰的，也是幸福的！

学生小燊的妈妈说："我们每一个家长，由衷地感谢范老师那一年带着孩子们如同妈妈般的陪伴！这段特殊的经历，让孩子们对范老师，他们的范妈妈一生难忘。毕业一段时间后，孩子们再次相聚在一起却依然不忘将快乐与范老师分享，面对手机镜头，孩子们大声喊着'范老师，我们想你！范妈妈，我们想你……'，这样的声音让我们在场的妈妈们瞬间动容了。有一本书叫《好妈妈胜过好老师》，而我想说'好老师胜过好妈妈'……"

◆ 责任担当　　　　　不忘初心——"金太阳"少年展英姿

"金喇叭"的故事让所有经历过的孩子感到幸福，让家长们的内心涌动。

对我而言，更是难忘的！孩子们毕业了，我也又将面临着新的挑战，那就是史家教育集团一体化中集团教师与集团学生的彼此融入。

2015年9月，我成为了史家2017届（6）班的语文老师兼班主任。当我出现在（6）班孩子们面前，准确说是（6）班家长面前的时候，心灵上一样地面对动荡起伏：开学第一天家长非常直接地问："范老师，您去年教的是六（15）班？"得到我肯定的回答后，家长的表情里带出了失望，带出了质疑，或者更多……因为大家都知道原来的史家小学每个年级只有14个班，家长的意思我非常明白，但是我的内心里更加明白的是：面对质疑，我心坦然，我就是一名老师，教育综合改革集团化，纷繁复杂推进过程中，我能做的只有坚守岗位，责任担当！

2017届（6）班接班后，我根据班级孩子们的特点，再次建立了自己的班级特色文化——"金太阳文学社"。我给每一个孩子提供展示自己的平台。五六年级两年的时间里，"文学社"与"妈妈读书会"携手相伴，我带着孩子们"走进文学"、读书海报展示、文学作品交流、文学舞台剧演出……我鼓励孩子们中英文双语表达。孩子们从起初的走进文学，再到文学社各部门团队合作，改编剧本，演绎经典！一幕幕文学作品在孩子们的通力协作与生动演绎中被搬上舞台。精彩的背后是孩子们自我投入的一个个成长故事：每一次筹备日子里社长们的有条不紊；每一次绽放前后部长们的默契配合……可以说，孩子收获满满！同时我也巧妙结合家校活动，既为孩子们搭建展示自我的平台，同时也创造更多的亲子互动机会，我让爸爸妈妈们更多地陪伴和见证孩子们的成长，使有心的教育如润物的细雨，悄然浸润孩子的心田。

2017届（6）班的孩子们还有一个响亮的名字，那就是"金太阳军营少年班"。如果说妈妈的亲子携手进文学让孩子们"腹有诗书气自华"，那么应该说6班爸爸们陪伴孩子们两年三次进军营，让金太阳军营少年钢铁意志有担当！

毕业季，每一个孩子都拿到了一张光盘，名字叫作《成长》，上集《大槐树下的记忆》，下集《记忆里的和谐石》，里面收录了孩子们的点点滴滴和全班同学共同创作上演的关于自己成长的微电影《和谐》。一张张照片上，一段段视频里，每一张家校活动的集体合影，孩子们的全员参与，家长们的全员参与。

微小中藏有博大，短暂中孕育永恒！孩子们向我敞开了心门，我也打开了家长们的心门！临近毕业，孩子们的一段段文字记录下他们的那份爱与敬佩——《范老师，我们生命中的金色阳光》《我们的大朋友——范老师》《范老师，您是我的骄傲》《我最爱的老师，Ms Fan》……

小雪同学写出一篇千字回忆录《范老师，我永远的范妈妈》。她在文中这样写道："……范老师的敬业和精益求精的精神，教会了我们该如何做事，更让我们心怀感激，范老师教会我们更多的是做人的道理。她对我们的谆谆教诲，甚至是推心置腹，都让我们难以忘怀，更让她成为了我们的'范妈妈'……范妈妈对我们的爱，说也说不完，道也道不尽，心中唯有感恩和不舍，我们都说让范老师跟着到中学教我们吧。毕业典礼上，同学们哭了，范老师也流泪了，我再也无法控制，甚至在台下扑在了范老师的怀里放声大哭。范老师紧紧抱着我，也就在这时，范老师还不忘对我千叮万嘱：'雪，到了新的环境一定把控好自己，千万不要冲动，发小公主脾气！别任性，有事来电话……'这让我对于范老师的不舍再一次迸发，太多的眼泪，太多的不舍和感恩，我大声地说出那句五味杂陈的话：'范老师，我爱您！范妈妈，我爱您！……'现在回想起来，眼泪又一次充满了眼眶。范老师对我们像妈妈一样的爱，我将终生难忘，感恩之情已无法用语言表达。范老师真的教会我很多很多，像是一座灯塔在远方默默指引我人生的方向，又像是心灵深处一颗永远亮着的星星，时时刻刻鞭策我继续前行。范老师，我爱您！范妈妈，我爱您！……"

小魏同学的妈妈说："范老师尊重每一个孩子，让他们在舞台上绽放。她是孩子们的良师益友，和孩子们像朋友一样，平等地探讨策划剧本和台词，在这些过程的磨合中，即使她知道最好的答案，也启发孩子们自己说出来。孩子们从中增长的是实力，而不是一时的光鲜亮丽。范老师是真正懂教育的人，她遇到孩子们的问题都是正面引导，激发他们的热情和潜力……孩子们永远都是积极向上的，孩子们的脸上经常洋溢着灿烂的笑容……"

小语的妈妈这样说："做好一件事不难，难的是坚持做好每一件事。范老师用她的言行教育孩子们凡事都要认真对待，都要有始有终。教师的工作表面看起来是要处理一件又一件的小事，但是教育无小事，正是在这一件又一件貌似不起眼的小事中，教师给孩子们润物细无声的影响。师恩难忘！"

"接受我的关怀，期待你的笑容，人字的结构就是相互支撑；走进我的视野，从此不再陌生，人类的面孔就是爱的表情……"这是我最喜欢的歌词。我想说：育人是辛苦的，但播撒汗水中含笑凝视孩子纯真的笑脸，倾听孩子们智慧的语言，丰润了心灵，滋养了岁月。

不忘初心，方得始终，学高为师，身正为范！孩子们，正是我生命中的"金色阳光"！

读

2014年教育综合改革，史家教育集团成立，其中遂安伯小学师生正式合并进入史家校区。范老师不仅是教育改革的见证者，也是实践者。面对班级重组、校区更换，以及后来正式接手史家学生，这期间的压力之大、困难之多可想而知，但是范老师始终坚守教育初心，对待孩子真心付出，为不同班级的孩子打造不同主题的班级文化，十几年如一日：金太阳，金种子，金喇叭，金蓓蕾，金小子……其实都是普通的孩子和普通的班级小事儿却在范老师的陪伴引导下，升华成了童年金色的记忆。这需要老师有一双发现闪光点的慧眼，更需要有一颗引领孩子不懈前行的恒心，一腔初心永在的情怀！最终小种子也会开出金色的花。

后

——李娟

感

教师心语

从教近二十年我始终认为教育不是改变，更不是万能的，教育只是一种特殊的影响。作为一名男班主任，我注重培养学生开阔的胸襟和坚毅的品格，关注学生的身心健康，善于借助体育锻炼为教育平台，从"育体"到"育心"，在体育锻炼活动中磨炼学生的意志品质，强化学生的集体荣誉感和团结协作意识，从而提升学生的责任感和坚韧不拔的品质。

化国辉

1999 年参加工作

班主任任职 18 年

特殊的运动旋律

从教近二十年来，在每个班级里开展体育教育，成为了我所带班级的鲜明特色。体育活动不仅能增强体质，更重要的是可以磨炼孩子的意志品质，增强学生的团队意识、合作意识，这是其他教育形式所不具备的。因为我觉得对于现在的独生子女来说，由于家长关注过多，使得孩子缺乏责任心、上进心和顽强的意志品质。而对于这方面能力的锻炼，只靠说教是远远不够的，体育活动在此却能发挥巨大的作用。因此我才特别重视在运动中对孩子进行教育。

下面讲几个小故事和大家分享一下我是如何开展体育教育的。

初识体育的魅力

重视体育教育并不是我学生时代就有的理念，而是在不断工作的过程中逐渐被我认识，并坚持下来的。在上班第一年我所教的是一个三年级的班级，当时学校每天都有辅导班从下午 3 点 30 分到 4 点 50 分，主要是看学生自习写作业，为了让孩子们能够抓紧时间完成作业，我对他们说如果大家在学校都写完作业，剩下的时间就带他们到操场上玩。没想到这个方法在班里产生了意想不到的效果。每天大家做完作业的时间越来越早，那几个平时贪玩的孩子有时连课间也不出去了，而是抓紧时间完成当天的作业。就这样尝到甜头的我，开始不断更新孩子们外面活动的内容。当时学校每年秋季会举行四至六年级足球联赛。所以我就带着孩子们开始练习踢足球，一开始怕孩子们受伤，我们踢的是网球，逐渐过渡到小足球，再到正式的足球。在这个过程中，有一件事给我带来了极大的触动。那天我们进行射门练习，同学们站成一排，一个接一个从点球点开始射门。该小阮同学射门了，只见他慢悠悠地走到球后面，站定抬头观察了一下守门员的位置，然后抬脚把球踢了出去，只见这球慢慢地滚向球门，还没到门线就停住了。小阮特别沮丧，低着头默默地走向队尾。由于小阮同学平时很少参加正式的体育活动，身体不协调，所以他当天这样的表现对于我来讲并不意外，只是看着他失落的样子，我的心里很着急。虽然前面也有人没有踢进去，但都不像小阮这样。我当时想终止这样的练习，改成正式全场踢球，这样孩子们一起跑来跑去，除了几个身体素质特别好的有机会拿到球，其他人都是跟着来回跑，这样他就不会尴尬了。但转念一想这样的话他可能永远也不敢再站到点球点上踢球了。这时我灵机一动决定把球挪近一点。同时我又专门走到他身边鼓励他相信自己，记住动作要领。这样一圈下来，又轮到小阮踢球了，他还是那样慢悠悠地走到球前，这时我的心里比小阮还紧张。只见他抬起右脚用力把球踢了出去，球向着右侧立柱滚了过去，守门员判断对了方向，但是距离太近球滚进了球门。这一瞬间我看到了小阮高高扬起的头，充满了惊喜的笑脸，用力挥舞的右拳，从地上高高跃起。这一刻我如释重负，我知道对于他来讲，任何道理、支持、鼓励，都比不上他亲自把球踢进球门这一刻给他带来的力量。之后的练习，他虽然还会失误，但已经很少看到他那沮丧与无助的神情。当这个班的学生四年级时在年级足球联赛中以不败战绩夺冠的时候，更加坚定了我在运动中进行教育的理念。

"争强好胜"

一天中午，我照例带领全班同学到操场上自由活动。孩子们到了操场上，有的踢足球、有的打篮球、有的在看台边游戏，都很快乐。时间不长一阵刺耳的争吵声打破了操场上原有的和谐。我从踢球的场地中顺着声音来到了打篮球的孩子们中间，原来是两个男生为了争一次球权而引发了激烈的争执。看着两个大男孩怒目圆睁、面红耳赤、双拳紧握、各不相让，我先将两个原本打算动手的孩子分开，让他们都冷静一下。这时候我并没有急于批评他们，更没有火冒三丈，因为我知道这时他们都在火头上，我们讲的道理基本上听不进去，稍有不当还会适得其反。所以这时将他们分开避免更激烈的冲突，并让他们冷静一下可能是更有效的方法。操场上的活动依然如火如荼，两个孩子站在一旁仍是怒目而视，一言不发。

从操场回到教室，我将刚才冲突的两名同学留在教室外面。此时这两个孩子的表情已经平静了许多。这件事不直接在全班面前处理，是为了维护这两个孩子的尊严。他们此时已经意识到自己做错了事，一直低着头站在那儿，等着老师严厉的批评。而我却首先肯定了他们在球场上的这种"争强好胜"的勇气与血性！因为这体现了他们的责任和必胜的信念，这对于孩子是多么的宝贵呀！同时我也告诉他们要将这样的不满发泄在球场上，而不是同学的身上，要把劲儿使在怎样把球打进篮筐，去获得胜利上。

同学之间不怕争执，关键是面对争执的心态。一直以来我都要求孩子们要做到"严于律己，宽以待人"。只要你能一直以这样的心态去面对自己的生活，就没有解决不了的矛盾。

增强自信

我们集体午间体育活动中有一个必不可少的运动项目那就是集体跳长绳，我所带班级在这个项目上有着绝对优势。经常包揽四年级两个项目，五六年级四个项目的年级第一名，为我们多次获得年级冬锻比赛团体总分第一名做出了突出的贡献。每次新接一个班我都是亲自训练、指导、摇绳。

一次训练中我发现有个孩子总是混在一些跳得不连贯的第三队里跳绳。我们班把跳得好的男女生各组成一个队，而其他人自动组成第三队，练得好以后可以晋升到一二队。这个女生平时运动能力很好，协调性、爆发力、耐力都不错，为什么会在第三队里跳绳呢？面对这种情况我没有马上采取措施，而是留心观察。经过一段时间的了解，我发现这个孩子不在一队跳绳主要是自信心不足。

在一次练习中我主动把她叫过来，和蔼地对她说："小心你为什么不和一队女生一起跳绳呀？"她抬起头露出一丝腼腆的微笑，轻声说："我怕跳不好。""你的协调性、爆发力、耐力都很好，咱们班只有你参加过正式的马拉松比赛。怎么会跳不好呢？老师相信你，不过决定由你自己来做，是留在三队还是到一队来试试？"我坚定地说完。她虽然还不是很自信，但决定到一队来试试。我看到了希望便主动来给一队摇绳，当轮到她跳的时候我的绳会根据她进绳的位置和节奏，或前或后，或快或慢，就这样几个来回以后她越来越自信，节奏和整个队伍越来越协调。现在她是整个队伍里跳得最好的几个同学之一。她在周记里曾经写道"如果当时不是化老师叫我到一队跳绳，我自己是不会去的"。

就这样一二队的人越来越多，三队的同学越来越少，但三队的同学同样有了明显进步，虽然节奏不快，但跳得越来越连贯，越来越自信。

体育活动不仅能锻炼身体，更能增强自信、发掘潜能，让每个孩子懂得"一分付出，一分收获"。我借助体育锻炼这个教育平台，从"育体"到"育心"，在体育锻炼活动中磨炼学生的意志品质，强化学生的集体荣誉感和团结协作意识，从而提升学生的责任感和坚韧不拔的品质。

读后感

著名的教育家苏霍姆林斯基曾这样说过："我们力求使学生深信，由于经常的体育锻炼，不仅能发展身体的美和动作的和谐，而且能形成人的性格，锻炼意志力。"化老师正是在教育实践中探索出体育运动中的规律，适时抓住教育契机，逐渐帮孩子克服不良行为，使孩子们的性格变得开朗、活泼、乐观。在运动中逐渐培养孩子的情商，提高孩子的专注力，锻炼孩子的意志力，提升孩子的生命状态，促进良好的学习状态和生活热情。所带集体也在师生努力下变得阳光自信，积极向上！也让我们感受到"教育即生命影响生命"。

——李娟

彭霏

2002 年参加工作

班主任任职 18 年

教 师 心 语

做教师是幸福的：当你对自己清晰而成熟的教育教学理念运用自如时，那是一种幸福；当你不断进取，执着追求自己的教育信念时，那是一种幸福。

教师的幸福写在学生认真的作业本上；教师的幸福盛在学生满意的答卷上；教师的幸福，堆在家长充满谢意的脸上；教师的幸福是看到学生的毕业证书，是节假日收到学生的深情祝福……

她不再沉默了

"小雨，你能说说对这句话的理解吗？""老师，我行！"虽然她的声音还略带羞涩，但从沉默不语到敢于发表见解真是太不容易了！

小雨是我几年前教过的学生。刚参加工作没几年的我接手了一个三年级的班。第一次和他们接触，当然先要互相认识一下。做完自我介绍后，我让学生们按座次进行自我介绍，当介绍进行到第二组最后一个女同学时，我发现她的头低着，双手在课桌上紧紧地抓在一起，其他同学都转过头看着她，这可能使她更加紧张，身体有些微微地抖动……同学们逐渐回过头来看着我，还有的学生善意地小声提示我：她一直都这样，上课从来不说话。

"这是怎么回事？我该怎么办……"我有点为难。不对，她的脸有些涨红，我意识到这可能是一个胆小的女孩，不敢站起来做自我介绍。再看其他同学，有些人用一种特殊的眼神看着我，我知道了，他们在看我怎么办。鉴于当时的情况，我没有强求她一定要做自我介绍，继续让下一名同学介绍……

以后的几天里，为了能尽快地了解学生，每节课我都争取让每位学生有一次发言的机会。可那个不愿做自我介绍的小女孩从不举手，而且我主动叫她回答问题的时候，她也从不理睬我，总是低着头，双手在桌子上紧握着……每次为了让她开口我都费尽心机，好话说尽，甚至发动全班同学鼓励她、为她鼓掌，但最终的结果都是一样的。这让我在学生面前很没"面子"，很是苦恼。我还发现，平时她也很少和同学说话，下课就坐在自己的座位上，从不在班里走动。

正面进攻不行，我从侧面迂回。于是，到了课间我就走到她的座位旁主动和她聊天，可不管我问什么她都不予理睬或者采用一种更"气人"的办法："不知道！"只说三个字。不管问什么都说不知道！我意识到了问题的严重性！可是对于还比较年轻的我来说，该怎么办呢？

于是，我找到以前教过她的老师了解情况，所有的老师在谈到她时都无奈地摇摇头，我这才明白，原来大家都遇到了这个情况，在了解了这些情况后，我下定决心要改变这一情况。

通过开学后一段时间的了解，我发现小雨虽然从不回答问题，但是她的作业却完成得相当好，单元测验的成绩也相当好，都是优。可以看出她是一个爱学习的女孩。鉴于此种情况，我又有了新的想法。

一天在校吃完午饭后，学生们和往常一样做着数学作业，她很快就做完了，而且全对。过了一会儿，大多数学生都完成了作业在做自己喜欢的事，只剩下几名学习有困难的学生了。于是我对小雨说："小雨，你能帮小雪讲讲题吗？他可能遇到了点困难。"与往常一样，她没有理睬我，但我并没灰心，因为我看出她虽然很紧张，可是从她的眼神中我能看出她渴望去！她是一个善良的孩子！于是我继续说道："小雪今天学习的新知识掌握得不是特别好，如果你愿意的话就到他那儿给他讲讲吧！"真是功夫不负有心人，她点了点头走了过去……看着她的背影，我很欣喜……

以后的日子里，哪位学生遇到不懂的问题，我就会让他找小雨去问。给别人讲问题之前，她都会抬起头看我一眼，眼神中既有紧张也有欣喜。慢慢地经常被她帮助的同学接受了她，她也能与他们有说有笑了。更让人开心的是后来她还和班里一位经常被她帮助的女孩成为了无话不谈的好朋友。

后来，中午完成作业她再也不是自己低着头独自活动了，而是一会儿和前边同学说两句，一会儿和后边同学说两句，一会又和左右两边同学聊上了，一中午几乎不停地在和别人交谈。课间也是穿梭于同学之间。我是看在眼里，急在心里呀！因为她还是不和我说话，上课仍然不回答问题。这可怎么办？

思考过后，我决定采取激励式的办法试一试，于是每天早自习读书时，我都会走到她跟前悄悄地跟她说同一句话："小雨的学习成绩那么好，上课应该主动回答问题发表你的见解，老师等着你，就从最简单的读书开始吧！"前几天没什么反应，可等到学习《亮亮》这篇课文时，她竟然主动举手要读书了！她的声音很小，甚至还有些发颤……她竟然坚持读完了整段话……这多么了不起！读完后全班响起了热烈的掌声……

以后的日子里我和从前一样，每天早晨送给她一句话，鼓励她一点点地勇敢。慢慢地，课间和中午休息时，她也愿意和我聊天了。再后来，英语老师也向我反映，在英语课上"轮读"时她也参加了，再也不用跳过她了。

现在的小雨再也不是那个不说不笑，对什么事都漠不关心的小女孩了，而是一个热爱集体、关心同学、开朗乐观的可爱女生了。

其实每个班中总会有一两个沉默不语不善言表的孩子，如何让他们开口说话，乐于表达对于老师而言，不仅要讲究方法，而且需要极大的耐心。彭老师对于小雨的教育行为告诉我们：快刀斩乱麻不可行，只能忍耐、忍耐、再忍耐。教师要不厌其烦地进行引导，逐步理顺他们的情绪。教师要在朋友般交流中和她沟通思想，要在父母般的关怀中和她拉近距离，千方百计挖掘其闪光点，哪怕是微小的进步也要及时给予肯定与鼓励，让她不断地感受到被尊重的满足与快乐，从而与教师建立感情，树立起自信心。他们"亲其师"了，才会"信其道"，教师才能把自己的教育期望顺利地进行下去。

——李娟

读后感

教师心语

教学中，我一直秉承"一切为了孩子，一切为了明天"的教育思想，积极倡导和谐、平等的教育理念，坚持把耐心、细心、贴心、用心贯穿到工作的方方面面。注重用欣赏的眼光看待身边的每一个孩子，用爱心和耐心陪伴他们在快乐中学习，在学习中成长，把学生的成功作为自己最大的快乐。

周舟

1999 年参加工作
班主任任职 18 年

相信孩子　静待花开

在我的笔记本里，一直珍藏着这样一段话："花的事业是尊贵的，果实的事业是甜美的，让我们做叶的事业吧，因为它总是谦逊地低垂着它的绿荫。"带着对绿叶精神的追求，对教育事业的无限热爱，18 载的辛勤耕耘，我一直抱着淡泊的态度，在平凡和朴实中，书写着教书育人的承诺。在我眼里，我认为每个孩子都是一朵含苞待放的花蕾，他们都拥有自己独特的绽放姿态，只是花期不同，有的会在春天吐蕊，有的会在冬天绽放。特别是那些"特别的花蕾"，更不必去在意花开的时间，默默耕耘，耐心守候，坚信他们一定会开出自己的美丽！当了十多年班主任，我也遇到过很多"特别的花蕾"，在他们身上，发生过许多令我辛酸和感动的事，其中有一个故事给了我永远的鞭策和启迪。

几年前，我接手了一个新的班级。开学第一天，一个孩子的特殊举动给我留下了深刻的印象。课上，同学们都在认真听讲，他却在座位上大喊大叫。提醒他几次后，不但不听，反而叫的更加严重，甚至下座位抢同学的东西，自己桌上的书本也被他扔的满地都是，没有任何课堂纪律。下课后，我找到原来的班主任，得知他是班里有名的小刺头，他叫鸣鸣，因为父母的离异，给他幼小的心灵带来了巨大的创伤，造成了严重的心理障碍。在学校，他也一直是老师们重点关注的对象。经过一段时间的接触，我发现他的确不是一个让人省心的孩子。不爱学习，不按时完成作业，上课总喜欢大喊大叫，有时还会动手打人。上操时经常在队伍中说话，做各种小动作，被体育老师多次点名提醒；科任课上也经常会因为纪律问题让大家头疼。对于这样一个孩子，起初我认为只要多关注他，多严格要求他，时间长了，他身上的那些不好的行为习惯就会逐渐改变。但后来我发现，不管怎么严厉、怎么批评都不见成效，他几乎无视我的存在，依旧我行我素。好几次我都差点大发雷霆，转念一想，孩子内心最大的愿望是受到老师的关心和喜爱，如果能尽量发现他的优点，真诚地去赞赏他，就一定会燃起他内心深处的希望和信心。于是，我找到鸣鸣的家长，对孩子进行全面的了解，经过多次沟通，我深知作为父母的苦恼，也急切的想找到突破口，帮助孩子克服心理上的障碍，让他能和其他孩子一样健康快乐的成长！我知道每个孩子都是有上进心的，都是渴望得到老师表扬的，我们每一次给予孩子的肯定，每一次会心的微笑，都会看到他们的改变。此后的每一天，我不断地调整自己的教学方法和沟通方式，我放下班主任的身份，更多地站在他的立场去思考、去体验，想方设法地帮助他。慢慢地，他放下戒备，开始信赖我，向我敞开心扉，我也成为了他的好朋友。每天早晨，我都会在班门口迎接他，陪他放下书包，摆好学具。课上，当他注意力不集中时，我会用善意的眼神提醒他；下课了，我经常请他到办公室来聊天，聊班里最近发生的趣事；当他又闯祸时，我会第一时间出现在他身边，安抚他，引导他。很多次，他耷拉着小脑袋，疑惑地望着我，好像在问："老师，您真的相信我吗？""老师，我能行吗？""我也可以和他们一样吗？"从他平日细微的表现中，我不断的去感受他情绪的变化，及时关心，正确引导。就这样，我不仅带给他知识，还教会了他更重要的东西：善良、宽容、友爱。后来我惊喜地发现，他开始主动上交作业，有时还会帮助班里做值日，地上扔东西的现象也变少了，看来他在学着用优秀同学的标准约束自己、要求自己。看到这些惊人的改变，我打心底里感到欣慰。然而就在我默默为他的进步感到高兴，为我自己的教育方法取得成效暗自窃喜时，却收到了班里其他家长对他的抗议，因为他长时间封闭自己，不愿与人沟通，偶尔动手动脚的行为引起了家长们的愤怒，甚至有部分家长提出让他转学。说实话，那一刻我的心情特别复杂，这个孩子的行为的确影响到了其他孩子，但每个孩子都有受教育的权利，我们不应该歧视任何一个孩子。冰心曾说过："万千的天使，要起来歌颂小孩子；小孩子！那细小的身躯里，含着伟大的灵魂，有着无穷的机智。"是啊，每个孩子都是我们心中的宝贝，一个都不能放弃！于是，我立即召集所有家长开展了一期家长沙龙活动，借机把这个孩子的实际情况和开学以来的变化，以及接下来我对他的转变方案跟家长们一一说明，同时告诉大家，每个孩子都是独一无二的，都有自己成长的节奏，他们就像含苞的花蕾，我们只要学会欣赏和等待，就一定能感受它的芬芳！也许是被我的执着和爱心所感动，家长们纷纷表示理解和支持，大家也都愿意给他机会，并配合我来帮助他。接下来，我在班上及时召开《大家都来夸夸他》的主题班会，孩子们争先恐后地讲述着鸣鸣的进步与改变，"老师，他的课桌越来越干净了。""老师，他今天没有打人了。""老师，他今天主动交作业了。""老师，他今天拿我的东西又还给我了。"孩子们你一言我一语，特别积极。人群中，我看到了那双熟悉的小眼睛，眼神中充满着自信和阳光！鸣鸣的家长得知这些情况后也特别感动，每天除了配合医生做好治疗，同时积极配合学校对孩子进行全方面教育，我和鸣鸣私底下也有小小的约定，遇到事情一定不要冲动，要学会冷静，学会沟通。为了鼓励他，我还特意聘请他担任班里的图书管理员，为此，他特别开心，也非常热爱自己的工作，每天都把图书整理得井井有条。遇到同学们借书还书时发生的冲突，他也能很好地处理。大家都为他的进步感到高兴，我也每天会对他的表现及时进行总结和奖励。就这样，在老师、家长、同学们的关爱下，鸣鸣的纪律意识越来越强，与同学的相处也越来越融洽，班上的家长也纷纷为他加油点赞。小花蕾终于开始绽放了！在他快乐的笑声中，我知道我们成功了！那一刻，我心中的那块大石头终于落了地！那一刻，我也深深感受到，作为一名园丁，我是多么的幸福！

转眼，这件事已经过去好几年了，当年的小鸣鸣现在已经成长为初一的大哥哥，直到现在，他还经常跟我谈到那段难忘的时光，他非常感激老师和同学们在他最需要帮助的时候给予的关爱和鼓励，更让人感到欣慰的是，他还把自己的这段特殊经历分享给了身边有同样心理障碍的小伙伴，深深地传递着这份温暖和感动！

这些年，在学校这个大花园中，我见证了无数的花开，感受着满园的芬芳，每一朵花儿都有自己的色彩。有些需要我们静静地等待，在经历风霜雪雨的洗礼之后，他们有可能绚烂无比，也有可能还是一株寂寞的小苗，但不管怎样，他们都有自己的精彩，都会在不知不觉中成长。作为一名护花使者，我们要学会分享他们成长中的快乐，相信种子，相信岁月，默默耕耘，耐心守候，终将你会看到那满园的花开！

选择了做教师就选择了奉献，选择了责任与担当！尤其是面对班中心理上有问题的孩子，需要老师付出极大的耐心和爱心，"一个都不放弃！"这句话对于班主任而言担负的责任是巨大的。周老师对鸣鸣的教育初见成效之时，又面对全班家长让鸣鸣转学的压力，一波未平一波又起，但是周老师凭借着对教育的负责，对每一个孩子和家庭负责的态度，用自己的努力和真情打动了所有人，我们也欣喜地看到鸣鸣的成长与进步！或许他和其他孩子还有差距，或许未来之路还会面对困境，但是周老师和同学们教会了他生活的习惯、学习的技能、与人相处的技巧、面对问题的勇气……这是鸣鸣真正需要的！也是作为教育者最应该传授的！

——李娟

读

后

感

教师心语

从教 19 年中，我认为教育是心灵与心灵的沟通，是智慧的启迪。我赏识我的每一个学生，希望他们都得到爱的滋润、知识的浇灌，全身心地爱着每一个学生，更是着重关注后进生的教育。教育的这种反差告诉我们，对后进生这样一个"与众不同"的群体，必须正确认识他们，将浓浓的师爱洒向他们，让这些迟开的"花朵"沐浴阳光雨露，健康成长。

祁冰

2000 年参加工作

班主任任职 19 年

走近他，关爱他，改变他

家庭的离异多多少少都会给孩子带来痛苦，在他们稚嫩的心灵中有抹不灭的阴影。我们班上的小刘同学从小母亲就离开了他，跟着文化不高的父亲在一起生活。多年来他父亲为养活家中多病的老人和他，终日忙碌奔波着，根本没有时间来管理孩子的生活和学习，也忽略了与孩子的内心交流，使他缺少亲情，导致小刘没有养成良好的品质和学习习惯。在生活中他每天都是独来独往，不与同学们交往，没有一个朋友，由于他身材高大，经常欺负年龄小或者个头小的同学，与他人多次发生冲突，所以同学们见到他都赶快躲到一旁，没有人愿意理他，没有人愿意和他成为朋友。在学习上他的困难比较大，由于上课不认真听讲，经常随意干自己想做的事情，很多任课老师在班里上完课后，都到我这儿告该生的状，说其课上不好的表现，是如何干扰同学们的学习的。回到家，没有家人的辅导、督促，他也不能按时完成作业，就是写了的作业，质量也不高，不是错误多，就是书写潦草，导致作业天天补，错误天天改，最后到考试的时候成绩总是不能合格。自身的家庭情况，自卑的心理，学习成绩的不如意，学校组织的各项活动也从不愿意参加。

看他的现状，我想到对这样的孩子，从思想、生活、学习等各方面给予真心诚意的关怀体贴、尊重和信任；真诚相见，热诚相待，使他的自尊心和人格得到尊重；善于发挥他的一技之长，激发其上进心和热情。

为了更好帮助小刘同学，我通过多次家访和孩子的奶奶了解更多家庭生活情况，让老人知道老师是非常关注、关心这个孩子的，让老人了解孩子在学校第一时间的学习情况和与同学交往中的问题，让老人放心地把孩子还给我；和孩子父亲电话、微信等方式诚心诚意地沟通，并且把孩子的父亲请到学校参加班级的"家长沙龙"活动，以上做法相结合，让家长正确认识孩子成长中的缺失和问题，同时提高家长的自身素质，帮助他掌握正确的教子方法——主要是"晓之以理，动之以情，践之以行"的科学方法，要求孩子的父亲平时多关心他，多与他交谈，多鼓励他，平日里说一说学校发生的事情，要认真聆听孩子的表达，用心去体会。并向孩子父亲坚定地表示，不管怎样，孩子做一天我的学生，我都要为他一生的成长负责，都会与他一起努力，共同探讨，齐心协力做好孩子思想行为上的转变工作，让他也树立起教育的信心。

尊重、信任他，寻找思想教育的共鸣点。这种自尊心主要表现在，要求家长、老师、同学尊重自己的学习、劳动、业余爱好和人格，并且在学习、劳动等方面给予必要的信任。于是，我加强了与其他任课老师、与班干部、其他同学针对小刘同学问题的沟通，取得他们的配合。当任课老师在本班上完课后，我都会及时跟老师们沟通，了解孩子上课和作业的情况，第一时间和老师们取得配合，为更好地开展下一步的工作，取得理解和支持。在班级内部，我努力营造关心互助的氛围，在小刘的四周安排性格开朗、学习比较优秀、自律性比较强、乐于助人的学生，把他囊括在这种氛围中。课堂上为他树立学习的榜样，课余时间，有意识地让一些同学主动找他玩，和他说说话。

全身心去爱他，架起沟通与理解的桥梁。实践证明，有了深厚的"爱"，才会产生"情"，动情的教育会打动人心，能打开心灵沟通的渠道，这种爱是自觉的、理智的、高尚的，同时也表现为严格要求学生，这样使他们从心理上感到教师的亲切、温暖、贴心，这样才促使其朝着家长、教师所期待的方向变化。"亲其师，信其道"，教师要用一个眼神，一个微笑，一句鼓励，表达对学生的爱与情。

外力准备就绪，我开始一对一地和小刘心心交流。我首先告诉他，不管做什么事都离不开扎实的文化基础知识，但学习知识和做每一件事一样肯定很辛苦，要有毅力才行。慢慢来，会一天比一天有进步。又和他一起研究制订了学习计划，我负责帮他找一个他能认可的学生帮助他，包括上课提醒他听讲，课后帮他辅导、检查作业等等。接着，我给他看了，我和他父亲沟通的短信记录，让他知道老师和全家人都在努力配合着帮助他进步，告诉他，一个人只有自重才能得到别人的尊重。我的良苦用心让他看在眼里，他表示尽力配合克服困难。

经过一段时间的观察，我发现小刘每次做值日都很认真，有时簸箕撮不上来的土，他就用手一点儿一点儿地捡起来。这使我非常感动，于是我抓住契机让他管理班级卫生，果然效果显著，这样他开始融入班集体中，同学们也开始欣赏他，与他在一起玩耍，帮助他学习。自从他开始收数学作业，自己也严格要求自己，知道每天要写作业。我还多次为他创造尝试成功的机会，让其体验成功的喜悦和荣誉，增加良性刺激，使他摆脱自卑的心理，激发起自信心和上进心。心灵的交往，热情的鼓励，温暖着他那颗冷漠的失望的心，使他重新回到了班集体中。实践证明，只要尊重、信任他们，重视他们的自尊心，研究、尊重他们的自尊心，并因势利导地发挥其自尊心的积极因素，才能得到学生的尊重和信任，使教育者与被教育者之间产生思想上的相通，感情上的共鸣，这样就容易做好思想素质教育工作。

俗话说的好：心病还得心来医，只有师生的一个"情"字，才能打动他的心。我俩已经有了沟通的基础，凡是我吩咐的他都愿意去完成。现在他负责班内的卫生工作，每天早上他打扫教室的身影常常出现在我眼前，他拿来自制的装饰物美化班集体，使班级在校评比中得到好评。我们班提倡环保，同学们拿来废旧物品，他就主动承担收集废旧物品去到离家几站地的回收处给大家换再生本。这段时期他负责收数学作业，他更是兴致高涨，给每个小组进行比赛，还用零花钱给同学买奖品。

经过一段时间，家校合作，师生的共同努力，小刘同学的进步是有目共睹的，老师和班里的同学反映，他学习自觉性有了一些提高，作业基本能按时完成，上课也能坚持听讲，课后乐于与同学们一起玩，学习习惯有所好转。孩子的父亲感觉，他在家比以前懂事了，有时也能帮奶奶做点家务，父亲不在家时，能坚持先写作业后看电视。孩子自己认为，他感受到了来自家庭、学校的关爱，现在不再不愿意上学了，上课也不再觉得无聊了，也愿意和同学们一起学习，一起做游戏，积极参加各种活动，为集体出力。学习成绩提高了，自己越来越有信心。

我深切感受到："以人为本"简而言之，一切以学生的发展为中心，一切从学生出发。一切为学生服务，以学生能否获得全面的发展为标准。"以人为本"就要从学生的心理特点、认知特点出发，去创设有利于学生发展的环境。让学生去体验生活，感受学习。教师要到学生中去，努力去发现学生的优点，用赞赏的眼光去看待学生，用期待的语言去鼓励学生。透过我们的笑脸创造和谐，了解他们的个性和内心，用我们的真情换取他们的真心。作为教师如果真正做到这一点，那就真正实现了"以人为本"教育理念。

读后感

　　每个集体中或多或少都会有一些孩子让班主任操心。面对这些让人操心的小孩，老师应少一点指责，多一点鼓励；少一点叹息，多一点关心；少一点抱怨，多一点苦干；少一点随意，多一点认真……这样终有一天你会觉得孩子多了一份可爱，生活也多了一份阳光！祁老师面对这个让人操心的"小刘"时，了解成因、多方沟通、达成共识、不断鼓励、相互配合，给孩子营造了一个温馨、和谐的学习生活环境，让孩子树立了自信，最终如我们期待的方向成长着。

　　　　　　　　　　　　　　　——李娟

孙莹

2000 年参加工作

班主任任职 19 年

教 师 心 语

学生好比种子，需要老师提供给他们充足的土壤、水分、肥料、空气和阳光。给孩子多一点信任，多几分理解，少一些责难，少一点怨恨，多几分关爱。只有温暖，才能产生一种令人惊异的精神力量，锋利真切，直抵学生的灵魂。

我是孩子们的大朋友，我会用所有的爱陪伴他们度过小学时光。我会把我的快乐和笑声带给每个孩子，让他们在快乐中度过小学时光。

赏识改变他的人生

几年前阅读了《赏识教育背后有妈妈多少眼泪》这篇文章，我深深地体会到"如果一个孩子生活在鼓励之中，他就学会了自信；如果一个孩子生活在认可之中，他就学会了自爱"这句话的深刻内涵。读完这个故事我不由得蓦然回首过去教育中的败笔，陷入深深反思……从此我就自己的教育方式进行改变，透过赏识教育，使我感受到赏识教育的乐趣，体会到赏识教育的快乐，获得成功的喜悦。

那年我担任三年级班主任，刚刚接班王小鱼就给我留下了深刻的印象，不管大家做什么他总是不合拍的那一个。我也意识到王小鱼将是一个比较特殊的学生。果然不出所料，后来所有老师都反映他不遵守纪律，不写作业；经常出现打人现象。每天只要他一走进教室就是老师们、同学们给他告状的开始。我感到王小鱼是个棘手的案例，因为这个孩子很聪明，一旦教育不当将会适得其反。

抓住时机，大力表扬，拉近师生距离

那段时间我讲授《美丽的秋天》这一单元，我让孩子画画自己眼中的秋天。当我看到王小鱼的水粉画以后我惊呆了，真不敢相信此画出自他之手。我面对全班大力表扬了王小鱼，还把他的画挂在我们班最显眼的地方，并送他一个绰号"王画家"。那天开始，我有幸看到了王小鱼那张灿烂的笑脸，那天没有一个人告他的状，王小鱼从那天开始也更愿意与我交流了，我们之间心灵的窗被打开了。

通过家访，我对王小鱼的家庭情况做了深入的了解。他的父母对他要求十分严格，每天要有不同的课外班，同时还有很多任务，所以他不把学校作业带回家还故意不抄记事，就是为了回家事情少一些。他觉得只有到学校离开父母严厉的管教，才有属于自己的空间，才可以尽情干自己想干的事，所以才会出现上面的问题。王小鱼很黯然地对我说："别人的爸爸妈妈都表扬自己的孩子，我的爸爸、妈妈只会说我，总是夸别人家的小朋友这好那好，从来没有夸过我。"听了他的讲述，看到他的表情，我的心里酸酸的。我也意识到找到了症结，就可以对症下药了。

家校合作，形成合力，促进孩子发展

与王小鱼交流后我马上与他的父母联系，把我与王小鱼的谈话内容向家长转述及王小鱼的在校情况一并告之家长，看到家长的表情我相信家长也认识到自己的教育的错误，我对家长说："我们走出家门一样可以使孩子获得更多的知识，现在比的是能力。"除此以外我们还交流了一些王小鱼别的情况，也使我更喜欢这个男孩。临分手时，我给了家长一张纸条，上面写着："优秀的父母在孩子小时候，每当他取得了好成绩，或者做了一件让他自己感觉很自豪的事情，或者让家长感觉很骄傲的事情，家长都是像开新闻发布会一样，向所有亲友炫耀他的'成功'。这就像拿着放大镜一样，去放大他的优点，而且夸赞时一定要当着他的面，是有意识的表扬。赏识可以鼓舞人的勇气，激发他的自信。"

就在那个周末王小鱼父母带他去科技馆、鸟巢参观，他还画了几幅画。开学一个月后我收到了一封信："孙老师您真神，您和爸爸妈妈谈完话后，爸爸妈妈把我回家后的事情减少很多，还带我出去玩，最让我高兴的是，他们老在别人面前表扬我，我好开心，好快乐！谢谢您。"

看到王小鱼的信我很高兴，教师是学生成长的带路人，让比较特殊的孩子乐意接受你的鼓励和帮助，最好的办法是成为他们的朋友和知己。重用他，让他发挥特长，促进各个方面的改善。

与家长交流后，王小鱼比以往有进步。但有时候还是无法控制自己的行为。为了让他有责任感，能自律，我根据他的情况让他当我的语文课代表，每天他认真地把作业收齐，课上他的表现让我和同学们由衷地为他鼓掌喝彩。我时常在课上表扬他。老师的态度同时改变着同学们对他的态度，同学们喜欢和他交流了，喜欢同他在一起做游戏了。在这种爱的氛围中，他真的变了。

有一段时间王小鱼相对前段时间有了很大退步，但偶尔也会反复。有次我们去秋游，由于他的"自由主义"，导致找不到老师了。当找到他的时候，他痛哭流涕。我虽然此时很想批评他，但我强压住自己的火，对他置之不理。他站在我的跟前，边哭边用余光观察我的表情。嘴里叨唠着："您批评我吧，我再也不乱跑了。"我笑笑说："大自然如此的美丽，你能被它迷住可见你是个懂美，会欣赏美的孩子，不过麻烦你下回跟我打声招呼。如此有鉴赏力的孩子，我问你一个问题，怎么才能成为一个优秀的小学生？"这时，他又开始侃侃而谈。他还说："咱班我觉得辛玥最优秀。"我说："我怎么觉得才华横溢的你将会是她最有力的竞争对手。"我对他会心地笑了笑。此时，无声胜有声。

秋游过后，我发现王小鱼真是奋发图强，各方面严格要求自己。听到老师们的褒奖，家长对他的变化很诧异。现如今家长不布置任务他自己也能把练习做好。他跟家长说："我们孙老师说了，我是我们班辛玥最有力的竞争对手，我一定超越她。"

期末，王小鱼与开学初那个孩子相比真是天壤之别。家长特意写了一封信发到我的邮箱里。家长说："孩子在孙老师的班里真幸运。"

教育家陶行知说过："你的教鞭下有瓦特，你的冷眼下有牛顿，你的讥笑下有爱迪生。"现在我回头以一个旁观者身份审视和打量教学天才的过程，那些瞬间，我仿佛在读整个教育过程中的自己，读自己的优点和缺陷，读教育的厚重与纯净……走出迷惘后的喜悦，享受成功后的反思，让我触摸到和谐的师生关系中绵长无痕的温暖。

"世界上没有什么东西比人的个性更为复杂、更丰富的了……不能把小孩子的精神世界变成单纯学习知识。如果我们力求使儿童的全部精神力量都专注到功课上去，他的生活就会变得不堪忍受，他不仅应该是一个学生，而且首先应该是一个有多方面兴趣、要求和愿望的人。"这段话是苏联教育家苏霍姆林斯基说的。我看了孙老师的教育故事后特别替王小鱼庆幸。庆幸他遇到了孙老师，是孙老师让他从只专注学习知识的家庭教育中逐渐解脱出来，让孩子拥有了兴趣、爱好和努力方向。王小鱼的转变让每一个教育者欣喜，也让我们从孙老师的教育故事中知道了赏识教育的力量！

——李娟

读

后

感

安然

1997 年参加工作

班主任任职 20 年

教师心语

"教育不仅仅是为了知识，爱才是果实。"《放牛班的春天》中的这句话始终是我工作的动力。二十年来，我从一名年轻教师成长为一名光荣的共产党员，我把爱心献给了所教的每一个学生，把青春交给了所带的每一个班级。为了他们，刚刚献过血的我身体还未恢复就又踏入校门，为了他们，刚刚办完婚礼的我没歇一天婚假就又回到孩子们身边，为了他们，有孕在身的我一直带班坚持在第一线，为了他们，家人生病住院我没有耽误一节课，白天上课，晚上陪床，为了他们……我用真诚的师爱，为每一个学生撑起一片无雨的天空。

看到更好的自己

贝贝是一个慢热的女孩，认生、爱哭、拘谨。入学教育那天，她竟成为班里唯一一个不喜欢新环境，不愿进班而且一直哭鼻子的学生，这让贝贝的家长非常难堪和无奈。那天，我一边对新生进行学前教育，一边把她领到身边，让她帮我给表现好的小朋友贴贴画，这一下子拉近了我与她的距离，也让贝贝对新学校的陌生感减少了很多。

入学后的第一周，贝贝来到教室就会无缘无故地大哭；放学，只要家长最后一个接她，她也会在校外肆无忌惮地大哭不止；这时，我会搂着她，与她话家常："妈妈在哪上班呀？噢！她的单位离我们学校并不远，她马上就会来的！别急，再等等！……"我以教师的温暖和关怀安慰她，她渐渐安静了下来。一周观察下来，贝贝依然不太敢、不愿意，也不知道如何去融入一个全新的集体，甚至逃避跟同学们打交道。于是我和家长沟通，一起想办法帮助这个"爱哭的女孩"。

其实贝贝是一个爱读书的孩子，阅读量不小，学习上的努力，渐渐使她有了一定的自信心。在此基础上，我鼓励她做班里第一个值日班长，让她跟其他同学更多地熟悉起来；推荐她做"小虫虫有大智慧"的主持人，增强她的自信；还让她当"路队长"，在引导同学的同时让她能够以身作则。我还跟副班主任杨老师商量让她做数学课代表，这样，发本时就能够多跟同学们打交道……

我鼓励贝贝写日记，悉心地和她在日记里交流。她的家长惊喜地告诉我：您的一句"你真是个孝顺的孩子"使得贝贝做到了一直坚持为腰痛的姥姥贴膏药，捶背。

贝贝在学校拘谨，不爱笑，我就和贝贝约定：如果她哪天能开心地美美地笑，就在她的记事本上贴上小贴画，让家长通过记事本看到她在学校的笑容……为了鼓励贝贝多交朋友，我鼓励她在家里画一棵"朋友树"，每交到一个好朋友就画一片树叶，贝贝的愿望是希望她的"朋友树"能枝繁叶茂，而现在她的愿望正在悄然实现着。

我还精心地抓住活动的机遇，创设孩子融入集体的更多可能。参加完西山国家森林公园捡拾垃圾的活动，回来后贝贝告诉我：珍爱环境，人人有责；课前讲话锻炼了贝贝，她更加自信、积极、主动，愿意在更多人面前展示自己；班里的同学转学了，我组织了送别会，当孩子们懂得友谊、珍惜友情后，孩童之间真挚的友情成为贝贝融入集体的又一契机。

贝贝妈妈说："贝贝本来是个特别黏妈妈的孩子，以前在外边参加活动从来都不让妈妈离开她的视线。"一天早上，贝贝妈妈送她上学，我们在路上偶遇，我主动说："贝贝，我带你一起去上学，让妈妈去上班吧！"没想到贝贝不假思索地答道："妈妈，我和安老师走啦，您放心上班去吧！"看到贝贝的表现，妈妈感到很意外。路上，贝贝妈妈把自己的感受告诉了我。我告诉她："我们一路很开心，您放心吧。有她做伴，我也不觉得路远了。"此后上学的路上，贝贝还总是期待和我再次相遇。事情虽小，但是这份关爱换来了孩子对学校的无限信任和依恋。

耐心帮助，精心呵护，短短一个学期，贝贝的身上就有了显著的进步：她开始以班级为荣、以为同学服务为乐、以拥有更多朋友为豪，她开始有了自信，抛却了陌生和胆怯，变哭泣为笑脸了。从怕上学到爱上学，从任性到有责任心，并且在第一学期里被评为"三好生"和"礼仪之星"。贝贝的家长动容地说："这是让我们家长多么意想不到的变化啊！如今，我们家长再也不担心孩子害怕上学了，再也不担心她在学校不快乐了，因为她有一（4）班这个有爱的大家庭。"

"我是一只小小鸟，想要飞却飞不高"，贝贝最大的梦想就是能够像大鹏一样展翅翱翔，现在她这只雏鸟，已经找到了最温暖的巢，就是史家小学、就是一（4）班。踏踏实实做好身边的每一件事，以从容欢喜的心迎接生命中每一次的潮起潮落、花谢花开。贝贝一定可以展开属于自己的翅膀，在人生的旅途中飞得更高，看到更好的自己！

> 这是个特别温暖的故事：在老师的悉心关护下，一个孩子从疏离学校班级，成为一个优秀的学生。这一步步走，一路而行，孩子是幸福的，老师是快乐的。
>
> 安然老师的细心、耐心、有心地为孩子精心设计，孩子才一步步地从黏妈妈的孩子成为一个融入集体的学生。更好的自己，永远是小贝贝的目标！
>
> ——李娟

读 后 感

教 师 心 语

　　人世间，最无私、最宽厚的是爱，爱心是人的一种用心的高尚的情感，是人的行为的动力，爱能够产生融化冰雪的力量，"爱心"所至，金石为开。把载有爱的眼光，哪怕是仅仅投向学生的一瞥送给学生，那么他们幼小的心灵也会充满阳光，享有滋润……

　　从教22年，在这五彩缤纷、酸甜苦辣的人生道路上，我作为一名为孩子们服务的普普通通的班主任，以平常心做着平常事。看着孩子们的成长变化，看着他们变得懂事成熟，那是一种特有的人生享受。

杜楠

1996年参加工作

班主任任职 20 年

初　　心

　　作为一名老师，平时除了关注孩子们学习成长之外，在当今社会，情感教育也是青少年成长中必不可少的部分。孩子是单纯的，同时又是敏感的。

　　小书，是我带过的一名学生。他很外向，每天都笑呵呵的很有活力，乍一看似乎和所有那个年龄段的男孩子一样。渐渐地，我开始发现一些不同。他似乎很少提起爸爸，每次开家长会都是妈妈或者姥姥过来，在他的生活中，爸爸，仿佛是一个陌生的词，只是充当着必要时被提及的作用。我没有直接问他，因为这样的问题，对于孩子情感的触发很可能不是正面的。我找来他的母亲，仔细询问了一下情况才得知，他的父母早在几年前就离婚了，而且感情很不好。他跟着妈妈和姥姥生活，只在周末的时候才能和爸爸见面，过上两天的"爸爸日"，然后再被送回来。看起来，他和所有离异家庭的小朋友一样，妈妈爸爸被一纸离婚协议割裂成完全没有关系、又因为血缘而强制存在于他世界里的"最熟悉的陌生人"。妈妈不会关心爸爸带他去了哪里，爸爸也不会关心妈妈的生活如何，每一周，他都在经历着告别、重逢、再告别、再重逢的循环，告别妈妈，重逢爸爸，告别爸爸，再重逢妈妈。很难想象，孩子每次告别的时候是个什么样的心情，阳光开朗的背后，是他被人为割裂的亲情。这样的他让我心痛，成人世界，太多的残酷与无奈，但却不该以这种方式，横加在孩子的世界里，让他在最应该无忧无虑的年纪，背上亲情打造的枷锁。身为教师的初心，让我想去改变他，想让他去享受和正常家庭一样，交融在一起的父爱和母爱，或者仅仅是，我想让他笑得更纯粹，更快乐。

我增加了和他母亲和姥姥的沟通次数，想更全面地了解小书的日常生活，包括与父亲的相处模式和内容。而且我尝试着去约他的父亲，希望可以作为沟通桥梁，缓和他们之间的关系，结果却并不遂人心意，两个人的感情，隔着多年的坚冰，不是一朝一夕能够磨灭消融的，这种日子还在继续，一切看起来毫无变化。这期间，我也查阅了一些儿童心理学书籍，从先天条件、自我认知、家庭范本和依恋模式上对小书进行了大致的分析。从先天性格而言，小书属于性格乐观，善于社交的孩子，而这样的孩子，往往有一个很突出的特点，就是希望自己成为关注的焦点，这种关注，除了来自社会，更多的，则是来自父母。在自我认知上，原生家庭中自身定位是很重要的考察点，在学龄左右，对于离婚，孩子很容易产生"我没价值"的认知，这种认知被隐藏在看似阳光的外表下，久而久之，就会变成自卑退缩。如何避免这一切的发生，让他能够在这种父母非正常的关系中尽可能享受正常的快乐？家庭范本和依恋模式似乎提供了解决的方法。家庭范本，是指由家庭双方营造出的互动蓝本，这为孩子提供了如何看待父母及家庭的基本定位，也会在未来他对两性及婚姻的看法起到至关重要的作用。而依恋模式，则是家庭范本更广泛的概念，单亲家庭情况下，因为只有一个主要依恋对象，其单一亲属的个性，导致了跟孩子相处模式的单一与狭隘性，如果没有建立起好的依恋模式，很有可能会在成长中造成孩子的性格缺失。在和孩子的相处中，我开始思考如何通过改善父母之间的关系，为他重建起家庭范本和依恋模式，从而让孩子的自我认知得到修复，先天性格得到充分释放，从而更加健康地成长。我知道这一切，都只是我一厢情愿的尝试，但是我愿意试一试，我想让他笑得更纯粹，更快乐。

就在我思考着这一切的时候，那一年的六一儿童节，学校要求各班举行活动，这不正好是拉近家长关系的好机会吗？于是我策划了一个亲子互动游戏，要求必须由爸爸妈妈带着孩子共同完成，并以家庭为单位计算成绩。这样，家庭就变成了一个小团队，为了同一个目标而努力，是修复家庭范本最好的办法。但我没想到的是，这件事一开始，就遭到了小书的反对，首先在报名的时候他很不积极，我能看出来他在以各种理由逃避"父母"这两字的同时出现。虽然心里清楚，但我还是试着去问他原因，开始他不肯说，后来我问他：难道你不想赢吗？他这才躲躲闪闪地说出，爸爸妈妈不在一起，平时也很少见面，他们是不会一起来参加活动的。我又问他：那你希望他们一起来吗？他的眼睛亮了亮，用力点了点头。父母一起参加活动，对于正常家庭的孩子来说，这是再普通不过的事情，但在小书这里，却成为了如此热切的期待。我当时想，我一定要这样做，我要让我的学生享受和所有孩子一样的幸福，我要让他笑得更纯粹，更快乐。我找到他妈妈，跟她说了活动的内容和意义，请她邀请孩子爸爸一起参加，果然遭到了妈妈的拒绝。经过几次沟通，我们在对孩子的问题上达成了情感上的共识，就是希望他和所有孩子都一样，都能有爸爸妈妈带着一起参加活动，妈妈终于同意，让爸爸来一起参加活动。接下来是爸爸，给爸爸的电话，沟通得颇为曲折。一开始他的态度很强硬，没有半点缓和的余地。后来我改变了谈话策略，把他作为孩子成长的偶像和榜样，讲述了家庭范本和依恋模式对于孩子成长的重要性，提出了作为老师对一位父亲的要求，因为我坚信，他同样深爱着自己的孩子，只是囿于成人世界的是是非非，无法倾尽全力地爱他。如果说与妈妈进行的是情感上的沟通，那么我与孩子父亲的沟通则更加理性而宏观，在我几次表明态度后，他从思想上开始逐步接受，但仍不愿在行动上配合。最后，我让他去亲自问问孩子的意见，他问完之后，马上就同意了参加活动。毕竟对于一位父亲而言，没有什么比孩子崇拜的目光和渴望的神情更有效了。

当我把这个消息告诉小书时，他的快乐简直能把我包裹起来，到现在我还记得那双瞬间被快乐点亮的眼睛。我对自己说，这只是第一步，是老师想为你一生的快乐所做的第一步。

活动当天，天气非常好，小书和他父母一起，参加了六一儿童节亲子运动会活动。活动中，虽然父母之间难免局促，沟通得也不多，但对于项目内容还是很认真地完成了，也取得了很好的成绩。孩子并不知道，这次活动对于爸爸妈妈来说意味着什么，这是他们离婚后首次共同出现在儿子面前，重新以家庭为单位共同参加的第一个活动。爸爸妈妈并不知道，这对于小书来说意味着什么，这是他们第一次以父母的身份共同关注着孩子，第一次将"我爱你"的主语变成了"我们"。这次的活动，为小书的成长重建了家庭范本，找回了正常家庭的依恋模式，从而让孩子无法被父母同时关注的认知得以修复。活动过后，孩子姥姥偷偷跟我说，这段时间孩子在家里的时候也非常开心，今天再跟爸爸妈妈一起，孩子很久没有这样笑过了。

故事讲到这里似乎就该结束了，但还远远没有，这之后的每一个学期，我都会邀请他的父母一起参加亲子活动，一直到孩子毕业。在这期间，不知道是不是受了孩子的影响，还是被孩子纯粹的快乐感染，父母之间的关系也发生了变化，从之前的陌路人，渐渐变成了可以沟通，可以交流的朋友。到孩子毕业的时候，他们已经共同出现在他的生活里，用实际行动证明着，虽然爸爸妈妈分开了，但对你的爱没有分开，在孩子的世界里，爸爸妈妈仍然是一个整体，支撑着他的世界，守护着他的成长。而小书，自从这次活动之后，再也不回避关于爸爸的话题，他用自己的方式证明了，爸爸妈妈都一样爱我。现在，小书已经毕业了，两年前去了美国读书，我们时常还有联系，他已经是个充满自信、阳光的大男孩了，我想，我的一切努力，都值了。

教育，教人育己。现在的我，送走了一批又一批的孩子，但很庆幸，初心仍在，且一直会在，那份初心，在岁月的磨砺中，让我看到一张张笑脸，深藏在我的心中，永远不会褪色。

读后感

教师在这个故事中的角色已经不仅仅是教师了，杜老师为孩子心灵阳光健康做出了更大胆的探索、更细心的努力，不是亲人，胜似亲人。

这需要老师很专业，很有尺度和分寸，并且有无私的诚恳诚心和很强的感染力！

杜老师做到了！真的不容易，也很了不起！她不仅让孩子有了发自内心的微笑，也让孩子的父亲和母亲为了孩子的成长有了更宽容的交往度和襟怀。

为了儿童，我们走进他们的世界。

点亮孩子的心，也映亮成人的天地。

——李娟

教师心语

生命就是奇迹，永远都不要放弃希望，哪怕希望渺小如豆，我们都要坚持举着它，即使烛火灼伤了皮肤，我们也不能放弃，否则我们将永远处在黑暗中。我想教师的工作就是用生命照亮生命的过程，是一路携手同行的陪伴与温暖。

高金芳

1997 年参加工作

班主任任职 20 年

我的教育故事

我是 1997 年走进史家开始当老师的，学的就是中文专业，所以理所当然，入职就是语文老师班主任。现在每每回想起刚当老师的那段日子，我总是感慨：幸好我遇到了史家，幸好史家够宽容。

一、菜鸟入职

作为新入职的老师，我不仅要学习身边老师们的经验，更要适应从学生到老师的转变。焦头烂额的工作状态简直就像噩梦一样的如影随行。

日子就这样跌跌撞撞地到了 11 月份。天气冷了，小小的操场上同学们开始穿着羽绒服活动了。对我来说，却是真正的考验开始了。从 11 月份开始到 1 月份放寒假，一共 10 周，我们班每周都有一个孩子骨折或者缝针。那时候我每个课间都坐在班里不错眼珠地看着学生，生怕教室里出问题，放出去活动的都是上一节课间表现规范的学生。就是这样，只要有人说操场上有同学摔倒了，不用想，肯定是我们班的，肯定骨折了！胳膊肘、肩胛骨、小臂、小腿、髋关节、脚指头……你能想到的地方都折过。我当时怕极了，怕家长要求换老师，怕学校让我转岗，怕师傅数落我招数少。每天都是心惊肉跳，提心吊胆。好在我内心够强大，每天都不断地告诉自己，今天离放假又近了一天！这时，史家老师们的团队合作意识，拯救了我。低年级的专家谢凤兰老师，每天早上6点50分到了学校后总是先走进我的教室，告诉我这一天的早读做什么，说什么。我的师傅项红校长只要有时间就走进我的教室听课，不论是语文课还是科任课她都坐在后面和学生一起听，安抚学生的情绪。同组的老师只要路过我的教室门口就会站在那里帮我管理学生。我悄悄地记着她们说的每一句话，每一个和孩子交流时的表情眼神。孙蒲远老师更是每节课间都从二楼下来，教给我怎样和学生说话，和他们聊什么，怎么给他们提要求，怎么落实要求。孙老师还告诉我，每天晚上要把这一天的事情像过电影一样走一遍，边走边想，我说的哪句话孩子们听了眼神有变化，我提的哪个要求第二天让学生有变化了。这时我才发现，原来书本上学到的心理学知识、教育学理论与真正的操作之间有那么大的差距。套用后来很经典的一句话就是理想很丰满，现实很骨感啊！

就这样战战兢兢地到了期末，放假前的一天，我敲开了卓校长的办公室。站在校长室里，我比第一天入职见校长还要紧张。我始终低着头，一点儿都不敢看校长，小声地跟校长说："校长，下学期我能不当班主任了吗？"卓校长当时肯定笑了，因为我觉得声音都有点发颤了，他问我为什么，"因为我实在能力有限，管不好班级啊！""谁说你能力有限了？""没有，没有老师说过，大家都努力地在帮助我。""那不就完了吗？"啊，这句话什么意思，是我的教师生涯就此结束了，还是这些个骨折缝针就这么过去了？校长看我不说话，就从桌子后面走到了我面前，他跟我说："小高啊，刚上班遇到困难是很正常的。我们都没有觉得你不行，你怎么能觉得自己不行呢？放心吧放寒假了，一切都过去了，都会好起来的。"然后用力拍了拍我的胳膊。我就这样浑浑噩噩地走出了校长室，我没有和校长说谢谢，因为我已经哽咽得说不出一个字了。

就这样我度过了刚入职时手足无措的那段日子。成了大家眼中名副其实的菜鸟，但是我始终没有忘记卓校长的话，一切都会过去的，一切都会好起来的，只要自己没有放弃，永远都有机会。即使后来面对教育教学的双重压力时，我也始终告诉我自己，别人都没有放弃你，你为什么要放弃自己呢！走过了新手期的茫然，我来到了成长期的踌躇满志。

二、咸鱼翻身

我上班的第三年，特级教师孙蒲远老师成立了班主任小组，带着我们几个年轻人进行班主任工作的研究。当时组里的王瑾和陈玉梅老师在我看来都是班级管理的神人，她们的学生永远规矩踏实，学生在外面从不用老师提醒，总是那么活泼又有秩序。每一次和她们的交流都让我茅塞顿开，总能从她们的叙述中听到许多有趣又实用的小妙招儿。这时的我也终于有了那么一点精力去关注周围的老师是怎样带班的了。我印象最深刻的就是一次值日后，送走了所有的孩子，我喘着长气回教室关灯。却发现和我搭班的数学老师正在扫地。"姐，孩子们不是扫完了吗？""嗨，现在的孩子有几个在家里干过活的，再说我们没有教孩子扫地，他们扫不干净也很正常啊！"一边说数学老师已经把地面重新清理干净了。后来我在班里做了小小的调查，发现全班52个孩子，家里有阿姨或者小时工的占到三分之一，那三分之二也表示家务活都是老人们完成。想到这里，我想起了孙蒲远老师总会说起的一句话：爱劳动的孩子都是有责任心的孩子。于是，我开始训练学生们做值日。从手把手地教怎样使用扫把开始，教他们弯腰扫地，教他们把桌椅挪开扫地。教完扫地开始教孩子们涮拖把、擦地。手把手地教每一个小组值日，为此大半个学期我都没有去食堂吃饭，每天和学生们一起对付着吃一口，然后就是和他们一起在教室里战斗。功夫不负有心人，从只有一两个孩子能独立扫干净地面，到全班大部分孩子都能做到细心地对待值日，从想方设法地躲值日到自觉地履行自己的义务，看似小小的值日，培养的是孩子的劳动能力和自我约束意识以及规则意识。

这时的我发现，作为班主任似乎每一件事都是教育的机会，随机地利用这些教育的机会就能让自己的班级管理从被动到主动。这时我又想到了孙蒲远老师的那句名言：遇到事情就让学生讨论，讨论的过程就是教育的过程，讨论的过程就是学生分辨是非的过程，讨论的过程就是形成班风的过程。于是学生课间的时候翻动讲台桌上的卷子看分数，分饭的时候剩余的鸡腿怎样分配，同学们偷偷笑话新来的科任老师说话有点小口音，少代会的名额该怎样分配……这些事情都被我们拿来讨论了。在一次次的讨论中，孩子们敢于在班级中发表自己的看法，知道了对错美丑，我终于体会到了作为班主任的从容。

三、如鱼得水

如果说十年的班主任工作炼就了我的耐心的话，作为母亲回归班主任队伍的经历则炼就了我的勇气！做妈妈前，我总觉得，收拾个书包、整理个柜子这是多么简单的一件事啊，为什么就有学生做不好呢！等我做了妈妈，我才发现就是一个翻身的动作，我女儿足足在床上折腾了3个星期，才能在我的帮助下完成。这个我觉得是与生俱来的能力，新生儿做起来却是要付出百分之二百的努力，更何况是那些复杂的公式、烦琐的细节，孩子做不好是正常的。如果孩子都做好了，还要我们这些老师做什么呢？这时学生们在我眼里就像我自己的孩子，当他们有一点点进步，有一点点努力时，我都由衷地为他们高兴。

这时我的问题来了，每个人的兴趣爱好各不相同，并不是所有的人都满意我的方式方法。2008年，还没有微信，大家的联系更多的是靠飞信和短信。这时有个家长明确在家长的飞信群里表示，我的工作方式哗众取宠，缺乏真诚。面对这样的指责，我很委屈。我委屈，我每天放弃一小时的喂奶时间坚持到每个学生都离开学校才回家看护自己的孩子。我委屈，我每天天不亮就起床，朦胧的晨曦中我道别亲吻孩子时，孩子都会不自觉地握紧我的衣角。我委屈，我每天都要陪着孩子睡着后起来批改作文，有时一干就到了半夜。我委屈，我一个学期两节区课任务，还要坚持给住宿的5个孩子补课。我委屈，我每天为了能让小凯文安静下来，自己掏腰包给他准备他喜欢的图书。

当我把我的委屈告诉给万平老师的时候，万老师笑着问我，你做的这些是兼顾了每一个孩子了吗？万老师告诉我，她每个星期会在脑子里过一遍学生的名字，想想和这个孩子有没有交流过？如果没有，一定要在下个周一立刻补上。这样的话让我醍醐灌顶，委屈过后，我冷静地思考了一番，发现有意见的家长确实是因为孩子没有被重视。怎样才算重视孩子呢？如何能弥补出现的状况，让事情朝着好的方向发展呢？我如今也是家长了，我最关心的是什么呢？这些问题让我突然想通了一件事：家长为什么要配合班主任？因为对班主任信任，因为希望班主任关注自己的孩子。想明白了这些，我做了一个决定，我要勇敢地面对这些问题，我要去家访，我要主动到这些有意见的孩子家里去，更全面地了解这些孩子和他们的家庭。然后能让家长感受到我的诚意，最后争取得到这些家长对我工作的支持。为了达到与每一位家长沟通的有效性，我不惜花费自己的时间和精力。即便两三个孩子在同一个小区居住，我也会尊重家长的时间，有时同一个小区我要跑三次，尽可能不影响各家正常的生活起居。有时会从南城扎到北城，再从北城折到南城，夏季有时太阳火辣辣，有时大雨滂沱，冬季冻手冻脚，风像小刀子一样刮在脸上。有一个周末从学生家里回来后我已经累得不想多说一句话。我的女儿让我给她讲故事，我靠在床头给她念绘本，可是念着念着我就失去记忆了，等我醒来的时候，孩子委屈得一直在哭，一直在说，你是坏妈妈、假妈妈。以至于到现在我在她的微信中名字都是"假妈妈"。但是当我家访完毕，看到孩子们幸福、自信的笑脸时，我心中就升起一种满足感。当家长看到我的辛勤付出，感受到强烈的责任心的时候，都很感动，都努力支持班级的建设，认真配合学校的工作。

每当毕业生回来看我说起我们在一起的点滴小事时，那种幸福和圆满是没有做过班主任的老师不能体会的。那一瞬间，我突然想到我就是荷塘里那一尾鱼，而我的孩子们就是那一湾清澈的池水。

现在的我，已经在班主任岗位上坚守了20年。6000多个日子的背后是怎样的艰辛与幸福恐怕只有经历过的人才能领悟。当我陪伴在学生身边感受他们成长的时候，我错过的是自己女儿的一次次家长会。当我安抚学生失去亲人痛苦的情绪时，我错过的是自己亲友离世时的最后一程。有得就有失，有付出就有收获。如果说学生在我的帮助下成长了，其实我更应该感谢我的学生们，你们包容了我的青涩，理解了我的激动，原谅了我的愤怒。

从1997年的9月一路走来，无论承受多大的困难和挫折，我都要每天进步一点点。我不想是否能够成功，既然选择了班主任的岗位，便只顾风雨兼程。生命就是奇迹，永远都不要放弃希望，哪怕希望渺小如豆，我们都要坚持举着它，即使烛火灼伤了皮肤，我们也不能放弃，否则我们将永远还在黑暗中。真正优秀的班主任，并非是指那些成绩斐然的人，而是在这平凡工作中成长起来的具有乐观、自信、坚忍不拔性格的人。再灿烂的阳光也不能消除阴影，再完美的人生也不会没有瑕疵，让我们学会与痛苦同行，去追寻快乐。

读后感

高金芳老师实实在在回忆了自己作为班主任二十多年的成长历程。菜鸟的尴尬，家访的辛劳，对全体孩子的关注……一步一步与教育最本质的意义逐渐融合。我们从中可以感受到一位教师的成长和蜕变，更可以看到教育这个事业对于人生的积极影响。高老师的文笔坦诚真实生动，字里行间流露出来的真情打动我们。我很喜欢她的这句话：那一瞬间，我突然想到我就是荷塘里那一尾鱼，而我的孩子们就是那一湾清澈的池水。是的，教学相长，休戚与共，我们不仅成全孩子，更成就了自己。

——李娟

教师心语

我常常想，我的工作每一天似乎都是相似的，但是在看似相似的每一天里，孩子的成长是清晰的。就是孩子们这清晰的成长脚步，让我的每一天过的都有力量，而作为这种力量的拥有者，我感到欣慰，这种欣慰，应该就是幸福。

霍维东

2004 年参加工作

班主任任职 20 年

写日记的孩子们

一

学会认字，学会写字，学会记述、表达、分享、交流——简而言之，学写日记对一年级的小孩子来说，真是很不容易，工程浩大，没有足够的耐心，没有漫长的坚持，没有百分之二百的期待和鼓励，很难想象。

但"人贵有恒"，小 6 班的孩子们在不断地坚持、锻炼下，小日记已经初成规矩。

孩子们刚上学时，小金宝校区的树叶密密的，从秋到冬，黄了，落了，从冬到春，生了，长了，经春到夏，又是密密的了。启蒙，就在这不到一年的时间。

小 6 班的孩子们已经记了四本小日记，从还不太熟练的拼音，到三五六七字的一句，再到三五句话的一小段，直至小文有模有样，插图配得水平也很不一般……倘若你是妈妈或者爸爸，你会不觉莞尔，倘若你是教师，你说不定会惊诧：什么时候，这孩子能这样子了？

什么时候？每一天。

二

不积跬步无以至千里，不积小流无以成江海。

都会背，做者胜。

一个小的抄书本，小方格子，开始呢是写话积累，后来演变成日记——一开始叫作日记的话，孩子们会觉得很难，就有些畏惧。于是我告诉孩子们，只写一句，不会的写拼音就行，事情就简单了，刚学的拼音，刚学的字，组合上路，就像刚学会开车的人，不摸车手会痒痒。

老师手里的红笔很神奇。一个红的波浪线，就能够让孩子很开心，这就是赞美，说明这些话组合很是了不起：

有的是"写得通顺"；

有的是"写得完整"；

有的是"写得很生动"；

有的是"写得很有趣"；

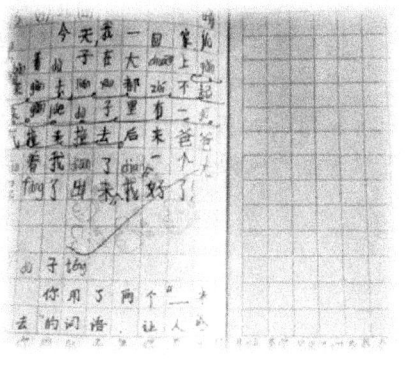

有的是"你发现了我没有看到的，真好！"

有的是"你的字写得真漂亮……"

等等，等等！

都是鼓励的话（有的话老师写得比孩子的话还长！）这些话，孩子们每一天都盼着早一点美美地看到。想要看到老师画的红波浪线，红色的小话语，也并不难，就是你也写一句小话，或一段小故事，你若是犯了懒，就只能眼巴巴地看着别的同学美滋滋了，那可是很尴尬的，实在无趣。

慢慢地，就像絮棉花似的，第一个小本子一页一页写完了。红红的是老师的波浪线，咿咿呀呀的是小孩子的小日子，老师的话里有点拨，有鼓励，有希望，有谈心——启蒙如春雨润物，日夜不辍，交织成趣。

三

孩子的日记是什么呢？在孩子们的笔下，日记里面到底有什么呢？这一切在我们做教师以及家长们的眼中，到底又是什么呢？

"我手写我口，我手写我心"是著名教育家叶圣陶老人的作文教学名言。老人家实际上告诉我们，我们的笔，是要能够写我们眼中看，心中想，写诚、写真、写自然的。

一年级的孩子们很快乐地写日记，日记里面的内容也是不拘一格，一束花，一片落叶，乃至于一个"放屁"的快乐，都不亦乐乎，小日记真的成了他们的生活小见证。

这样的日记，已经不是写作，而是一种生活了。

作为孩子们的启蒙老师，我努力引导孩子们用日记记录下他们多彩的生活。

一年级的教学是紧张的，从写话的积累到日记的同步推进，并不是一个想当然的过程——您可以让一个小孩子做完了当天的作业试一试，看看他是不是愿意动笔？一天的学习下来，挺累的，再吭哧吭哧写上一大篇，除非是"乐在其中"。

乐在其中并非不可能，只要有好的引导。

不管工作有多忙，每天我都会埋头于孩子们的文字中，小印章、小红线，一丝不苟的小评语，在孩子的雀跃与孩子们的文字之间。之后，每一天孩子们都盼着老师写的小话儿，打开本子，就是笑嘻嘻的。这就是文字的交流魅力。

四

并不是所有小作家都是完人，活泼的，淘气的，有点小主意的，小散漫的……所以才有丰富的语调、内容，生动的表达，有个性的构图，带给你想也想不到的遐想……只因为他们都是孩子，孩子们没有我们惯性的局限，他们的天空更加高远。

我潜心于孩子们的文字，看到他们在文字之间流露出来的童心的美好，给予每个孩子阳光一样和煦的关照与爱护，孩子们面对小日记本，就仿佛面对老师的笑容，放松地、开心地，讲述自己的事儿，以我手写我口，以我手写我心——就这样做到了。

在孩子的文字世界里，我不是做裁判，不是做批评家，甚至也有点不单单是教师了——美滋滋地沉浸在孩子的世界里，做和他们一同看世界的伙伴，始终做带着欣赏的笑容时刻准备给努力的孩子带来更努力的动力的加油者，并且乐此不疲。

五

生活是什么？在成年人的眼中，生活或许是责任，是承担，是追逐，是愿望和梦想。而以一年级的孩子的视角来看，生活则意味着学习、游戏、读书、

快乐、锻炼、交往……张开眼睛看，手拉手交朋友，不畏惧战胜困难，面对不顺利敢于努力向前——对于一个一年级小学生，生活是这样的具体、形象、生动……似乎每一个日子都是可以用画来解读的，当然还要注释几笔——文字的作用，就是一种生活的注脚，而已。

不必华丽的词汇，也不必过于精细的表达，在还没有完全规范表达的童年世界里，尚还存有一种咿呀学语般的青涩交流感，这就是一年级小图文的魅力。

那是任何年岁都无法取代的儿童自己的韵味。

一年级，留不住的时光，但是小小的日记本，却留住了童年的文绘和美丽。

霍维东老师从教29年来，始终工作在教育教学的第一线，长期担任语文教学及班主任工作。29个寒暑易节，她犹如一只辛勤的蜜蜂不断耕耘，默默收获。她用亲切的话语谆谆教导每一个孩子，她身体力行示范着有规有矩才能成就方圆。她关爱学生，业务精进，深受家长的尊重、学生的喜爱。正像家长们给予霍老师的评价：

干净。霍老师的干净，孩子们还未必全懂，家长们却是深有感触且受益其中。霍老师永远怀着美好的想法去揣度和理解家长的行为，永远以清风两袖的姿态展示着"人有家财万贯，我有桃李三千"的情怀。

温暖。生病时的关心，悲伤时的安慰，失意时的鼓励，骄傲时的鞭策，特别是浮躁时的敲击，哪一个孩子不是天天感受着霍老师春蚕吐丝、红烛燃炬似的温暖？那握在手中的粉笔、埋在作业里的发鬓、守候在操场边的笑意……都定格成孩子们心中最温暖的记忆。

平和。不管生活中遇到怎样的困难与压力，霍老师总是心平气和地消化处理，孩子们根本觉察不到自己的班主任有多么不易。是的，平和是一种力量，因为它源于爱和善良。相信在霍老师的熏陶下，孩子们将来的人生都会打上平和的烙印：敬畏生命、豁达宽容，少任性、不妄为，阳光、慷慨，走向无限可能的美好未来。

——李娟

读 后 感

海琳

1999 年参加工作

班主任任职 20 年

教 师 心 语

　　我一直把做一名"专业、智慧、魅力"的班主任作为自己的人生目标。在耐心的教育工作中，和学生培养起深厚的感情，在和家长接触的过程中，诚心地提出自己的意见和建议，使家校教育形成合力，深受到家长的认可和学生的喜爱。

　　教育需要智慧，智慧需要不断学习、实践、反思、超越自我。我希望自己不仅是知识的传播者，还能散发出人格、学识和智慧的魅力，春风化雨般滋润学生的心田。

特别的爱给特别的你

　　走上工作岗位，一晃十几年过去了，在班主任工作中我积累了不少经验，获得了一些荣誉。就在我为自己取得的成绩而沾沾自喜时，一位学生的到来让我措手不及。那是 2013 年，学校安排我接一个三年级的班。在我还没见到新学生的时候，就有多位老师向我谈起"小刘"这个名字，她们为我描述了这个孩子的各种行为，让我心里一惊。

　　返校那天，我一眼就认出谁是小刘。当全班同学都在我的指导下认真抄记事时，小刘一边哼歌，一边东张西望，身体不停地扭动。一会儿，他津津有味地嘬起大拇指，发出"吧嗒吧嗒"的刺耳响声，另一只手放进裤子里。当我再次看他的时候，他已经坐在地上看起了新发的课本，座位的四周散落着各种文具，水杯已经倒在地上，水流了一地。对于我的反复提醒，他无动于衷，直到我走到他面前，他也是过了好一会儿才如梦初醒，可是我一离开，他又继续做自己想干的事情。

　　开学后，我通过仔细观察，发现小刘每时每刻都吮指，就连上操也如此。他集中注意力十分困难，很容易受环境的影响而分心，一件事没做完又去做另一件事，所以做事有头无尾，丢三落四，毫无逻辑。课上离开座位，在教室里走来走去是经常的事情。他胆大，敢爬上旗杆，敢去池塘里蹚水，敢从高处跳下。他无法在学校完成各项任务，各科老师来告状，成绩十分落后。为了能够更全面地了解小刘，我进行了家访，全面了解了他在家的情况：对于家长的提醒，他总是无动于衷。精力旺盛，坐立不安，学习的时候即使家长坐在旁边，注意力也会分散，经常作业写到11点。这让他的家长十分发愁。

这个学生怎么了？该怎样教育这样的学生？我能把他教育好吗？他能和别的孩子一样吗？这一系列的问题在我脑海中浮现。养成好习惯，是小学阶段的重要任务。但是对于这样的学生，我真是一点儿经验也没有。为了能够科学地帮助小刘，我向北京大学医学部的相关医生进行了详细的咨询。得知他是注意力缺陷多动障碍，即ADHD。这是一种在儿童期很常见的精神失调。世界卫生组织的《世界通用疾病分类手册》称此症为"过度活跃症"，一般又俗称为"过动儿"。

本着教师要关心、爱护全体学生，尊重学生人格，促进学生在品德、智力、体质等方面全面发展的信念，我在那段时间阅读了很多关于ADHD症状以及干预的书籍，知道儿童多动症是病态，不应歧视，以免加重孩子的精神创伤。针对小刘的实际情况，我采用了科学的方法"因材施教"。

一、家校协同，用科学的方法干预

我在和小刘的父母谈话中了解到，他们早已发现了孩子的情况，但一直没有找到有效的办法。我运用自己这一段时间的所学，对小刘的父母说："小刘是个心地善良的孩子，现在他这样，一定要找我们自身教育的问题。现在要做的事情是用科学的方法进行干预。在家做作业时，尽量给他安排一个较为安静的地方，周围不要放置可引起他分心的玩具或其他物品。放学后，可以陪他进行互相配合性的游戏或体育活动释放精力，如：打羽毛球、乒乓球，并认真记分，让他为了赢球而集中注意力打球。"小刘的父母听了频频点头，我继续说，"为了帮助他改掉吮指的行为，我们必须采用一些辅助办法，以我的观察，只依赖提醒是不行的。"

在我的建议下，小刘的父母购买了防吮指的药水，每天早晨涂好再让他上学。但是我发现，从中午开始，他又开始吮指了。我想一定是中午洗过手后，药效没有了。于是我马上和他的父母商量带一瓶药水到学校，便于我随时给他涂抹。从那天开始，每天午饭后，我就带小刘到办公室抹药，下午果然不再吮指了。

吮指的问题可以用涂抹药水的方法解决，但是喜欢把手放进裤裆的问题怎么解决呢？我向学校的心理老师咨询，得知这是一种"恋物癖"。需要转移注意力或者智慧地制止这种行为。我左思右想，终于想到了一个办法：那就是让小刘系皮带！在他父母的配合下，第二天他就系好皮带来上学了。早晨，他一进入教室，我就问："今天系皮带了吗？你是长大的男孩子了，系上皮带真精神！"小刘美滋滋地回到自己的座位。课间，我关切地问："你去过洗手间了吗？皮带系好了吗？来，老师帮你检查检查。"说完，将小刘松掉的皮带紧一紧，避免他又有机会把手放进裤裆里。就这样，每天我都坚持检查他的皮带，有了皮带的约束，小刘的手真的不再乱放了。

二、尊重学生，有策略地帮助教育

针对小刘的情况，我正确对待他的多动行为，本着"鼓励正常行为，淡化或消退异常行为"的原则，采用正强化的方式帮助教育他。从没有过分严格地苛求他，只要求他的行为能控制在一个不太过分的范围内，更没有对他简单、粗暴、冷漠、歧视。

当小刘沉浸在自己的想法中不听讲时，我走过去，小声提示："我在等着你坐好呢！"或者摸摸他的头、拍拍他的肩，然后给予他一个眼神，帮助他从自己的沉思中走出来继续专心听课。当小刘在课堂上表现出坐立不安时，我让他替我去办公室拿东西，或帮我把某些东西拿到办公室等，让他活动活动，放松一下。当小刘无法完成课堂作业时，我减少他的作业量，别人写三遍的生字，我让他写两遍。听写本的改错，别人改两遍，他只改一遍。并尽可能让他与其他同学一起学习，获得同学的帮助，尽量提高学习任务的趣味性，吸引他的注意力。对于小刘的不违反原则的不良行为，我从不公开批评，给他一个可以改正的机会。

就这样，在小刘做得好时，我积极鼓励；犯老毛病时，采取冷淡处理的态度，久而久之，他从我的情绪上可以分辨出对与错，慢慢地行为也趋于正常了，注意力也相应提高了。

三、扬长避短，开发巨大的潜力

从我阅读的专业资料中，我得知：多动的孩子，富有爱心，他们具有高超的与人共情的能力；富有创造力，多动症患儿中，不乏艺术家、电影制作人和剧作家等，他们的大脑一旦开发得好，就更有创造力；动力十足，一旦分配给多动症孩子做喜欢的事情，他们就会像开足马力一样向前冲；解决问题能力强，对于自己感兴趣的问题，他们会像猜谜一样找到答案；如果对他们引导得好，他们反而会具有超强注意力；具有喜剧天分，大多数多动症的孩子喜欢笑，也愿意变着花样地逗别人笑；面对挑战，他们更能表现出能屈能伸的特征；直觉敏锐，多动症患儿不喜欢被细枝末节困扰，所以常会产生新奇的点子；新鲜角度看世界，虽然你可能不理解他们的思维方式，但不得不承认，多动症患儿常能从另一个角度看待问题。

　　每天放学，无论多累，我都要和小刘的父母交流他一天的表现，及时肯定他的进步，同时也指出存在的问题，从多方面着手，循序渐进地进行引导，帮助和教育小刘。经过三个月，我每天给小刘抹药，检查他系皮带的情况，他几乎不再吮指、把手放进裤裆里了。除此以外，注意力也比以前集中了一些，课上我经常请他回答问题，他也愿意在课堂上发表自己的看法。我常常给他讲一些名人小时候的故事，尤其是给他讲曾经有 ADHD 症状的名人故事帮助他树立信心："爱因斯坦是最伟大的物理学家之一，可谁会想到，他小时候患有多动症。4 岁时不会说话，9 岁还没学会阅读。""丹麦童话作家安徒生、美国商界巨子卡什、法国化学家和生物学家巴斯德、著名运动员菲尔普斯，都被后来的医生认为小时候患有不同程度的多动症，但他们凭着努力，成为世界知名人物。"……

　　我还鼓励他多参加集体活动，为大家服务。根据他的表现，11 月我颁发给他班级小干事聘书，希望他发挥自己的特长帮助大家。聘书一发下去，全班学生为他鼓掌，他激动极了。放学时，远远地看到他的妈妈，小刘高高举起聘书，兴奋得不得了。回家后，这聘书成为了至高无上的奖状，挂在家里最显眼的位置。我发给他聘书，除了鼓励他，还有一个目的是为了释放他多余的精力。自拿到聘书开始，小刘完全成为班级劳动小能手，安全小卫士了。不仅在课间严格要求自己，还能善意地提醒大家注意安全，开展文明游戏呢！第一学期结束时，小刘取得了数学 100 分，语文 89.5 分，英语 98 分的好成绩，小刘一家人当着我的面激动地流下眼泪。

　　多动症儿童经常具有巨大的潜力，一旦被开发出来，力量无限。通过和小刘一起成长的教育故事，我懂得了：教育学生是一项长远的事业，可能是天下付出最多得到最少的事情。我不是专家，但我热爱学生、信任学生。正是这种信任、宽容与爱同样给家长以力量，面对教育小刘时无数次的挫折和失败，我始终如一地开导和教育孩子。永不言弃是一种信念和精神，不放弃是对学生的责任和付出的承诺。在教育学生这条路上，要遵循科学的方法，根据他们的特点因材施教，为改变他们的行为而不懈努力。

教育需要爱，但面对生理和心理有问题的孩子时，更需要老师用专业的知识和科学的方法去教育转化孩子。海老师看到小刘与众不同的行为时，多年的教育经验告诉她这个孩子非正常行为，于是海老师向专业机构进行咨询，知道情况后赶紧了解多动症的症状表现，学习干预帮助孩子的方法。做到家校协同用科学的方法指导家长一同参与干预；尊重孩子，有策略有方法地帮助孩子树立自信，特别是努力发现孩子的闪光点，扬长避短挖掘潜力，做到不歧视、不放弃、因材施教，最终让我们看到了小刘的进步。但我们深知：教育特殊孩子是一个漫长和艰巨的过程，当孩子出现反复给教育者带来挫败感时就需要极大的耐心与爱心，特别的恒心。期盼未来的学习生活中小刘会越来越好，也期望所有老师面对这样的孩子时能像海老师一样，真正做到"有教无类"。

——李娟

读

后

感

教师心语

喜欢看你们那一张张绽放的笑脸，喜欢听你们琅琅的读书声，喜欢拉着你们的小手走过学校每一个地方。当你们把手伸给我的时候，我知道，你们把全部的信任都给了我。我紧紧地握着你们的手，让手心里的温度一直温暖着你和我。

谢谢你们，和我分享成功的喜悦，谢谢你们，让我与你们并肩一起走在学习的路上。

刘丹

1999 年参加工作

班主任任职 20 年

一年级小豆包的第一次体检

2010 年 9 月 9 日早 8 点，是新生入学体检的日子。孩子们坐到车上，每一个学生都按照老师的要求，背靠在椅背上，坐在自己的座位上，不说话，不打闹，安安静静的不影响司机师傅开车。到了体检的地方后，孩子们分成两队，我带男生队，袁老师带女生队，分开检查。当我所带的男生队来到检查的地点后，孩子们一个个脱掉自己的衣服准备量身高时，一个突发的事情发生了，班中一个男生突然急匆匆地走到我身边说："老师，我拉裤子了。"当时，我一看，孩子已经把外裤脱掉了，但是，内裤上已经有些臭臭了，孩子光着身子，眼睛看着我，一副不知如何是好的样子。当时，我就对检查的医生说："您帮忙照顾一下其他的孩子，我先带孩子去厕所。"我赶忙先帮孩子穿上衣服，穿好鞋，边穿边说："忍着点，我知道你肚子不舒服，坚持一下，马上就到厕所了。"孩子跟着我，来到了厕所，我帮孩子将内裤给脱掉了，孩子痛快地解决了自己的问题。我问他："你会擦屁股吗？"孩子摇摇头，不好意思地看着我。我马上拿出兜里准备好的纸巾给他擦起了屁股，由于孩子腿上有些臭臭，我又用湿纸巾将腿擦干净。此时，我笑着看着他，冲他说："好了，快穿上裤子吧。"孩子穿上了自己的外裤，此时孩子的肚子已经不疼了，我带他出去做体检。此时孩子们开始检查口腔了。就在口腔检查快结束的时候，发生了状况，一个男孩子吐了，此时，屋子里飘出了难闻的味道，孩子们一个个地捂起了鼻子，皱起了眉毛。这时，我赶快让这个孩子去男厕所漱漱口，将口中的异味除去。此时，屋里的味道已经没有了，一切又恢复了平静。孩子们按照顺序陆续检查。就在检查快结束的时候，我听到了袁老师说话的声音："不哭，我们是勇敢的孩子，来吃糖。"我听到后，马上来到了孩子的身边，一看是我们班的一位女生。只见孩子平躺在床上，哭得很伤心，嘴里不停地说着我想妈妈。不管袁老师怎样哄，还是哭。我对袁老师说："我来吧，你去看男生，我来看女生。"我蹲下身子，搂着躺在床上的这个女生，和她说着话。我给她看照相机，和她说有意思的事情，尽可能地用别的事情分散她的注意力，不让她老想着见妈妈这件事。我发现，她的情绪稍微好了一点。但是，还是在哭，于是，我拿出手机给她看短信（昨晚上孩子妈妈发给我的短信），告诉她，妈妈很关心你，鼓励你要勇敢些。"你看，刘老师没有骗你"，说着就打开短信息给孩子看，孩子哭的声音小了些。我鼓励她说："我们是勇敢的孩子，刘老师知道你想妈妈了，每次打针的时候，检查身体的时候，妈妈在身边，今天，第一次没有妈妈在身边，有些不适应，所以哭了，这不怪你，我们不哭了，好吗？"孩子问："我能和妈妈说话吗？"我说："没问题，但是，你要答应我，不哭，不让妈妈担心。好吗？"孩子点了点头，此时，她的鼻涕眼泪还在流着，但是，已经在尽量地克制自己了。孩子和妈妈说了话后，情绪慢慢地稳定了下来，不再哭了，这时，保健科的阿姨奖励了我们一块糖，孩子高兴极了。吃完糖，情绪稳定地检查起身体来。很快我们就检查完了，坐车回到了学校。

孩子们回到班里，上完厕所，喝完水后，我开始小结这次体检。我说的第一句话是："今天，我为你骄傲。"因为，今天你们很多人给史家小学争光了。孩子们不明白，"我怎么给学校争光了呢？"我接着说："今天是你们入学以来第一次进行的体检，大部分的同学做到了遵守纪律，个别的学生经过老师提醒后，马上改正了，这说明你们有集体荣誉感。我们出去体检代表的不是个人，代表的是史家小学。"随即我将"史家小学"四个字写在了黑板上。接着说："别人不知道你叫什么，也不知道刘老师是谁，教什么，但是，他们知道我们是史家小学一年级的学生。因此，我们只要离开校园，你的一言一行代表的就是史家。在车上，你们做到了遵守纪律，不在车上说话；在排队时，做到了安静，听指挥。在扎指血的时候，努力做到不哭，争做一个勇敢的孩子。有几位学生我特别要提出表扬（征求学生本人的意见后我才在班里说）。第一位是男生甲，他给学校争了光。虽然他今天拉了裤子，但是我要表扬他，为什么呢？早晨7点20分左右他就到校了，做到了不迟到，当时我看见他不是很舒服，小脸有点白，我问了问：'有事吗？'孩子说：'没事，就是肚子不太舒服。''能坚持吗？'孩子说：'能。'同学们，你们知道吗？他是忍着肚子的疼，一直坚持到不能再坚持，才忍不住拉的裤子呀！就是这样，他还憋着，一直到了厕所才拉的呀。孩子们，掌声是不是应该送给他呢？"说完，孩子们热烈的掌声在教室回响。"第二位表扬的是男生乙，在口腔检查的时候，嗓子不舒服，吐了。但是他没有影响任何人，自己去漱口，安静归队，这就是给史小争光，掌声也送给他。第三位表扬的是女生丙，虽然她哭了，但是，我还是要表扬她。为什么呢？因为她做到了勇敢，她在扎指血的时候，没有哭，出来排队时也没有哭，就是看见别的班有一个小孩哭了时，她没有忍住，想妈妈了才哭的。我小的时候，也和她一样，想妈妈，见不到妈妈就想哭，这很正常。但是，她比我勇敢，她做到了不哭，我在她这个年龄的时候啊，哭得比她还凶呢！"孩子们哄堂大笑，学生丙也笑了。"所以，掌声也应该送给她，对吗？"全体学生说："对。"掌声响了起来，孩子脸上露出了笑容。"我还要表扬的是在座的其他同学，你们今天表现得很好，遵守纪律，勇敢不哭，排队安静，听从指挥。今天每一个人都在用自己小小的行动来给史家小学争光，你们真棒。"

一年级的小豆包们第一次集体进行体检，而且刚刚入学不久的他们，很不适应集体体检这样的活动。有些孩子身体就会出现种种状况。如果简单粗暴地下结论处理眼前发生的事情，孩子们的自尊心就会受到伤害。当我将体检时发生的小事发到班级博客时，家长们的留言更让我确信我的教育行为是正确的。

家长1：刘老师，孩子让您费心了！孩子今天回来跟我说了您告诉他们要为学校争光，我听了很高兴。您让他们懂得了集体的荣誉感，知道了集体的进步是需要每个人努力才能得来的。

家长2：刘老师，您做得很对，适度的表扬和鼓励比批评效果更好，我们支持您！

家长3：刘老师，您是孩子最好的朋友。

家长4：谢谢刘老师，我们看到了您对孩子最真挚无私的爱！

家长5：刘老师，我很感动，我的孩子在体检时发生了呕吐现象。您不但没有嫌弃，反而还做了表扬。给孩子增添了很大自信。多表扬真是很能使一个人进步啊！孩子因为喉头大、浅，有过敏性鼻炎，所以比较容易出现呕吐。非常谢谢老师！！！

家长6：谢谢刘老师！还给我们孩子买了新短裤，他非常喜欢！

家长的留言让我更加坚定了一点，儿童的心是最难触摸的地方，也是最容易触摸的地方。这最微妙、最敏感的方寸之地需要我们共同守护。

读后感

带着孩子集体去体检是班主任繁杂工作中再平常不过的事情。但一年级的第一次体检班主任会面临像刘老师一样的诸多状况，如何化解体检中的突发事件和尴尬事件？让孩子既完成了体检，又能保护他们在集体中的自尊心呢？如果说在体检过程中我们看到的是刘老师对孩子们的耐心和爱心外，那么在体检过后，刘老师在班中的总结才是智慧的体现！她将孩子尴尬事情背后的原因在全班解释清楚，并引导孩子们正确看待这些情况，适时适度地鼓励与表扬，不仅让突发状况的三个孩子挽回了自尊心，也让所有孩子渐渐学会正确评价他人，一个有爱的集体也渐渐在形成！让孩子们在充满自信充满阳光的集体和校园中生活是老师都期望看到的，也是努力为之奋斗的！

——李娟

教 师 心 语

我从事班主任工作20年，在低中高各年级段都曾任教，所带班级多次被评为优秀班集体，区级优秀小队，被评为"区级骨干教师"。孩子们说：王老师的爱像春风，让我们在温暖中觉醒、成长，王老师的爱像慈母，我们被呵护、培育。我的教育信念是：为教育事业捧上一颗真心，把爱化作阳光温暖每个学生。

王华

1997 年参加工作
班主任任职 20 年

你听，那花开的声音

春天，是万物复苏，百花争艳的好时节。我们的孩子就是祖国的花朵，他们茁壮成长，在春天里竞相开放。但如果有的孩子不是那怒放的迎春，不是枝头含笑的桃花、樱花、海棠，而是出淤泥而不染的荷花，是馨香扑鼻的菊花，或是凌寒独自开的蜡梅，那该怎么办呢？

无声的萱萱

萱萱是我们班个子最矮的小女孩，黑亮的扣边发，白净的皮肤，水汪汪的眼睛总是羞涩地不敢看人。从后面看萱萱，像可爱的樱桃小丸子，从正面看，却有几分小林黛玉的忧郁。记得开学第一天，萱萱的妈妈把萱萱送到教室门口，别的孩子都会看着我大声地说："老师好。"我会微笑着弯下腰，夸赞道："你真有礼貌！王老师喜欢你。"而萱萱却是一声不吭，羞涩地看着别处，任凭妈妈怎么启发诱导也不开口。萱萱妈妈尴尬地朝我抱歉一笑，说："不好意思，王老师，她在幼儿园就这样，我们也干着急没办法。"

之后，我开始留意萱萱。不管是我的课还是其他老师的课，萱萱都能安安静静地坐在座位上，坐姿很规范，就连下课也不到处走动，换完下节课的用具还端正地坐在座位上，每次都要我说："萱萱，上了一节课，活动一下休息休息吧！去上个厕所也好啊。"她才离开座位走出教室。她从不主动找小伙伴玩，小伙伴来找她，她也不理人家。萱萱上课从不举手发言，如果老师点名叫她，她起立后会抿着小嘴看着老师，一直沉默。老师让同桌小组讨论，她还是不说话。

经过一段时间的观察，我找到萱萱的妈妈进行沟通。萱萱妈妈说，自己和爸爸都是比较内向的人，他们小时候也和萱萱一样不爱说话，但心里什么都明白。在家里萱萱还能和家人交流，有时候声音还是挺大的，就是一出门就不吭声了。萱萱的妈妈流着泪说："这孩子确实与众不同，我和爸爸特别担心她这种个性老师不喜欢。"我说："您放心，不会的，我会多关注萱萱，帮助她融入集体。我对孩子有信心，咱们一起努力！"

用爱开启封闭的心灵

著名教育家陶行知说："真教育是心心相印的活动，唯独从心里发出来，才能打动心灵的深处。"我发现萱萱的衣服上，学习用具上都是小公主或者芭比娃娃的图案。课间，我经常抽时间和萱萱聊天。"萱萱，您今天穿的衣服可真漂亮！本来你长得就好看，这下真的成了小公主了！来！小公主，跟王老师合个影吧。"说着就搂着她用手机来了张自拍合影。照片里的萱萱虽然羞涩，但是露出了开心的笑脸。萱萱虽然不说话，但是作业完成得很出色。我经常有意识地在全班面前表扬萱萱："今天，萱萱的生字作业写得非常漂亮，真是字如其人啊！大家都来夸夸她，向她学习吧！"我还号召同学们都来关心照顾萱萱，找几个热心的同学课间多和萱萱一起玩，一起看书。萱萱感受到老师和同学的爱，变得不那么拘谨了。上课老师叫她回答问题，她能张开嘴说话了，虽然声音小得几乎听不见。有一次课间，班里的小静跑来兴奋地告诉我："王老师，刚才萱萱跟我说话了，声音大得我都能听见了！"我高兴地冲萱萱竖起大拇指："你真棒！爱说爱笑的小姑娘最美丽！"萱萱开心地小声说："谢谢王老师。"我激动地抱起萱萱，说："好孩子，王老师就知道你能行！"

萱萱敢说话了，这表达的第一步虽然迈出得如此艰难，但有了开端就有了希望。敢于表达只是初级阶段，乐于表达、善于表达才是我们的目标。著名教育家苏霍姆林斯基在《给教师的建议》中说："阅读应当成为吸引学生爱好的最重要的发源地。学校应当成为书籍的王国。"为了培养学生的表达能力，我们班的班级文化特色以"小书童——悦读益生，亲子共成长"为主题，激发孩子的读书兴趣，引导家长和孩子一起读书，创建良好的读书氛围。在这个主题下，每周一下午第五节课，我邀请一位家长来到学校，开展"悦读导师，陪伴成长"的活动。家长提前选定好主题，有的给孩子们讲绘本故事，有的讲丰富多彩的课外知识，亲子在课堂上互动共同成长。萱萱的爸爸主动报名来讲课，课堂上，在同学们欢迎的掌声中，萱萱在讲台前自豪地跟爸爸合影，之后她抬起头睁大眼睛看着爸爸，听爸爸讲课，当爸爸给同学们提问时，萱萱竟然勇敢地把手举起来，回答了两次问题！这在原来的课堂上可是从来没有过的！后来，我又利用每天中午 40 分钟的"悦读小屋"时间，每周奖励 5 名同学到"悦读小屋"轮流看书。因为萱萱在发言上的进步，我奖励萱萱和另外 4 名同学一起到"悦读小屋"看书。萱萱妈妈说，自从去"悦读小屋"以后，萱萱更爱读书了，主动提出要妈妈带着到书店买书回来看。

创设平台，在实践展示中精彩绽放

苏霍姆林斯基在《给教师的建议》中说："让学生体验到一种自己在亲身参与掌握知识的情感，乃是唤起少年特有的对知识的兴趣的重要条件。"每天早上第一节课前，孩子们吃完早餐，就全体起立，进行经典诵读。同学们把读本举在胸前，全班一齐朗读《中华古诗文读本》。琅琅读书声回荡在教室里，回荡在美丽的校园里。朗读声音洪亮的同学我会请他（她）在讲台前当小老师领读，这可是同学们引以为豪，努力争取的荣誉。开始，萱萱只是摆摆样子，做出口型，你从她身边走过是听不到声音的，随着经典诵读活动的持续，全班同学情绪高涨。萱萱似乎也被这种激情感染了，有几次我从她身边走过能听到一点她的诵读声了，我马上在全班面前表扬了萱萱，同学们自发地送给萱萱鼓励的掌声。第二天，萱萱的声音我已经能清晰地听到了。这一次，我请萱萱到讲台前和另外 3 名同学一起领读，萱萱紧张得脸都憋红了，但她的神情中没有了逃避和自卑，而是落落大方。虽然她的声音仍然没有另外 3 名同学洪亮，但是站在远处仍清晰可辨。这还是那个任凭你怎么问都一声不吭的萱萱吗？那个自卑不敢开口的萱萱已经离她远去了。

从敢于表达，乐于表达到善于表达需要在不断的表达实践中练习才能有所提高。开学初，我在语文课上开展了课前 2 分钟活动。每天语文课的前 2 分钟，由一位同学到讲台前给大家展示，自愿报名，展示顺序根据报名先后确定。刚入学，孩子的能力有限，所以第一轮我让孩子们自由展示。可以给大家讲故事，可以背一首古诗，可以讲个绕口令或笑话，也可以唱首歌，还可以展示自己的才艺，目的就是让孩子有话可说，敢于表达，激发兴趣。全班同学都展示一遍后，第二轮我规定的内容是讲成语故事。有了展示的经验，孩子们讲起成语故事来自然从容多了，很多同学还能加上动作，绘声绘色地讲，精彩极了。萱萱是最后一个报名的，这对于她来说是个巨大的挑战。我跟萱萱妈妈沟通，提前好好准备，只要能站在讲台前，声音能让大家听清楚，时间可以短一点儿。萱萱展示这天，同学们安静地坐好，认真地倾听。她站在讲台前，有些拘谨，完整清晰地背诵了一遍古诗《江南》。当萱萱鞠着躬说"谢谢大家"时，我和同学们报以热烈的掌声。评价环节，有的同学说："萱萱敢给大家展示了，她变勇敢了，我觉得很有进步。"有的同学说："萱萱说话声音比以前大多了，我坐在最后一排都能听清楚，萱萱你真棒！"在同学们的鼓励声中，萱萱的眼睛睁得大大的，高兴地看着全班同学。

　　时光飞逝，转眼到了学期末。一年级期末创意表达展示，萱萱展示的是语文。站在讲台前，萱萱把自己做的拼图打在投影上，自然大方，声音温婉地向同学们介绍了自己用大小不同的圆形、半圆形拼成的小松鼠。"大家好！我是一年级 5 班的萱萱。今天我给同学们介绍我的拼图作品——小松鼠。我先用一个大的半圆竖起来做松鼠的身子，一个小半圆横向粘住做它的头，再用一个小圆形做松鼠的屁股，一个小半圆做脚，接着用两个大小不一的半圆相对错开做松鼠毛茸茸的大尾巴，最后我用两个大小相同的小半圆粘在头上做松鼠的耳朵，用稍大一点的半圆粘在身子上做它的手。松鼠的轮廓粘好了，我又用彩笔在拼图中画上棕色的绒毛，黑色的眼睛、鼻子和红红的脸蛋。这样一只活泼可爱的小松鼠就更加活灵活现了。谢谢大家！"听了萱萱的介绍，同学们报以热烈的掌声，很多同学在创意表达互评表上给萱萱画了代表优秀的笑脸。我给萱萱的评价是：态度自然大方，声音清晰响亮，语言流利完整，等级是优。

　　我相信每个孩子都是一颗花的种子，只不过每个孩子的花期不同。有的花，一开始就会灿烂地绽放，有的花，需要漫长的等待。不要看着别的花都开了，眼前的这棵还没动静就着急，相信每一朵花，都有自己的花期。教育是一门慢的艺术，相信孩子，静待花开，你就能听到花开的声音。

"教育是70%的等待，30%的唤醒。"在王老师的教育故事中，让我们深切体会到了这句话。面对沉默寡言的萱萱，王老师给予了她极大的耐心与爱心。想方设法在生活中鼓励孩子，在点滴中表扬孩子，在进步中认可孩子，在成长中赞赏孩子，让萱萱渐渐有了说话的勇气，表达的愿望，交往的能力。教育就是永不放弃！

——李娟

读 后 感

后　记

　　老史家的校园里有几棵柿子树，每逢秋浓，红彤彤的柿子便挂满枝头，压低了枝丫。孩子隔窗只要伸手，就能摘得柿子，可是千余人的校园，竟无一人伸手，于是整个深秋，满满的柿子自在任性地红在枝头。

　　我记得那时候学校特设了柿子节，校长和老师们会把满筐的柿子，一一分给孩子们。大小孩子手捧着柿子，就似捧着史家质朴醇厚的校风。

　　就这样，时光流过一年一年又一年，学生毕业了一批一批又一批，史家小学从有柿子树的史家胡同59号搬到了南弓匠营2号，校园大了，景致多了，但没有物是人非，在我的心里，红红的柿子每一年都再上枝头——这就是我们红红火火的传承。

　　好老师就是好教育，好教育离不开好老师。史家的班主任老师们从火红的柿子树下，到浓荫满满的大槐树下，无时无刻不在努力工作着，立德树人，把家国情怀的种子播种在孩子的心田。

　　2019年，史家小学建校整整80周年。80年来，无数优秀的班主任教师在育人路上将自己的青春年华无私地奉献出来，为祖国培育栋梁之才。这两卷《师者情怀》就是老师们的教育故事，上卷春华，下卷秋实。

　　初入职史家小学的班主任尚且年轻，但她(他)是一个班孩子的"孩子王"，孩子一日的生活学习寸寸不离，每日朝暮不辞辛苦。那短短的一篇教育随记，就是教育路上的一个小小的脚印；入职五年、十年之后，孩子王们已经开始沉淀并进入对教育的深度探寻，在累积的一个个教育故事里，那些辛苦日子的剪影伴随着对教育的认识和体悟；入职二十年，教师的每一天都是风雨兼程：个案儿童的矫正，家校协同的开展，班级文化的建设，课程学习的深入以及作为教师的深造学习和课题研究等等，你会发现一位班主任的教育已经不仅仅是立足于一个班级，而是在创建一方绿洲……

　　入职三十年的教师是令我们肃然起敬的。最美好的年华，最蓬勃的热情，最持久的坚守，最丰盈的收获，教育人生是伴随着岁月浓郁起来丰盈起来的。我们的班主任们怀抱教育初心，孜孜以求，砥砺前行，教学相长，最终跨越平凡，在成就学生的同时成就自己的不平凡的教育生命！

　　习主席谆谆教导我们：教师是人类灵魂的工程师，是人类文明的传承者，承载着传播知识、传播思想、传播真理，塑造灵魂、塑造生命、塑造新人的时代重任。我们的史家的老师更是要做有理想信念、有道德情操、有扎实学识、有仁爱之心的"四有"好老师。

感谢老师们的努力，让《师者情怀》得以完成，献礼与史家小学 80 周年的岁月，荟萃史家班主任耕耘的足印，道出史家人最真切的心声。相信在近五十万字的陈述中，我们可以一睹最美史家人的风采：

春华秋实，情怀甘苦，如人饮水，冷暖润心！

楼伟

二〇一九年三月